# SOUVENIRS
## DE LA
# VIE LITTÉRAIRE

### PORTRAITS INTIMES

PAR

EDMOND WERDET

ANCIEN LIBRAIRE-ÉDITEUR

PARIS
E. DENTU, ÉDITEUR
LIBRAIRE DE LA SOCIÉTÉ DES GENS DE LETTRES
PALAIS-ROYAL, 15-17-19, GALERIE D'ORLÉANS

# SOUVENIRS

## DE LA

# VIE LITTÉRAIRE

PARIS. — IMPRIMERIE EMILE MARTINET, RUE MIGNON, 2

# SOUVENIRS

DE LA

# VIE LITTÉRAIRE

## PORTRAITS INTIMES

PAR

### EDMOND WERDET

Ancien libraire-éditeur

---

MAURICE ALHOY, GODEFROY CAVAIGNAC

HONORÉ DE BALZAC, LÉON GOZLAN

JULES SANDEAU

---

PARIS

E. DENTU, ÉDITEUR

LIBRAIRE DE LA SOCIÉTÉ DES GENS DE LETTRES

Palais-Royal, 15 et 19, Galerie d'Orléans

1879

Tous droits réservés.

# EXORDE

## PROLOGUE-INTRODUCTION-PRÉFACE-AVERTISSEMENT

### TOUT CE QU'ON VOUDRA

Quod vidi et audivi, scripsi.

## I

#### MON JARDINET.

Modeste éditeur, je possédais, à titre de location, au temps où florissait la *Chronique de Paris,* qui a succombé sous l'inhabile direction d'Honoré de Balzac, un tout petit jardin, de cinquante mètres carrés environ, là où commençait alors la banlieue de Paris, sur le boulevard Montparnasse, près de cet *Eldorado* des étudiants, appartenant plus ou moins à nos écoles, qu'ils appelaient la *Grande-Chaumière.*

Hélas! ce souvenir de notre folle jeunesse a disparu, comme tant de choses disparaissent chaque jour, sous le marteau et la pioche des embellisseurs modernes.

Depuis longtemps la Grande-Chaumière n'est plus qu'un mythe.

Mais de sitôt la mémoire de mon joli petit jardin ne s'effacera de mon esprit,

Car il faisait mes délices et mon bonheur.

J'avais dessiné moi-même les méandres capricieux de ses allées, que recouvrait un sable fin et doré.

J'avais choisi soigneusement et planté de mes mains les arbres qui les bordaient.

Chaque samedi, jour de marché aux fleurs, on m'y voyait accourir pour en acheter les plus fraîches, les plus rares, les plus belles, dont il me tardait d'enrichir mes plates-bandes.

J'avais à cœur de pouvoir dire, moi aussi, avec la chanson, en contemplant mon oasis :

> Je l'ai planté, je l'ai vu naître...

Au fond, à l'angle de deux murs élevés, j'avais, en outre, fait construire une maisonnette, ma *baraque*, comme je l'appelais en souvenir de celle que mon jeune ami Jules Sandeau venait de décrire avec tant de charme dans un de ses plus délicieux romans, *Madame de Sommerville*.

Et par son ameublement de bon goût, j'en avais fait comme un boudoir champêtre.

A mon jardinet, durant la belle saison, après les travaux et les fatigues de la journée, j'accourais, chaque soir, heureux, n'ayant de repos que je ne me fusse mis à bêcher, à sarcler, à émonder, à arroser avec amour mes fleurs chéries.

Là, mes soirées étaient loin d'être solitaires.

Comme à Paris, mes *intimes* venaient m'y rejoindre, certains d'y trouver toujours un accueil cordial, sympathique et, à l'occasion, d'y partager sans cérémonie mon frugal repas.

Souvent la société était nombreuse ; et la majorité, je vous l'assure, ne restait pas oisive, tant s'en faut.

Une bonne partie s'empressait de me venir en aide dans mes travaux d'horticulture, tandis que les paresseux, — notez que c'étaient d'ordinaire les plus jeunes, — assis à l'ombre d'une tonnelle de vigne, entre le pot de bière et le petit verre d'alcool, — l'horrible absinthe ne ravageait pas encore la frêle humanité, — le cigare ou la pipe à la bouche, devisaient follement sur les *cancans* littéraires à l'ordre du jour, les *chroniqueurs* n'étant pas inventés à cette époque, comme vous vous en doutez peut-être.

Quand mes occupations de jardinage étaient terminées, je rejoignais ces messieurs.

D'habitude, dans ces causeries intimes, dans ces entretiens littéraires, dans ces charmantes et joyeuses discussions, je restais silencieux.

Lorsque, par hasard, j'étais interpellé, je me bornais le plus souvent à opiner du bonnet.

Qu'aurais-je pu répondre, moi, pauvre éditeur inculte, à ces jeunes hommes d'esprit, de talent ou de verve!

J'écoutais donc attentivement, je tâchais de profiter de tout ce qui se disait autour de moi, je redoublais d'efforts pour m'instruire; je n'avais de cesse que je n'eusse stéréotypé dans ma mémoire tout ce qui frappait pour la première fois mon oreille, moisson abondante où je suis heureux de retrouver aujourd'hui ce que je vais vous *raconter*.

Que de traits mordants! que de saillies phosphorescentes! que d'épigrammes, piquantes toujours, sanglantes quelquefois! que d'anecdotes! que d'historiettes n'ai-je pas recueillis dans ces curieux entretiens!

C'était comme de continuels assauts d'esprit, comme autant de feux de Bengale aux étincelles électriques, traversant les airs, se heurtant dans l'espace, disparaissant, pour bientôt reparaître, au milieu de rires fous capables de réveiller une génération de morts endormis dans leurs tombes.

Oh! c'était alors le bon temps pour moi! Je vivais au foyer de l'intelligence.

Je trônais dans mon jardinet; j'étais entouré d'une société digne d'un roi.

Parmi les portraits que je pourrais esquisser de mon mieux, je choisirai, si vous voulez bien le permettre, ceux des auteurs que j'ai le plus connus, — et j'en ai connu beaucoup, ne vous en déplaise, — ceux surtout des écrivains avec lesquels j'ai vécu dans la plus étroite intimité, — ceux avec qui j'ai eu le plus de rapports littéraires, — ceux particulièrement dont j'ai publié les œuvres.

Ce sera une belle galerie, n'en doutez pas !

Entre les noms que j'ai le droit d'y faire figurer, qu'il me suffise de citer, tels qu'ils se présenteront à mon souvenir, car, si je les nommais tous, je craindrais de fatiguer la patience du lecteur, — parmi ceux que la mort a moissonnés : *Gustave Planche, Honoré de Balzac, Frédéric Soulié, Félix Davin, Maurice Alhoy, Lassailly, de Chaudesaigues, Léon Gozlan, Godefroy Cavaignac, Raymond Brucker*, — et parmi ceux qui vivent encore et dont je puis serrer la main : *Jules Sandeau, Alphonse Karr, Jules Janin, Arsène Houssaye, Paul Lacroix, Auguste Luchet, Eugène de Monglave, Michel Masson, Paul de Kock, Achille Jubinal*, etc., etc.

Je viens de dire que mes amis et habitués étaient nombreux; on voit qu'ils étaient aussi de choix.

C'étaient donc :

*Balzac*, l'inimitable conteur que tout le monde connaît, ce psychologiste du cœur de la femme, ce savant interprète des sentiments les plus cachés des filles d'Ève ; — de Balzac, à qui j'ai déjà consacré un volume; de Balzac, ce maréchal de la littérature, comme, dans sa puérile vanité, il osait se qualifier lui-même. — Balzac, que je regretterai toujours et qui fut longtemps mon ami; de sa part, malheureusement, cette amitié n'était basée que sur l'intérêt, et il la rompit machiavéliquement le jour où mon astre commercial commença à pâlir;

*Jules Sandeau*, qui, tout jeune encore, annonçait ce qu'il devait être un jour, l'une des gloires de la littérature moderne; — lui, à qui les portes de l'Académie française se sont ouvertes devant des chefs-d'œuvre d'esprit, de grâce, de poésie, de style;

*Michel Masson,* jadis simple ouvrier lapidaire, qui ne doit qu'à lui seul l'éducation solide qui le distingue, enfant de ses propres œuvres, au coloris si suave, si doux, et si naturel;

*Raymond Brucker,* ancien ouvrier éventailliste, à l'esprit mordant, au trait incisif, — déserteur volontaire de cette nouvelle école littéraire, née sur les barricades de 1830;

*Léon Gozlan,* le roi si spirituel du paradoxe, le créateur de l'épithète de *bouzingot,* appliquée aux défenseurs du trône de Juillet;

*Auguste Luchet,* l'image parfaite du Misanthrope de Molière, — toujours bourru, toujours bienfaisant, au cœur d'or, mais toujours malheureux, quoi qu'il fît ou osât entreprendre;

*Gustave Planche,* égoïste, au cœur d'acier, au torse d'Antinoüs, aux jambes d'argile, impitoyable pour tout ce qui ne sortait pas de sa plume, au style correct, mais sec et froid;

*Alphonse Karr,* à l'esprit excentrique, à l'*humour* pleine d'originalité, mais parfois vagabonde; Alphonse-Karr, mon cher *ex-neveu,* le flagelleur sans merci, le désespoir des épiciers dont il dévoilait, dans ses *Guêpes,* les tendances à sophistiquer les mille produits de leur commerce de deux sous;

*Arsène Houssaye,* le plus jeune de tous, un La Fontaine en herbe qui s'amusait à faire des couronnes de bluets et de coquelicots, mais qui a depuis fauché la vraie gerbe; charmant surtout parce qu'il a de l'esprit sans paraître le savoir; un Champenois doublé d'un Rivarol;

*Paul Lacroix,* l'excellent *Bibliophile Jacob,* qui s'est fait connaître par les *Soirées de Walter Scott à Paris,* recueil de contes que l'on n'a pas, tout d'abord, appréciés à leur juste valeur, annonçant déjà le savant mais trop modeste conservateur de la bibliothèque de l'Arsenal ; âme ardente, bienveillant, obligeant, à toute épreuve ;

*Eugène de Monglave,* ce philosophe rêveur et rieur tout à la fois, prodigue de son esprit, de sa plume ; plein d'imagination, de facilité pour créer, mais qui ne ménage pas assez toutes ces belles et précieuses qualités ; on peut lui appliquer cette pensée de Térence : *Nihil a me alienum puto ;*

*Achille Jubinal*, à l'imagination si fougueuse, aux excentricités adorables, au style pyrotechnique, mais qui, avec l'âge, s'est livré à de graves études ; il est devenu un philologue distingué avant de se jeter dans la politique ;

*Hippolyte Lucas,* le plus indulgent des critiques ; — jamais un blâme sévère n'est sorti de sa plume dans ses revues bibliographiques au journal le *Siècle ;* — sous une apparence un peu froide, il cache un cœur chaud et généreux.

Je vous parlerai encore de *Maurice Alhoy,* ce roi si spirituel de la bohême de son temps ; — du chroniqueur intarissable *Lamothe-Langon,* ce baron du roman ; — de l'infortuné *Lassailly,* auteur des *Rêveries de Trialfe ;* — de *Jacques de Chaudesaigues,* ce Savoisien poëte et critique, auteur du *Bord de la coupe,* le seul volume in-32 qu'il ait laissé ; mort à vingt-cinq ans de phthisie, dans la misère, le matin même du jour où Jules Janin, au cœur ardent, à l'âme généreuse, que, dans un temps, on a tant calomnié, venait apporter au pauvre délaissé de tous, même par son meilleur ami, qu'il avait soigné chez lui à ses propres frais, avec toute la tendresse d'un fils pour son père, Gustave Planche enfin ; le jour, dis-je, où Jules

Janin lui apportait un secours de mille francs, qu'à ses pressantes et chaleureuses sollicitations M. de Salvandy, alors ministre de l'instruction publique, venait d'accorder à ce pauvre Chaudesaigues, avec sa nomination d'attaché à la bibliothèque Sainte-Geneviève.

Certes, ce trait de dévouement à l'amitié fait le plus grand honneur au cœur généreux du critique illustre, que, comme Béranger et de Balzac, l'Académie française a refusé d'admettre au rang de ses *immortels!*

N'oublions pas *Jules-A. David,* à l'esprit de controverse incarné, à la plume si spirituelle, si élégante, à l'imagination créatrice, déserteur volontaire de la littérature légère du roman; depuis lors, il a entrepris des travaux plus graves, plus sérieux, plus dignes de son père, l'héroïque ancien consul général à Smyrne en 1821, lors du massacre des chrétiens par les Turcs (ces fanatiques en fait de croyances religieuses), qui donna, par son dévouement en ces terribles circonstances, des preuves de la pureté de son noble caractère. — Mon ancien et toujours ami s'est livré, avec plus de succès encore, aux études sur l'*Histoire et la Littérature orientales ;*

*Félix Davin,* un ami très-intime d'Henri Berthoud, son compatriote, qui débuta par *le Crapaud,* titre original, il est vrai, d'un ouvrage qui annonçait déjà un conteur élégant, spirituel et abondant; plus tard j'ai édité de lui, *Ce que regrettent les femmes,* deux volumes in-8°; *la Maison de l'Ange,* deux volumes in-8°, et d'autres romans très-remarquables par la conception et le style ; il fut enlevé trop jeune aux belles-lettres, dans lesquelles il commençait à se distinguer, et aux regrets de ses nombreux amis.

Tout, dans ce que j'aurai à dire sur les faits et gestes de ces écrivains d'élite, sur leurs travaux et leur caractère, sera véritablement vrai. Je le dirai sans la plus légère fioriture, sans aucune amplification, très-simplement ; ce sera, en quelque sorte, comme autant de vérités prises sur le fait.

Je n'ai eu nul besoin pour cela d'écouter aux portes ni même d'aller aux renseignements, qui généralement sont faux ou erronés ; je n'ai eu qu'à fouiller dans mes souvenirs pour en faire jaillir les faits que je rapporte sur ces gens de lettres si distingués.

Tout ce que je dis, je le répète, c'est ce que j'ai ou vu de mes propres yeux, ou entendu dire de mes propres oreilles : *Quod vidi et audivi, scripsi.*

Dans mes récits, je n'aurai garde d'oublier les convenances que tout homme de cœur et de goût ne doit jamais enfreindre.

Selon mon opinion personnelle, un libraire-éditeur doit être considéré comme une sorte de confesseur (moins la discrétion) ; toujours il doit conserver du respect et des égards envers les écrivains au milieu desquels il a passé la plus grande partie de sa vie active.

*Noblesse oblige,* a-t-on dit.

Jamais je ne serai infidèle à mon passé. Je me respecte trop pour cela !

## II

« Quand Napoléon I<sup>er</sup> dota la France de la Légion d'honneur, la première croix qu'il accorda, ce ne fut ni un général victorieux, ni un maréchal de France, ni un prince qui l'obtint, ce fut un savant laborieux et modeste : Lacépède.

« En plaçant sur la poitrine du continuateur de Buffon

ce premier insigne de la Légion d'honneur, Napoléon I<sup>er</sup> voulut prouver qu'il honorait le travail à l'égal du courage ; que les méditations du savant, le compas du géomètre, le pinceau de l'artiste, l'outil de l'artisan, la charrue du laboureur, avaient autant de prix à ses yeux que l'éclat des armes, et devaient contribuer également à rendre la France grande, illustre et prospère. »

Tous les gens de lettres dont j'ai eu l'honneur de publier les œuvres ont été décorés de ce signe de mérite littéraire, à l'exception de quatre seulement : Raymond Brucker, qui est allé à Dieu ; Gustave Planche, que ses victimes ont envoyé au diable ; Paul de Kock, qui rit toujours de tout et dont *une fleur des champs* orne seule la boutonnière ! Paul de Kock, cet écrivain dont les ouvrages ont été traduits dans toutes les langues, le plus populaire, je ne dirai pas en France seulement, mais dans toutes les contrées du monde où le goût de la littérature française est répandu ; Eugène de Monglave, qui s'en console avec la croix de chevalier de l'ordre du Christ du Brésil et rit au nez de tout le monde.

Oui, la fleur des champs brille seule à la boutonnière de Paul de Kock ! Il en fut de même de Béranger, qui est mort sans le moindre ruban.

Comme moi, en pensant à Paul de Kock, à de Monglave, bien des gens répèteront : *Ah ! si l'Empereur le savait !...*

Oh ! il le saura certainement, un jour ou l'autre. Dieu veuille seulement que ce soit avant que mes deux amis, qui ne sont plus jeunes, aient passé l'arme à gauche, comme disent nos vieux troupiers !

III

CONTER ET RACONTER.

J'ai beau lire dans le *Dictionnaire* officiel *de l'Académie française* :

1º « *Conter*, narrer, faire le récit d'une chose vraie ou fausse, sérieuse ou plaisante ; il se dit principalement des récits que l'on fait dans la conversation : *en conter* à une femme, lui dire des douceurs, des galanteries ; »

2º « *Raconter*, conter, narrer une chose vraie ou fausse, »

Je n'en persiste pas moins, moi, vieil éditeur, à soutenir une opinion diamétralement opposée :

*Conter* une historiette n'est point, à mon avis, la raconter.

*Raconter* est un verbe éminemment français.

Ouvrez tous les dictionnaires étrangers !

Je vous défie d'y trouver quelque chose d'équivalent.

C'est un don naturel, un des traits distinctifs de notre caractère national.

Chaque époque de notre histoire littéraire peut en fournir de nombreux et d'illustres exemples.

Après ce naïf préambule : *J'ai ouï dire*, n'êtes-vous pas sûr de voir arriver à la file mille détails curieux, les uns plus intéressants que les autres ?

Et notre immortel Montaigne ne doit-il pas moins son immense renommée à son incontestable érudition qu'à l'art entraînant avec lequel il raconte ces mille riens naturels, amusants, qui lui viennent, dit-il, *par sauts et par gambades*, et qu'il méprise *comme bavardages ?*

Que de narrations piquantes dans les *Mémoires du duc de Saint-Simon*, l'écrivain le plus incorrect cependant de son siècle, et dans les *Historiettes de Tallemant des*

*Réaux*, qui ne fut jamais non plus, que je sache, un modèle de style ! Donc, raconter, — plus que jamais je persiste dans mon opinion, — ce n'est point conter.

*Raconter*, c'est dire un fait historique, une anecdote, à la façon de Brantôme, de Montaigne, de Saint-Simon, de Tallemant des Réaux.

*Conter*, c'est inventer plus ou moins, à la manière de Marguerite, reine de Navarre, et, plus tard, de La Fontaine, de Marmontel, de Voltaire et de tant d'autres maîtres en ce genre, croustilleux ou moraux, philosophes ou fantastiques.

Au reste, à cet égard, notre époque n'a rien à envier aux précédentes.

Dieu merci, nous ne manquons ni d'admirables *conteurs*, ni d'admirables *raconteurs*.

Que ce dernier mot ne vous effarouche pas !

L'Académie française, si puritaine, lui a depuis longtemps accordé droit de bourgeoisie.

Pour vous prouver qu'il le méritait, il me suffira, au milieu d'une pléïade de noms, de vous en citer trois : l'éditeur des *Souvenirs* apocryphes *de madame la marquise de Créquy* ; l'infatigable bibliophile Jacob et le charmant poëte en vers et en prose dont les *Portraits du dix-huitième siècle* survivront bien certainement au nôtre.

Au sujets des *conteurs* qui inventent, savourez, si vous voulez vous mettre en appétit, le rabelaisien Honoré de Balzac, l'inépuisable Alexandre Dumas père, le spirituel Méry, et vous m'en donnerez des nouvelles !

Pour en revenir à mon point de départ, *conter* c'est inventer plus ou moins ; *raconter*, c'est redire ce qu'un autre a déjà dit en l'embellissant des prestiges de votre imagination, pour peu que le ciel ne vous en ait pas refusé une part quelconque.

Aussi, n'est pas *raconteur* qui veut, je vous prie de le croire.

Je vais donc, dans ces *Souvenirs littéraires, historiques et anecdotiques*, être tour à tour *conteur* et *raconteur*.

Pour clore ces lignes, que mes lecteurs me permettent d'en ajouter quelques-unes qui rentrent au surplus dans mon sujet; elles sont relatives à Voltaire.

L'auteur de *la Henriade* était un des meilleurs conteurs de son époque.

Qui ne se rappelle cette anecdote nous le peignant réuni à d'Alembert et à d'autres adeptes de sa doctrine, pour se raconter à qui mieux mieux, les uns aux autres, des histoires de voleurs, de revenants et de sorcières?

Quand vint son tour, il dit, prenant le ton aigre d'une vieille commère bavarde : « Il y avait une fois un fermier général... Ma foi! j'ai oublié le reste. »

Le château de Ferney, où résidait alors Voltaire, était une excellente école pour ce genre de moquerie et de persiflage.

Souvent il s'oubliait fort tard dans son salon, si connu aujourd'hui des touristes, enfoncé dans un profond fauteuil, racontant lui-même ou entendant raconter n'importe quoi à ses amis, surexcités l'un par l'autre, et cédant tour à tour à la puissance d'un charme réciproque.

Souvent aussi sa nièce, M<sup>me</sup> Denis, en coiffe de nuit et en pantoufles, descendait de sa chambre à coucher pour l'inviter soit à se retirer dans la sienne, soit à venir prendre son repas du soir, dont son estomac cependant lui annonçait depuis longtemps que l'heure avait sonné.

Voltaire alors, d'un ton plaintif, lui répondait, comme un enfant gâté qui ne veut pas obéir à sa bonne :

« Laissez-moi donc tranquille ! Que vous importe, si je m'amuse ! »

Bienveillant lecteur, si je ne vous ennuie pas trop dans mes confidences intimes, répétez-moi le mot de Voltaire à sa nièce :

« *Continuez, cela m'amuse !* »

## IV

### MES RÉSERVES.

Il est très-important pour moi que je fasse ici certaines réserves, que j'explique enfin, une fois pour toutes, le but que je me suis proposé d'atteindre, en groupant ces notes éparses sur les gens de lettres dont j'ai eu l'honneur de publier les œuvres, lors de cette brillante période du romantisme que j'ai traversée en observateur et publicateur, pendant les plus belles années de ma laborieuse virilité, sur les écrivains distingués au milieu desquels j'ai vécu dans la plus sympathique et la plus cordiale intimité.

A Dieu ne plaise que jamais l'idée me soit venue d'énoncer mon opinion personnelle et de juger magistralement leurs écrits !

Je me récuse dans l'un et l'autre cas.

Tout le monde reconnaîtra que je ne fais, en cette circonstance, que stricte justice.

A d'autres plus compétents que moi en littérature incombe ce travail.

Tout ce que j'ai voulu, tout ce que je veux encore, — écrivain par circonstance, peut-être futile, léger, incorrect même, mais toujours très-convaincu, — c'est de faire ressortir dans ces esquisses, à mon point de vue, le *caractère*, les *habitudes*, les *qualités de cœur* de mes photographiés, sans leur épargner, lorsque j'en rencontrerai l'occasion sur ma route, quelques-uns de leurs travers, quelques-unes de leurs légères prétentions, constamment, bien entendu, sans la moindre arrière-pensée, sans la moindre apparence d'amertume.

Je me suis attaché surtout, autant que j'en ai trouvé l'occasion, à faire *aimer* et *respecter* l'écrivain, son *caractère* et sa *personne*, en dehors de ses travaux.

Que les pessimistes les plus délicats et les plus chatouilleux sur leur dignité d'hommes de lettres se rassurent donc !

# HONORÉ DE BALZAC

## NOUVEAUX SOUVENIRS INTIMES INÉDITS

### SUR SON HUMEUR, SON CARACTÈRE, ET SA RECONNAISSANCE

1823 a 1839

## TABLE DES CHAPITRES

I. — Les Flèches d'un Parthe.
II. — Un Cœur d'or.
III. — Les Amours d'un lion et d'un rat.

# LES FLÈCHES D'UN PARTHE

« Il m'a trop fait de bien pour en dire du mal ;
« Il m'a fait trop de mal pour en dire du bien. »
(Pierre CORNEILLE.)

I

LE MARQUISAT DE SCARRON.

Dans les *Échos de Paris* de l'un de nos plus spirituels journaux de littérature légère, du 24 mai 1864, je découvris mon nom, pauvre éditeur, jadis assez connu, aujourd'hui parfaitement oublié, parmi ceux de certains personnages qui, « jaloux de se faire *mousser*, n'importe à quel prix, ont l'habitude de crier par-dessus les toits : J'ai été l'intime ami de telles ou telles *célébrités littéraires contemporaines défuntes.* »

Je n'eus jamais, grâce à Dieu, une aussi outrecuidante prétention, et nul n'a moins mérité que moi d'être mêlé, par le mordant et caustique écrivain qui a rédigé cet *Écho*, à la cohue importune qu'il a cent fois raison de fustiger impitoyablement.

Je n'ai pas seulement dit à qui a voulu l'entendre :
« J'ai trop vécu, pour mon malheur et celui de mes pauvres

petits écus, dans la plus grande intimité avec l'auteur des *Ressources de Quinola.* »

J'ai dit aussi : « Pour faire revivre l'auteur de la *Comédie humaine*, il faut le dépouiller de tous ces oripeaux qui l'enveloppent ; — il faut lui enlever cette brillante auréole de gloire qui lui ceint le front, et nous révèle en lui un demi-dieu de la pensée; ainsi mis à nu, de Balzac nous apparaîtra AU NATUREL. Ce sera un simple mortel comme chacun de nous tous ; il prouvera qu'il possédait sa part de faiblesses humaines, un orgueil incommensurable, une soif ardente des richesses ; — quelques vices mêlés à quelques vertus ; de bonnes comme de mauvaises qualités du cœur; tout ce qui caractérise, enfin, notre fragile et souffreteuse espèce. »

J'ai fait mieux : je l'ai surabondamment prouvé et démontré, pièces en mains, à quiconque s'est donné la peine de lire mon livre intitulé : *Portrait intime d'Honoré de Balzac, sa vie, son humeur et son caractère* (1).

Qu'est-ce, après tout, que l'intimité ?

N'est-ce pas un échange de bons procédés réciproques ?
— J'ai dit :

« Tant que la caisse de l'éditeur malheureux fut à la disposition de son illustre auteur, le *préféré*, tout marcha à merveille dans cette vie à deux. »

Scarron avait pour libraire *Toussaint Quinet*, son Werdet, à lui. — Quand il n'avait plus le sou, ce qui lui arrivait souvent, il disait : « *Je vais frapper à la porte de mon marquisat de Quinet.* »

Or, Quinet avait pour emblème une *fontaine* et pour devise ces mots : « Heureux celui *qui naît* ainsi la bouche ouverte sous le robinet de ma fontaine. »

Pour Balzac, ma fontaine fut longtemps intarissable.

---

(1) 1 vol. gr. in-18 jésus, Paris, E. Dentu, 1859. — Voir page 26.

Tant qu'il put y puiser, je fus son ami à la vie, à la mort.

Tout cela cessa quand il l'eut mise à sec.

Et il ne me serait pas permis, pour essayer de me consoler un peu, de parler du grand écrivain dont la réputation m'a coûté mon repos, le fruit de mon travail, ma santé, mes yeux, mon présent, mon avenir !

Ce serait par trop fort, en vérité ; je ne pourrais être *Balzacophile* jusqu'à ce point-là !

Le poëte Longepierre a dit :

> L'amitié d'un grand homme est un bienfait des dieux.

Certes, je me serais bien passé d'un tel bienfait !

## II

### JE SERAI ROI !...

« — Dans quatre mois tu entreras dans ta vingt et unième année ; quel état veux-tu choisir ?

« — Ma vocation me pousse vers la littérature.

« — Tu es donc fou ?

« — Non, je veux être auteur.

« — Il paraît, dit M<sup>me</sup> de Balzac en excitant son mari du regard, que monsieur a du goût pour la misère ?

« — Oui, ajoute le chef de famille, on rencontre des gens qui éprouvent le besoin d'aller mourir de faim dans un hôpital.

« — Honoré, reprit M<sup>me</sup> de Balzac, nos plans sont arrêtés pour votre avenir ; nous vous destinons au notariat. »

Le jeune homme fit un geste énergique de dénégation.

« — Mais ignores-tu, malheureux ! lui dit son père, à

quoi infailliblement te conduira le métier d'écrivain ? Dans les lettres, il faut être roi, pour n'être pas goujat.

« — Eh bien, répondit Honoré, je serai roi ! »

Mᵐᵉ de Balzac pensa qu'un peu de misère ramènerait promptement son fils à la soumission.

Il fut alloué à Honoré une pension mensuelle de cent francs ; il quitta la maison paternelle.

Avec ses cent francs à dépenser par mois, le jeune de Balzac alla se loger dans une mansarde de la rue de Lesdiguières, tout auprès de la bibliothèque de l'Arsenal, ce vaste et célèbre dépôt de l'esprit et de l'érudition des anciens et des modernes.

C'est dans cette bibliothèque qu'il travaillait chaque jour, dans le but, disait-il, de débuter dans la carrière des lettres par un coup de maître, un vrai chef-d'œuvre ; il commença la tragédie de *Cromwell*, en cinq actes, dont quelques fragments seuls ont été publiés par sa sœur, Mᵐᵉ Laure Surville.

Habitué chez son père à une nourriture convenable, l'on doit bien penser que ses médiocres revenus, avec ses goûts pour la dépense, ne pouvaient suffire à Balzac ; aussi dut-il chercher à se créer d'autres ressources.

Le soir, rentré chez lui, ce laborieux jeune homme se mit à écrire des romans ; ils lui étaient aussi maigrement payés qu'ils étaient maigrement composés : *trois cents francs*. Ils formaient chacun quatre volumes in-12.

Ses premiers romans furent publiés chez les libraires Pollet, rue du Temple, et Bresson, rue Pastourelle.

Tous ces romans étaient signés par des pseudonymes, tels que : *Horace de Saint-Aubin, de Viellerglé, lord Rhoone, dom Rago*, etc. ; plusieurs même ont été écrits en collaboration avec Horace Raisson, son ami alors intime, Le Poitevin-Saint-Elme, etc.

J'ai déjà donné les titres de ces ouvrages.

Peu de temps après, il publia un roman sans nom d'auteur dont le titre est : *Wan Chlore,* ce qui veut dire *Jeanne la pâle.*

Cette production lui fut payée, cette fois, *cinq cents francs* par M. Urbain Canel. Celui-ci, enchanté des manières aimables et courtoises de son jeune auteur, lui fit faire la connaissance de Henri Delatouche, auquel il le recommanda très-chaleureusement.

Le jeune Honoré alors quitta sa mansarde de la rue Lesdiguières pour venir se loger rue de Tournon, dans un grenier, tout auprès de son nouveau protecteur.

Avant *Wan Chlore,* de Balzac avait publié chez Delonchamps, libraire, une *Histoire des jésuites,* in-8º; cette histoire, ainsi que *Wan Chlore,* parut sous le voile de l'anonyme.

Tels furent les premiers débuts de Balzac, qui certes n'étaient pas brillants, ni fructueux pour lui!

A cette époque, le futur maréchal littéraire recherchait avec empressement la société des hommes de lettres déjà connus par des succès, tels que MM. Paul Lacroix, Henri Delatouche, Charles Rabou, Amédée Pichot, Philarète Chasles, Lautour-Mézeray, de Girardin, etc. Avec ces messieurs, le jeune homme était d'une adorable obséquiosité ; il avait besoin de protecteurs qui le prônassent partout et à tout bout de champ.

Plus tard, en 1831, il publia même chez M. Urbain Canel, en collaboration de MM. Philarète Chasles et Charles Rabou, *les Contes bleus, par une Tête à l'envers,* un volume in-8º.

Il était petit et fluet; sans qu'il y parût, il pratiquait l'art de savoir se faire *mousser.*

Le papillon aux ailes d'or, diaprées des plus brillantes couleurs, n'avait pas encore brisé la chrysalide qui le retenait captif, il n'avait pas encore pris son vol radieux et triomphant vers cette royauté promise à son père.

Cependant le jeune homme progressait toujours. En 1827 il publia chez M. Urbain Canel, mais cette fois avec son nom, Balzac, *le Dernier chouan, ou la Bretagne en 1800,* deux volumes in-8°.

Puis, en 1829, la *Physiologie du mariage,* par un *Jeune célibataire*, deux volumes in-8°, édités par MM. Alphonse Levavasseur et Urbain Canel. Ces deux habiles éditeurs furent les premiers à deviner la future célébrité du jeune littérateur.

On n'a pas oublié l'immense sensation que produisit cette *Physiologie du mariage,* fruit des méditations et des veilles d'un jeune homme de vingt-sept ans qui s'annonçait sous d'aussi brillants auspices.

Dès ce jour, la littérature compta un maître de plus et la France un nouveau Molière.

Le jeune auteur n'était encore que tout près du trône littéraire qu'il avait promis à son père.

Mais enfin comment de Balzac pensait-il conquérir ce trône ?

Par une volonté de fer, par une énergie robuste, indomptable, qui le poussait à surmonter toutes les difficultés, à vaincre, franchir, briser tous les obstacles.

Qu'êtes-vous devenus, messieurs Urbain Canel et Alphonse Levavasseur, vous qui, à cette époque, étiez les plus habiles comme les plus instruits et les plus capables des éditeurs ?

L'un et l'autre vous avez été renversés par cette légère, frivole et inconstante fortune qui, trop souvent, hélas ! comble de ses faveurs des ignorants !

Vous, monsieur Urbain Canel, poëte de mérite, vous, enthousiaste de la noble poésie, vous avez été *dévoré par les vers,* comme vous le dites vous-même avec une adorable bonhomie ; vous êtes aujourd'hui tout simplement teneur de livres dans une grande maison de commerce.

De tous les points cardinaux de la France accouraient les poëtes pour briguer la faveur d'être édités par cet éditeur-poëte !

Vous, Alphonse Levavasseur, mon vieil ami, écrivain élégant et spirituel, vous êtes représentant d'une manufacture dans une ville du Midi !

Du moins, dans vos modestes emplois, vous avez tous les deux trouvé le calme, le repos et la considération, que vous aviez si bien mérités par vos laborieux, mais très-peu fructueux travaux de libraires-éditeurs, tandis que d'autres, indignes de ces honorables professions, sont devenus riches à millions !

Ils ont été habiles, ceux-là !

III

LA RECONNAISSANCE DES SERVICES RENDUS ÉTAIT UNE CHIMÈRE POUR HONORÉ DE BALZAC.

M. Paul Lacroix, le *Bibliophile Jacob*, avait rendu de grands services à Balzac ; il lui avait fait obtenir plusieurs marchés avantageux avec Louis Mame, libraire, pour *le Médecin de campagne*, 2 vol. in-8º, avec Charles Gosselin et Urbain Canel, pour la *Peau de chagrin*, 2 vol. in-8º, en 1830 ; il l'avait fait admettre dans la rédaction de *la Mode*, fondée en 1821 par M. Lautour-Mézeray, sous les auspices et la protection de M<sup>me</sup> la duchesse de Berri ; à celle de la *Revue de Paris*, etc. ; il lui avait fait, en 1829, des articles pleins d'enthousiasme sur la *Physiologie du mariage*.

Certes, on en conviendra, des services aussi importants

méritaient bien, de la part de Balzac, quelque peu de reconnaissance.

Pour lui, dont la passion dominante était celle de l'ardente soif de posséder des pièces de cinq francs en grande quantité, calculant toujours d'avance quelle somme de jouissance elles pourraient lui produire dans sa vie de dissipation, pour lui, l'égoïste, la reconnaissance était un mot vide de sens.

L'argent ! c'était son dieu fétiche ; il l'adorait !

Jugez de l'étonnement et de l'indignation de M. Paul Lacroix, lorsqu'il lut dans le feuilleton du journal le Voleur du 5 mai 1830, l'article suivant, sur les Deux Fous, 2 vol. in-8º qu'il venait de publier chez E. Renduel, article injurieux pour sa personne et ses livres, dû à son *intime ami*, son très-*obligé* de Balzac ! qui était devenu depuis peu l'un des associés-propriétaires de cette feuille, dont les fondateurs étaient Maurice Alhoy, Émile de Girardin et James Rousseau.

M. Charles Monselet, l'homme spirituel, l'élégant écrivain, qui certes n'est pas un *Balzacophobe* à tous crins, mais un *Balzacophile*, admirateur de l'illustre romancier disait un jour, dans le *Figaro*, « qu'il serait bien à désirer, qu'afin de *compléter* la *Comédie humaine*, on publiât les articles *omis* ou *retranchés volontairement* dans cet ouvrage ; » et M. Monselet citait même, si ma mémoire est fidèle, les titres de plusieurs de ces articles.

Je lui signalerai les deux suivants qu'il a oubliés :

1º *Portrait de P. L., Bibliophile Jacob;*

2º *Introduction historique au Lys dans la vallée*, que j'ai édité en 1836, en 2 vol. in-8º.

Dans cette très-remarquable introduction (formant quatre feuilles in-8º en petit texte), rédigée, composée et publiée en trois jours, l'auteur disait ces paroles, après avoir fait l'éloge de son libraire-éditeur :

« Aujourd'hui, 2 juin 1836, j'ai fait choix pour mon *seul* libraire-éditeur, de M. Werdet, qui réunit toutes les conditions d'activité, d'intelligence, de probité que je désire chez un éditeur ; outre ces qualités, M. Werdet est plein de cœur et de délicatesse, comme tous les gens de lettres qui le connaissent peuvent l'attester. »

— J'entends, disait de Balzac, laisser cette introduction en tête de mon œuvre *le Lys dans la vallée*, tant qu'elle subsistera, à moins qu'un arrêt de ma propre volonté n'en décide autrement.

Pourquoi l'auteur a-t-il supprimé ces deux articles dans la *Comédie humaine*?

Oui, je suis de l'avis de M. Monselet ; mais jamais ces deux articles *volontairement retranchés* de son vivant ne seront republiés par ses héritiers ; la mémoire de Balzac serait trop mise à NU ; il faut l'envelopper d'oripeaux, afin qu'elle paraisse plus radieuse.

Jugez, impartial lecteur ; cet article, n'est-ce pas une action blâmable :

## IV

PORTRAIT DE P. L. JACOB, BIBLIOPHILE, ÉDITEUR DES *Deux Fous*.

« M. P. L. Jacob est un de ces vieillards à moitié bénédictins qui passent leur vie à s'instruire, et sont en état de faire quelque chose quand ils meurent. Il a pâli sur les parchemins, il est affamé de chroniques, palimpsestes, de papyrus, quipos, hiéroglyphes, médailles, chartes, cartulaires, etc. Il oublie son dîner en feuilletant un portefeuille, il s'endort sur des monceaux de livres. Si, par hasard, vous vous faites le cornac d'une famille anglaise et que vous la conduisiez à l'Arsenal, à Sainte-Geneviève ou à la bibliothèque du Roi, n'oubliez pas de lui montrer le vieux P. L. Jacob, comme une des curiosités parisiennes les plus remarquables. Dites à la jeune miss en mauvais anglais :

« — Vous avez vu bien des livres dont quelques-uns se sont faits hommes presque? Eh bien! tenez, pretty miss Guifort, voilà un homme qui s'est fait livre.

« Puis, indiquez-lui mon vieil ami P. L. Jacob, que vous trouverez toujours seul à la plus éloignée de toutes les tables. C'est un grand monsieur, pâle, sec, très-ridé, moitié parchemin, moitié basane. Il a sur la tête un chapeau à larges bords, qui lui donne un air faux de W. Penn. Il est vêtu de noir, mais ses habillements n'ont pas de forme bien déterminée, car ils sont si capricieusement plissés, si usés, si retroussés, si chiffonnés, qu'ils ressemblent à ces papiers que tourmente longtemps un homme d'étude et de savoir. Seulement, ses culottes sont si vastes, que vous jugeriez voir d'anciennes brayes; ses souliers sont éculés et si pointus, qu'on les prendrait pour une chaussure à la poulaine. Tout est négligé chez lui. Sa cravate est mal nouée, les oreilles de ses culottes ne s'accouplent pas toujours très-fidèlement avec les boucles d'acier noirci qui ballottent et le piquent sans qu'il s'en aperçoive. Ses coudes, ses manches, ses parements, tout est empreint de la poussière des livres qu'il feuillette. Il a de l'encre aux doigts, et à la bouche une plume ébouriffée. Quoiqu'il ait la mine renfrognée d'un vieux juge fatigué d'une audience, il est doux, affable, un peu bavard, et simple comme La Fontaine; si vous ne le questionnez pas et que vous passiez devant lui, il ne s'offensera pas de vos rires, et vous regardera en marmottant, ou murmurera en vous regardant, comme il écrit en feuilletant, et feuillette en courant. C'est toujours lui à qui le garçon de salle vient dire :

« — Monsieur, il est deux heures, on va fermer.

« Ce bonhomme rassemble alors ses papiers, garde la plume et s'en va par les rues, étonnant les flâneurs qui le prennent pour l'ombre d'un prix de Sorbonne. Il a l'air d'un vieux portrait sorti de son cadre et qui marche, ou plutôt il ressemble à une note, à un bourdon d'imprimerie, mis au milieu d'une page : il vit en marge du temps présent.

« Eh bien! cet homme-là est en quelque sorte la conscience de l'histoire, l'histoire même ou quelque chose de plus que l'histoire, un tiers de Dieu, car il voit le passé comme s'il était devant lui. A son aspect, tous les romanciers pâlissent, car il doit leur dire : « Monsieur, vous avez parlé d'une tuile octogone sous Louis XIV. A cette époque elles n'étaient que pentagones et se fabriquaient à la Ville-l'Évêque, où l'on avait transporté les tuileries. »

« Il connaît tous les siècles, avec leurs meubles, leurs costumes, leurs mœurs, leurs langages, leurs gestes, leur architecture. Il vous dira, en voyant sur le boulevard des gaufres roulées, que sous Charles VI cette pâtisserie avait une forme bien plus déshonnête. Il sait quand un *mot* est né, pourquoi il est né, de quoi il est né et quand il est mort. Il ne connaît pas la rue aux Ours, mais bien une rue aux Oues où l'on vend des oies et qui mène de la rue Saint-Denis à la rue Saint-Martin. Souvent il demande des *macreuses* à sa ménagère et se plaint qu'on ne lui serve pas des *foulques* et des *paons*, et du *beurre rôti*, comme en savait faire Taillevent.

« Il déplore l'abaissement des cuisiniers, en songeant que jadis ils étaient le nœud qui rassemblait tous les arts, et que composer un repas, c'était savoir inventer des drames, des représentations de tournois, et qu'aujourd'hui les *entremets* sont des plats sucrés, et que la Comédie-Française a remplacé le véritable *entremets*.

« Il a en horreur les Bradel et autres bimbelotiers qui ont ôté aux reliures leur solidité, et il est pris d'un saint respect à la vue de ces livres à fermoirs, dont le carton est de bois, dont le maroquin est *chagriné*, dont les dessins arabesques ressemblent à la rose d'une cathédrale, et qui ont coûté trente *angelots* à la vente de M. le Vidame de Chartres.

« Il ne s'est jamais permis d'écrire une seule ligne sur un siècle, sans que cette ligne ne sentît le style, la couleur, le parfum du jour, de la minute à laquelle cette ligne est censée vous reporter.... Aussi le spectacle le plus curieux de notre époque est celui de sa colère, quand on lui apprend que des marmots de dix-neuf ans, fessés de la veille et sortis le matin du collége d'Harcourt ou de Sainte-Barbe, ont la prétention d'inventer en quelques jours toute une époque. Il n'existe aujourd'hui qu'un seul homme qui, depuis la mort de dom Brial, soit un littérateur pour lui : c'est M. Duponchel, le bénédictin, le Vatel du costume.

« C'est à P. L. Jacob, bibliophile, c'est à ce digne et excellent homme, c'est à cette espèce de mouleur en cire, qui passe sa vie à guetter une syllabe, un fait, qui prend les empreintes de toutes les faces héroïques des vieux siècles, c'est à ce modèle des antiquaires qui voudrait mettre sous verre toute une époque, comme on y met des capitales, se plaint de la petitesse des médailles, et souhaite vingt fois par jour un *carporama* de faits historiques ; c'est à ce consciencieux et modeste auteur, l'ami de tous ceux qui le connaissent ; c'est à ce Vaucanson littéraire que nous devons les *Deux Fous*... Que nous reste-t-il à dire après la peinture de l'homme ? Que les *Deux Fous* sont un drame, un portrait exact de la cour de François Ier ?.... Tarare ! A quoi cela servirait-il ? Comment rendre compte d'un livre où les personnages du temps parlent, marchent, agissent, soupent, se couchent, dorment, comme ils ont parlé, marché, agi, soupé, dormi, etc. Lire ce livre, c'est vivre dans le XVIe siècle, et nous le comparerions volontiers au cabinet de Curtius, dont, par un coup de baguette, les figures auraient reçu pour un jour la vie et le mouvement. En effet, cette composition tient de la peinture, de la sculpture, du drame et de la magie. C'est un *Sièclorama*. On regrette bien vivement que le temps prodigieux réclamé par ces sortes de compositions, les rende si rares ! Enfin, *m'est advis* que Sa Majesté Charles X devrait donner quelques fonds à notre ami P. L. Jacob, pour élever, fonder, administrer, diriger, entretenir une manufacture royale de mosaïque historico-littéraire. »

Cet injurieux pamphlet n'est pas désavoué dans la lettre suivante de Balzac, mais seulement il est *pallié* par ce Parthe : il « *assure* » que depuis trois ou quatre numéros, il ne coopère plus à la rédaction du feuilleton du *Voleur*, dont il s'est séparé, par suite de l'*anarchie* qui régnait entre les propriétaires, ayant pour cause des *intérêts pécuniaires* ;

Toujours et toujours de l'argent ! — « Qu'il n'a connu cet article que par le journal *rempli de fautes.* »

Voilà qui est trop fort, en vérité !

Quoi ! lui, de Balzac aurait *permis* qu'à son *insu* l'on publiât un de ses articles, sans qu'au préalable il ne l'eût *lu, relu, corrigé, revu, badigeonné*, souvent *remanié* et *refait* de *fond en comble !* lui ! si jaloux de tout ce qui sortait de sa plume ! Publier cet article sans qu'il ait donné auparavant son *bon à tirer !*.....

Est-ce possible ?

Si cela fût arrivé, malheur au propriétaire du journal ! un bon procès en désaveu, avec des dommages-intérêts, en eût été la conséquence ! Mais il n'en fit rien ! Cet article est donc bien de lui.

Ce numéro du *Voleur* du 5 mai 1830 excita un *tolle* général d'une juste indignation ; des articles mordants, piquants furent sur-le-champ publiés dans tous les journaux politiques ou non, revues ou petits journaux littéraires : tous blâmaient de Balzac d'avoir ainsi outragé un écrivain tel que M. P. Lacroix.

Il y eut un tel scandale que Balzac, conseillé par quelques-uns de ses amis indignés contre lui, fut obligé d'écrire la lettre suivante à M. P. Lacroix :

« Du 6 mai 1830.

« Mon cher Lacroix,

« Il y a des gens qui, à propos de certain article du feuilleton, m'ont indignement traité dans quelques journaux.

« A ces gens-là, l'on ne doit répondre que par le silence ou le mépris ; mais à ceux que j'estime, et vous êtes de ce nombre, je dois déclarer que depuis trois ou quatre numéros je ne coopère plus au feuilleton.

« Ainsi, quoiqu'il y ait dans l'article des *Deux Fous* quelques idées que je pensais partagées, je vous préviens que je n'y suis pour rien.

« Cet espèce d'avis n'est pas une apostasie.

« Je ne conçois pas ce que je puis avoir fait. Ma séparation avec des gens que j'estime ne provient que d'une anarchie qui concerne des intérêts purement pécuniaires.

« Je ne sais si l'article du *Voleur* aura eu votre agrément; il était plein de fautes d'impression, je l'ai su par le journal.

« Agréez mes compliments.

« H. DE BALZAC. »

De Balzac, devenu peu après membre et président de la Société des gens de lettres, M. P. Lacroix dut se contenter de cette sorte de désaveu ; une réconciliation apparente dut s'ensuivre.

V

LA ROYAUTÉ LITTÉRAIRE ENFIN CONQUISE.

Afin d'arriver plus rapidement à cette fortune à laquelle il rêvait sans cesse, de Balzac devint imprimeur et éditeur.

Au bout de deux ans, il fut contraint d'abandonner ces professions.

Il s'en retira, il est vrai, mais avec des dettes énormes, et pas le sou pour les acquitter.

Son imagination féconde et créatrice était sa seule fortune future !

— Que me faut-il pour payer toutes mes dettes ? disait-il, une rame de papier, une bouteille d'encre, un paquet de plumes et un canif.

Avec ces instruments il y parvint enfin, à cette richesse si désirée et si laborieusement acquise !

Mais que de travaux opiniâtres, que de privations de tout genre, que d'obstacles à surmonter et à vaincre pour cet intrépide écrivain !

Son énergique caractère, sa vigueur et son inébranlable volonté, lui firent tout briser ! Il sortit enfin vainqueur de cette lutte acharnée.

Depuis la publication dans *le Voleur* de cet inqualifiable factum contre cet excellent M. Paul Lacroix (Bibliophile Jacob), près de sept années se sont écoulées.

De 1835 à 1838, l'astre radieux de Balzac resplendit et brille du plus vif éclat : sa gloire a atteint son zénith ; il a enfin conquis cette *royauté* promise à son père. Si, dans sa puérile vanité, il se nomme seulement *maréchal littéraire*, c'est que sans doute, par respect pour de certaines convenances, il n'ose avouer ses prétentions à la qualité de roi.

Il a déjà enrichi la littérature romantique d'une foule 'œuvres admirables, parmi lesquelles je ne citerai que les principales, telles que :

1829, *la Physiologie du mariage*, — *Gloire et Malheur*, — *le Bal de Sceaux;*
1830, *la Femme de trente ans*, — *le Père Gobseck*, — *la Grande Bretèche*, — *la Peau de chagrin;*
1831, *Maître Cornelius*, — *les Proscrits*, —, *le Médecin de campagne*, — *les Chouans;*
1832, *la Femme abandonnée*, — *la Grenadière*, — *Louis Lambert*, — *le Curé de Tours;*
1833, *Eugénie Grandet*, — *Ferragus*, — *le Père Goriot*, — le tome Ier des *Contes drôlatiques;*
1834, *Balthasar Claës*, — Deuxième volume des *Contes drôlatiques;*
1835, *Seraphita;*
1836, *le Lys dans la vallée;*
1837, *les Illusions perdues*, — *le Cabinet des antiques;*
1838, *la Femme supérieure*, — dernier ouvrage que j'ai

publié de ce fécond écrivain. En tout soixante romans ou nouvelles, dont j'ai édité cinquante-cinq, soit en première édition, soit en réimpression.

Tous ces ouvrages sont très-certainement les meilleurs ; plusieurs même sont de vrais chefs-d'œuvre.

A l'époque dont je vais parler maintenant, de Balzac nageait en pleine splendeur : il possédait un riche équipage, un coupé, conduit par un corpulent cocher, à la riche livrée couleur marron à boutons dorés, rehaussés des initiales H. B. surmontées de l'écu des d'Entragues ; — un groom qu'il avait fait venir exprès de Lilliput pour porter ses messages ; — il possédait sa loge aux Italiens et une autre au grand Opéra ; — il ne fréquentait plus que les salons de la plus haute aristocratie : celui de M. le baron James de Rothschild, pour la *finance*, celui de M<sup>me</sup> la comtesse d'Appony pour les *races antiques* ; — il était l'idole des femmes de trente ans ou plus ; — le *Bachelier* un peu suranné de la *fleur des pois* de la brillante jeunesse parisienne ; en un mot, M. Honoré de Balzac était l'homme le plus à la mode ; c'était le héros du jour ; il faisait les délices des petits journaux, qui s'occupaient de lui, rapportaient ses excentricités, ses moindres bons mots, ses saillies spirituelles ; M. de Balzac était donc le véritable roi de la littérature de cette époque, par ses travaux, son faste, son opulence et les agréments de son physique séduisant.

Pour soutenir un tel luxe, il lui fallait de l'or et beaucoup d'or même ; je dus lui fermer ma caisse.

Dès lors aussi ma perte fut jurée par lui.

Un jour il m'annonça froidement que mon *Waterloo était sonné*.

En effet, ma barque commerciale fut brisée.

Ce prodigue me devait une somme énorme avancée sur des traités qu'il n'exécutait pas ; — il avait, ma foi !

bien autre chose à faire que de me donner de sa précieuse copie ! Je lui avais refusé de l'argent !

J'étais passé à l'état de *ses bêtes les plus noires!*

Ce fut alors que, machiavéliquement, en dépit de ses traités, il vendit à une puissante association de libraires et d'industriels tous ses droits d'auteur pour une somme considérable, au comptant.

Je fus pris pour dupe, — je fus ainsi sacrifié !

Cela devait être, — j'avais refusé de l'argent à celui qui le dissipait si follement !

Je fus donc brisé par de Balzac, dans le but de pouvoir payer ses dettes résultant toutes des dépenses insensées qu'il faisait pour soutenir son luxe princier.

Si maintenant l'on veut bien remonter des causes premières aux effets, n'ai-je pas le droit, non pas d'*accuser* de Balzac de ma ruine, mais de *déplorer* amèrement ma folle amitié, mon attachement sans bornes à la personne de ce *nec pluribus impar* des écrivains selon moi, du créateur de tant de remarquables ouvrages ?

Avec l'intrépidité et le courage du désespoir dignes de meilleurs résultats, je luttai contre cette fortune ingrate. — Longue, épineuse, laborieuse fut ma liquidation ! Je restai enfin sur le carreau, sans aucune ressource pour vivre, ma pauvre femme et moi.

Un poëte a dit (j'y fais une légère variante) :

« *Crédit* est une île escarpée et sans bords;
« L'on n'y peut plus rentrer dès qu'on en est dehors. »

Je repris donc ma malle de voyageur pour la respectable administration de la *Jurisprudence générale*, des savants et érudits MM. Dalloz (Désiré et Armand).

J'étais enfin parvenu, à force de travail et d'économie, à réunir quelques milliers de francs; — quelques années encore de cet honorable travail, ma femme et moi aurions eu le pain de chaque jour assuré, lorsqu'en 1856 je fis une chute dans mes voyages, à la suite de laquelle je restai estropié du pied gauche !

Encore une illusion perdue !

Ma malle de voyage fit place à la plume d'un écrivain incorrect, je le sais, je n'ai point fait d'études classiques ; le peu, mais très-peu d'instruction que je possède, c'est à moi seul que j'en suis redevable.

Quoi qu'il en soit de la valeur de cette plume de laiton inculte, je me suis livré corps et âme, avec ardeur et courage, à ma passion favorite, l'étude de la bibliographie ; c'est ainsi que j'ai déjà publié six volumes qui, quelque peu de valeur ou de mérite on leur reconnaisse, prouvent, à défaut de talent, que ma vieillesse n'aura pas été *otieuse,* comme l'espérait pour la sienne un jour ce poëte, ce savant, l'infortuné Estienne Dolet, qui fut brûlé vif avec ses livres sur la place Maubert, le 3 août 1546, comme athée !

Pour quel crime, mon Dieu, un tel supplice ? Pour une fausse interprétation par ce *libre penseur* d'un passage de Platon sur l'*immortalité de l'âme*...

La bibliographie n'est pas le métier d'un *sot,* mais c'est un bien *sot métier ;* insensés sont ceux qui se livrent à ce genre d'études, à moins qu'ils ne soient convenablement rentés !

## VI

LES BÊTES NOIRES DE M. DE BALZAC.

Malheur et trois fois malheur à tout homme de lettres qui, dans un article de critique, s'avisait de fustiger de Balzac !

Malheur à celui qui avait l'outrecuidante témérité de résister à ses exigences et à ses caprices !

Malheur surtout au libraire qui ne lui payait pas ponctuellement ses billets, tandis que lui, de son côté, avait le talent de retarder sans cesse l'accomplissement des engagements qu'il avait contractés envers lui ! Le Waterloo de ce libraire allait sonner ! Les huissiers étaient là !...

Avocat, ancien clerc de notaire et d'avoué, nourri dans le Palais, il en connaissait tous les détours ; par conséquent les mille faux-fuyants de la chicane et de la procédure lui étaient familiers.

Tous ces gens-là passaient dès lors à l'état de ses *bêtes noires*. — Il en avait beaucoup, je vous assure, tandis que, par compensation, il avait très-peu de véritables amis.

> Rien de plus commun que le nom,
> Rien de plus rare que la chose.

Avec ces aimables qualités du cœur et du caractère dont dame nature l'avait si largement doué, l'auteur de tant de chefs-d'œuvre littéraires était un mauvais coucheur.

Il s'est pourtant rencontré un jour un jeune écrivain d'esprit et de talent, qui, dans un accès d'enthousiasme *balzacophile,* s'est écrié :

« Les éditeurs sont faits pour être *ruinés* par des hommes tels que Balzac.

« Vous lui fîtes, seigneur, en le *ruinant* beaucoup trop d'honneur.

« Si la ruine de tous les éditeurs de Paris peut faire éclore un nouveau Balzac, j'appelle la catastrophe de tous mes vœux ! »

Plus que nul autre, peut-être, de tous les éditeurs de Balzac, j'ai, malheureusement pour mes propres intérêts, donné des preuves irrécusables d'attachement, de dévoûment à sa personne, d'enthousiasme pour les produits de sa plume féconde et créatrice; je suis loin cependant, très-loin même de désirer la ruine de tous mes confrères, comme charitablement le souhaite le pindarique écrivain ; — mais je partage avec lui ce vœu :

« A l'auteur de chefs-d'œuvre littéraires il serait à désirer, pour la gloire des belles-lettres modernes, qu'il naquît de nos jours un successeur aussi supérieur qu'Honoré de Balzac. »

Mais quant à l'homme privé, avec son humeur et son caractère, Dieu garde d'un second Balzac nos futurs éditeurs !

Non ! je ne saurais jamais me résoudre à placer sur un piédestal de marbre la statuette en bronze de cet illustre écrivain dans une niche d'or, afin de l'adorer comme un nouveau saint, que l'on s'efforce de vouloir faire canoniser !

De Balzac, comme écrivain, a laissé une mémoire impérissable ; — mais par ses actes il a prouvé qu'il était tout aussi peccable que chacun de nous.

A part cependant les bizarreries de son caractère, de Balzac était parfois un bon enfant.

« C'était (ai-je dit dans son *Portrait intime*, page 116) un homme gros et fort qui se poussait bruyamment, au risque de marcher sur les pieds des gens et de bousculer les groupes.

« Il riait lui-même de grand cœur de toutes ses hâbleries.

« Il était bon enfant dans toute l'acception du mot ; — écolier dans ses délassements, — très-badaud à l'occasion, — naïf à l'extrême, — capable enfin de jouer aux petits jeux, — et de s'y amuser beaucoup. »

En 1835, je demeurais rue de Seine-Saint-Germain. Depuis un mois j'avais publié, pour la troisième fois, en deux beaux volumes in-8°, *le Médecin de campagne*, dont le texte avait été *revu, corrigé, blanchi, rebadigeonné*, ex-

*purgé* d'une foule de néologismes (*à mes propres frais*, bien entendu), par mon savant ami, le philologue Charles Lemesle. De Balzac fut si enchanté de cette *purgation* littéraire, qu'il adressa à son *blanchisseur* une lettre autographe de chaleureux remercîments.

Cette nouvelle édition (bien qu'il me restât encore un certain nombre d'exemplaires de la seconde) était destinée à être présentée pour le concours du prix Montyon à l'Académie française.

Dans sa folle vanité, dans son immense orgueil, de Balzac me disait en se frottant les mains :

— Si je remporte ce prix de 10,000 francs, j'emploierai cette somme à faire élever, à Chinon, une statue en marbre à François Rabelais, mon maître et mon émule.

Le fait est que les immortels ne jugèrent pas — ces Welches n'ont pas le moindre goût ! — *le Médecin de campagne* digne d'être couronné ! Ils allèrent plus loin encore ; ils ne lui accordèrent même pas une simple mention !

— François Rabelais fut donc ainsi frustré de la statue promise par son élève et son imitateur dans ses *Cent Contes drôlatiques*, dont *trente* seulement ont vu le jour ; ces contes ne se vendant pas alors à cause de l'*étrangeté* du français.

Quel échec ! Aussi depuis ce moment tous ces immortels académiciens vinrent-ils grossir la phalange déjà nombreuse des *bêtes noires* du vaniteux auteur.

Un matin du mois d'avril, j'étais dans mon cabinet à corriger des épreuves ; j'étais seul, par hasard, mon commis étant sorti.

Tout à coup j'entendis la porte de mon magasin s'ouvrir et se refermer avec une violence extrême.

Je me levai pour savoir quel manant pouvait ainsi se permettre de faire un tel bruit.

Je n'en eus pas le temps.

De Balzac était là, debout, devant moi. En ce moment il était dans un furieux accès de colère, sa figure injectée de sang avait la couleur de la rose de Provins ; il avait pénétré chez moi, comme un ouragan, sans heurter à la porte qui séparait mon cabinet du magasin.

Il se présenta sans me saluer — telle était sa grossière habitude ; — pour lui, *je n'étais pas né*, il me considérait seulement comme son *marquisat de Quinet*, à l'imitation de Scarron, pourvu toutefois que le robinet de ma fontaine fût toujours ouvert pour lui, et qu'il pût s'y désaltérer, c'est-à-dire puiser dans ma caisse.

— Vous voilà fort tranquille, me dit-il brutalement, vous vous laissez *voler* et vous ne dites rien ! Si la chose vous convient, elle ne saurait être de mon goût. Jamais je ne souffrirai que l'on me vole impunément ! Malheur alors au voleur, quel qu'il soit !

J'étais stupéfait de cette violente sortie.

Jamais encore je n'avais vu de *Balzac-Soleil* dans un tel état de fureur et de surexcitation nerveuse.

— Mais enfin, de quoi s'agit-il donc, Monsieur ; expliquez-moi comment je puis être volé, je l'ignore... ?

— Tenez, voyez et jugez.....

Le colérique écrivain lance brutalement sur mon pupitre une brochure :

C'était un numéro qui venait de paraître de la *Mode*, publiée par Lautour-Mézeray, son ami intime.

J'ouvre avec vivacité cette brochure ; à ma grande surprise, j'y lis :

*Histoire de Napoléon racontée dans une veillée, par un ancien soldat de l'Empereur.*

Cette histoire de Napoléon était extraite du *Médecin de campagne*, dont j'étais propriétaire pour deux ans encore.

— Vous le voyez, vous êtes volé ! me dit l'irascible de

Balzac suffoqué par la colère. — Bien que Lautour-Mézeray soit l'un de mes plus intimes amis, bien qu'il m'ait rendu de signalés services dans les temps, si vous ne lui faites sur-le-champ un bon procès, *je me fâche*....

Cela dit, le fougueux auteur tourne sur ses talons, gagne la porte, la referme avec violence sur lui et disparaît.

— Diable! me dis-je, voilà une fâcheuse tuile qui me tombe sur la tête! Balzac m'a menacé de *se fâcher,* cela peut devenir très-grave pour mes propres intérêts, — une rupture très-probable, — que faire? Je ne puis consulter personne, — cette maudite affaire est trop délicate... Réfléchissons mûrement, avant de mettre à exécution l'ultimatum de Balzac.

Si j'adresse de suite, continuai-je, une plainte au procureur du Roi, le vol étant manifeste, M. Lautour-Mézeray, que j'ai souvent rencontré chez son intime ami Balzac, sera infailliblement condamné. C'est une chose toujours grave pour tout homme d'honneur, que de voir son nom flétri par un jugement, même pour un simple délit de presse...., et mon imprudent voleur passe, avec raison, pour un étourdi, mais c'est un très-galant homme! Que faire? Qu'en résultera-t-il d'avantageux pour moi? rien, ou très-peu de chose; car l'article indique la source où il a été puisé, circonstance atténuante, preuve de bonne foi.

— Après tout, cette reproduction nuit-elle donc à la vente de mon livre? non, assurément; elle le fait connaître, au contraire; d'une autre part, si je fais comparaître à la barre d'un tribunal un homme de lettres, une sorte d'extravagant, d'excentrique, mais au demeurant un homme d'esprit, très-honorable du reste, malgré mes droits très-légitimes, les gens de lettres ne me pardonneront jamais d'avoir fait condamner un de leurs confrères; et pourquoi? pour une simple reproduction! Je deviendrai pour tous un véritable *paria* qu'ils éviteront ; — je serai bafoué, honni, tourné en ridicule dans tous les journaux. —Balzac lui-même n'a-t-il pas fait pire encore? ne s'est-il pas permis de *s'approprier*, dans le salon de M^me Sophie Gay, la création d'une IDÉE qui lui avait été communiquée le matin même, dans un déjeuner en tête-à-tête chez son ami Henri Delatouche, entre la poire et le fromage, sous *la foi du secret le plus absolu*, idée qu'il avait trouvée délicieuse et que Delatouche se proposait de développer en un volume? Delatouche fut instruit de ce vol; il cria; Balzac lui en fit des excuses et tout en resta là!

Entre le vol de la reproduction d'un article imprimé et celui d'une idée de roman communiquée sous la foi du serment, qu'on *s'approprie*, qu'on *déclare publiquement être de soi*, quel est le plus coupable des deux voleurs?

Un procès littéraire scandaleux sera pour de Balzac comme un coup retentissant de trompe qui éveillera sur lui l'attention publique; ce sera pour lui comme l'histoire de la queue coupée au chien d'Alcibiade, tandis que pour le libraire ce sera la désaffection et la perte de l'estime des gens de lettres.

Non, il ne faut entamer un procès qu'après avoir essayé d'arranger, d'assoupir cette déplorable reproduction, dût mon auteur préféré à tous m'accuser de tiédeur.

Je dois au préalable aller rendre une visite à M. Lautour-Mézeray; j'aurai fait preuve alors de bon goût, de convenance et de courtoisie. Les gens de lettres m'en tiendront compte, je l'espère du moins.

Fort de ce raisonnement, mon commis rentré, je pris mon chapeau et me hâtai d'aller chez M. Lautour-Mézeray.

J'eus l'heureuse chance de le rencontrer seul chez lui, dans son riche cabinet de fumeur, enveloppé dans une éclatante robe de chambre à grandes fleurs fantastiques, couché sur son divan, occupé à fumer dans un riche chibouk le parfum odorant du délicieux tabac de Latakié.

— Eh! cher Monsieur, à quel heureux hasard dois-je attribuer votre aimable et bonne visite? me dit mon voleur, lorsque je me présentai devant lui. — Soyez le bienvenu, — asseyez-vous là, à mon côté, puis nous causerons plus à notre aise.

A propos, fumez-vous? si oui, choisissez dans cette panoplie la pipe qui vous plaira le mieux; vous le remarquerez, j'en possède des échantillons nombreux de tous les pays; si non, et que la fumée du tabac vous incommode, je cesserai de fumer.

Surpris au delà de toute expression par ces aimables paroles, moi, dont le cœur était oppressé par l'angoisse de ce que j'allais lui dire, je choisis une pipe de terre américaine. Je dis alors à mon courtois voleur:

— Monsieur, je vous offre le *calumet de la paix*, voulez-vous l'accepter, oui, ou non?

— Monsieur, quel que soit le motif qui vous guide à m'offrir ce gage, venant de votre part, je l'accepte. — Vous êtes donc un ambassadeur chargé près de moi de quelque mission importante?

— Je ne suis, Monsieur, ni l'ambassadeur ni l'envoyé de qui que ce soit, je viens ici près de vous pour mon propre compte; le calumet que je vous ai offert, et que vous avez accepté sans en connaître le motif, est déjà pour moi une garantie que nous parviendrons à nous entendre *à l'amiable*, car c'est à cette intention que je me suis présenté chez vous; vous êtes un honnête homme, Monsieur, je le sais; — je me serais cru déshonoré à mes propres yeux, si je vous avais tout d'abord fait appeler en police correctionnelle.

— Moi! Monsieur, en police correctionnelle! et pour quel motif, mon Dieu! Expliquez-vous, je vous prie!....

Tel fut le début de mon speech avec cet aimable gentilhomme d'écrivain.

J'étais avec lui à mon aise ; je commençais à espérer une issue pacifique et convenable qui pourrait empêcher de Balzac de se *fâcher* contre moi. Je débitai mes griefs d'une voix ferme ; comme j'allais les conclure par la menace d'un procès, M. Lautour-Mézeray m'arrêta court d'un geste amical.

— N'achevez pas votre phrase, Monsieur ; il ne peut y avoir de procès entre nous ; le délit existe, — je suis coupable, je vous l'avoue ; mais, en cette circonstance, — pour me permettre cette reproduction, oui, sur l'honneur, je vous le jure, je comptais sur la vive amitié, qui depuis si longtemps me lie avec Balzac ; j'ai eu tort d'y compter, à ce qu'il paraît.

— M. de Balzac, repris-je, est tout à fait étranger au but de mon amicale visite, — je vous l'ai déjà dit ; — c'est pour mon propre compte que je suis ici.

— Fort bien, mais j'aurais dû vous demander cette permission, que vous ne m'auriez pas refusée, n'est-ce pas ?

Je m'inclinai en signe d'assentiment.

— Car je sais que depuis longtemps, ce dont je vous félicite, vous êtes devenu le seul éditeur des œuvres de mon ami. La démarche bienveillante que vous faites, en ce moment, auprès de moi, prouve votre délicatesse ; j'y suis très-sensible. Pour vous le prouver de suite, je vous dirai : à délicat délicat et demi ; pour aller plus rondement à une conclusion que vous attendez avec impatience, je vous offre, *hic et nunc*, une somme de cinq cents francs ; de plus, cent exemplaires de ma *chère* livraison de la *Mode*.

A votre tour, je vous demanderai, cher Monsieur, acceptez-vous, oui ou non, mon calumet de la paix ?

Une cordiale poignée de main fut ma seule réponse.

Le lendemain matin, vers les neuf heures, comme à mon habitude, j'allai rue de Cassini chez de Balzac : je portais sous mon bras les cent exemplaires de la livraison de la *Mode ;* dans ma bourse, vingt-cinq pièces d'or de vingt francs toutes neuves et bien trébuchantes, comme disait le père Gobseck.

J'étais heureux d'avoir terminé une mission aussi délicate qu'épineuse, sans procès.

Je me disais : De Balzac, je l'espère, ne pourra être fâché contre moi, car la conclusion dépasse toutes mes prévisions et sans doute les siennes.

J'étais curieux de connaître comment je serais reçu, et comment il recevrait la conclusion de ma négociation.

Je voulus l'éprouver.

J'entrai donc dans son petit cabinet de travail.

De Balzac écrivait, — il ne leva pas la tête, ne me rendit pas mon salut : affaire d'habitude !

Je plaçai près de lui, sur une chaise, sans mot dire, mon paquet; muet, j'attendis.

La phrase terminée, mon auteur daigne enfin porter les yeux sur moi.

— Eh bien, Monsieur, qu'y a-t-il de nouveau ce matin ? Votre plainte, l'avez-vous adressée au procureur du Roi ?

— Je n'en ai rien fait, Monsieur !

A ces mots, de Balzac devient d'un rouge de pivoine; le sang lui monte à la tête.

— Comment ! c'est donc comme cela que vous suivez mes conseils, me répond-il d'une voix vibrante de colère.

— Dans une affaire de cette nature, je ne devais suivre que les miens, c'est-à-dire ceux du bon sens et des convenances.

— De mieux en mieux, Monsieur, vous voulez vous laisser voler ! Cela ne me convient pas ; quiconque vole mon libraire me vole aussi moi-même. — Je vous le redis, voici mon *ultimatum :*

Ou un bon procès avec ce voleur, ou je me fâche; une séparation ensuite, choisissez !

— Je ne puis, Monsieur, faire de procès à personne, je suis allé rendre visite à M. Lautour-Mézeray; tout est terminé à l'amiable entre nous.

— Oui, un arrangement à sa façon; il vous aura joué par-dessous la jambe, j'en suis certain, il est très-habile...

— Je n'ai nullement été joué, en voici la preuve: voyez ces brochures, c'est un dédommagement.

— Un beau billet à la Châtre, en vérité! que voulez-vous que je fasse de ces papiers ?

— Mais, en allumer votre feu !

— Décidément, maître, je crois que vous vous moquez de moi avec votre air tranquille; il doit y avoir encore autre chose.

— Oui, Monsieur, il y a encore autre chose...

— Mais dites-moi donc cela tout de suite ? Vous me faites mourir d'impatience, avec vos réticences...

— Calmez-vous, de grâce, Monsieur ! — Je ne pourrais jamais souffrir que mon *nec pluribus impar* entre les littérateurs modernes pût ainsi mourir d'impatience, j'y perdrais trop !

— Maître Werdet, vous êtes un flatteur.

— C'est ma pensée, Monsieur; elles sont libres, vous le savez bien.

A ces mots, je prends ma bourse, je l'ouvre, j'en fais ruisseler les pièces d'or sur la table.

— De l'or, de l'or ! s'écria de Balzac d'une voix retentissante ! Combien, *cher,* y a-t-il donc ?

De *monsieur,* j'étais arrivé à *maître,* et de cette dernière qualification à celle de *cher,* qui tout naturellement devait se terminer par celle de *mon ami.* Je progressais.

— Cinq cents francs, Monsieur ! Je pense que c'est un beau denier, qu'en dites-vous ?

— Magnifique, mon ami ! touchez là.

Il me serre vigoureusement la main. — Il compte et recompte ses pièces d'or ; il les fait sauter dans ses joyeuses mains, puis il va les serrer dans son secrétaire.

— Je suis très-heureux, mon *cher ami*, de votre habileté dans cette circonstance ; je vous dois une récompense que vous voudrez bien accepter. — Ces brochures sont pour vous dédommager, — je vous en fais cadeau...

En me retirant, à mon tour je fis cadeau à Auguste, le valet de chambre, de cette générosité de son maître, de ce paquet de papiers qu'il vendit à son profit à l'épicier.

———

En 1836, de Balzac, qui ne possédait, disait-il, pas le sou, forma une société par actions pour acheter de M. Béthune la *Chronique de Paris*, qui se mourait entre ses mains faute d'abonnés ; cet esprit supérieur se flattait que sous sa puissante direction la nouvelle *Chronique* régénérée annihilerait *la Revue de Paris* dirigée par M. Félix Bonhaire.

Dans cette nouvelle *Chronique de Paris*, Balzac se fit la part du lion ; il se nomma lui-même rédacteur en chef ; il se réserva, en outre, exclusivement la rédaction des articles de politique étrangère, car il se vantait à tous propos de devenir prochainement, à cause de ses vues politiques, ministre des affaires étrangères ; c'était bien la moindre récompense que pût lui accorder le gouvernement.

Sa politique *étrange* et non étrangère, comme, pour se moquer de ce vaniteux, lui disait souvent le caustique Alphonse Karr, fut tournée en ridicule ; telle fut sa récompense.

De Balzac, très-habilement et sans qu'on pût s'en douter, profitant de sa position de rédacteur en chef d'une revue, de même qu'un Parthe qui, en fuyant, décoche ses flèches acérées, lançait les siennes contre toutes ses *bêtes noires*, gens de lettres qui l'avaient houspillé ou le houspillaient chaque jour avec usure, tels que MM. *Capo-de-Feuillide, Lautour-Mézeray, Amédée Pichot, William Duckett, Raymond Brucker, Théodore Muret, Philarète Chasles, Paul Lacroix, Brindeau,* etc., etc.

C'est de la rédaction de la *Chronique*, qui se faisait quotidiennement chez moi, en quelque sorte sous mes yeux, que partaient ces articles *épatants, démolissants* et *désopilants* de gaîté, d'entrain, de verve, d'esprit et de causticité qui allaient égayer et surprendre les lecteurs des journaux légers, tels que *le Figaro, le Corsaire, le Charivari, le Vert-Vert,* etc.

Je pourrais citer ici les noms des jeunes écrivains qui, sous l'inspiration de leur rédacteur en chef, rédigeaient ces articles ; mais à quoi bon ?

L'un d'eux, le plus jeune, le plus fécond de tous (il comptait à peine vingt-cinq ans), s'est depuis élevé si haut, mais si haut, dans l'empyrée des belles-lettres dont il est l'une des gloires, que, quand bien même j'aurais à ma disposition la puissance d'objectivité du télescope de l'Observatoire de Paris ajoutée à celle du télescope d'Herschell de Londres, je ne pourrais même parvenir à le distinguer, tant son auréole de gloire est brillante et radieuse.

De Balzac n'écrivait pas ces articles fulgurants et caustiques, c'est vrai, mais il les inspirait, en indiquait le sujet, les *commandait*...

Vous croyez peut-être que la mansuétude de l'auteur du *Père Goriot* (qui, au fond, est encore une flèche de ce Parthe lancée contre un critique célèbre) avait été satisfaite de la conclusion toute pacifique, que j'avais si heureusement ménagée, pour ses propres intérêts et non pour les miens, au prétendu *dol* de M. Lautour-Mézeray ?

Détrompez-vous au plus vite ; jugez l'homme.

Depuis cette époque, dans l'intimité de ses amis, il ne désignait plus cet homme distingué que par le nom de *Lautour-mesuré*.

Jeu de mots indigne d'un tel écrivain ; mais ses rancunes l'emportaient toujours hors des bornes de la simple bienséance.

En 1845, parut une nouvelle de Balzac sous le titre de : *Un Prince de la Bohême*.

Son héros, *La Palferine*, est un personnage extrêmement excentrique, — spirituel, — une espèce de fou de la plus haute société, — mais criblé de dettes énormes, — toujours aux expédients pour soutenir son luxe et ses frivoles et ruineuses prodigalités.

Pour quiconque a connu M. Lautour-Mézeray, La Palferine est son portrait, mais chargé. Oui, cet homme de lettres avait la réputation d'être un extravagant, un excentrique, ce qui ne l'empêcha pas de devenir un habile administrateur comme préfet et de payer les folles dépenses de sa jeunesse.

Était-il donc convenable de livrer aux interprétations malignes de ses lecteurs la personnalité, quoique cachée sous un pseudonyme, d'un galant homme, de son intime ami ? C'est encore là une action blâmable.

Dans la même nouvelle, de Balzac prend à partie M. Sainte-Beuve qui, parfois, avait apprécié dans ses articles de critique la *valeur* littéraire de ses ouvrages.

*Inde iræ !*

Pendant plus d'un an, j'ai vu constamment sur le petit bureau où Balzac écrivait, le premier exemplaire que j'avais pu me procurer chez Renduel (à prix d'argent s'entend), avant la mise en vente, de *Volupté*, 2 vol. in-8º, 1834.

« C'est le roman de la *chair* et de l'*esprit*, tableau complaisant des faiblesses de l'un et des révoltes de l'autre. »

Ce roman était toujours ouvert : il était lu, relu, approfondi, analysé, étudié pour la pureté du style, — objet constant des soins de Balzac qui n'était jamais satisfait du sien ; — sous ce rapport, *Volupté* lui servait d'étude et de modèle.

Eh bien ! il reproche à cet éminent écrivain, l'une des gloires de notre littérature moderne, sa manière d'écrire qu'il traite de *maniérée*, qu'il dénigre, qu'il compare à celle des *Homélies* de Mascaron.

Il va plus loin encore ; il compose quelques exemples qu'il attribue à l'auteur de *Volupté* !

C'est pousser bien loin, il faut en convenir, l'esprit de rancune et de vengeance.

Adorez donc, si vous le voulez, dans sa niche d'or, celui dont l'humeur était si vindicative et si haineuse ! Et pourquoi ? Parce qu'il avait été fustigé ! Il ne lui fallait que des thuriféraires ou des admirateurs passionnés.

Libre à vous ! Pour mon compte, je m'y refuse.

# UN CŒUR D'OR

Parler d'un médecin avec éloge, lui rendre l'hommage qu'il mérite lorsqu'on lui doit non-seulement la vie, la santé, mais encore une tutélaire protection, c'est mieux que de la justice ; c'est alors un devoir sacré que de rappeler le souvenir de celui qui n'est plus, hélas ! et de raconter quelques-unes des belles actions d'une vie toute consacrée au soulagement et à l'amélioration du sort de ces infatigables déchus de la fortune, de ces cadets de l'humanité, des ouvriers laborieux et des modestes pères de famille.

Tel était feu M. Alexandre Thierry.

Peut-être quelques pessimistes me blâmeront-ils d'avoir divulgué le nom de cet éminent docteur, de ce modèle de dévouement patriotique, de ce véritable ami des pauvres ; en cette circonstance, je le répète, je ne fais qu'accomplir un devoir de reconnaissance ; je vais, pour ainsi dire, jeter quelques fleurs sur la tombe de cet homme de bien.

Avant de raconter l'historiette des *Mystères de la rue des Batailles,* à Chaillot, il est d'ailleurs très-important que je fasse un temps d'arrêt pour expliquer au lecteur en quelle circonstance elle me fut divulguée avec tous les développements qui vont suivre.

Je connaissais depuis longtemps déjà, par mon vieil ami William Duckett, quelques particularités de cette curieuse historiette, lorsque je publiai mon ouvrage sur Balzac; mais comme Duckett avait été l'une des *bêtes les plus noires* de l'illustre écrivain, parce qu'il avait eu l'audace de lui résister en face, je n'avais pas cru devoir la rapporter, craignant qu'elle ne fût entachée d'une exagération passionnée.

Mes scrupules ont dû cesser : la lumière s'est faite !

———

Au mois de mai 1856, je fis à Strasbourg une chute fort grave.

Je me hâtai de me faire transporter à Toul, que j'habitais alors, afin de confier ma blessure à un médecin-chirurgien.

Au bout d'une année de soins bien rétribués, ce médecin qui, je suis porté à le croire, prolongeait par calcul le mal au lieu de chercher à le guérir, m'annonça un beau jour que je ne guérirais jamais, et qu'il fallait me faire l'ablation du pied gauche.

Le lendemain soir, 12 octobre 1857, j'étais à Paris.

J'allai consulter un docteur célèbre, M. Velpeau, qui, après six mois de traitement, m'annonça que je pouvais retourner à Toul, que ma guérison était radicale.

Je rentrai donc chez moi.

Mais cette cure radicale n'était que palliée.

Je revins à Paris, et dans un état pire que la première fois ! Je changeai d'Esculape, trop cher pour ma modique bourse.

Nous descendîmes, ma femme et moi, dans une très-modeste maison garnie de la rue Christine.

A mon appel, le lendemain, mes vieux et bons amis, M. Isidore Bourdon, membre de la faculté de médecine, et M. Lesueur, chef des travaux chimiques à l'école de médecine, accoururent.

— Votre état est des plus graves, me déclarèrent ces messieurs,— voilà déjà plus de deux ans que vous souffrez : il faut sur-le-champ faire appeler notre confrère, M. Alexandre Thierry ; il ne vous connaît pas, il est vrai, mais lorsqu'il apprendra votre fâcheuse position, le danger que vous courez, par son ami M. J.-B. Baillière père, votre ancien confrère, — il n'y a pas de doute qu'il n'accepte de vous donner ses soins, *gratuitement* même, car il est très-généreux et très-humain.

L'excellent M. Baillière alla donc voir M. Alexandre Thierry, qui accourut tout aussitôt près de mon lit de douleur, accompagné de son vieil ami, son *alter ego*, M. Turquel.

Une consultation eut lieu. Mes amis y assistaient.

Le résultat fut : « *Le coffre est bon,* je le guérirai, mais le traitement sera long et douloureux. »

Six mois après, la science l'emporta sur cette affection ; je fus guéri, mais je demeurai horriblement boiteux.

Voilà comment j'ai connu M. Alexandre Thierry. Il était l'un des plus habiles opérateurs dans l'art chirurgical ; il jouissait d'une très-grande réputation comme écrivain ; de plus, il était investi des plus hautes fonctions dans l'administration de l'Assistance publique.

Pendant six mois, tous les deux jours, ce cher docteur venait me rendre visite, accompagné de son élève favori, bien aimé, M. Rousse, élève de la plus haute espérance, qui mourut le jour même où il devait soutenir sa thèse : il n'avait que vingt-deux ans !

A cette cruelle séparation, le cœur de M. Alexandre Thierry, bronzé au spectacle des douleurs humaines, fut brisé : il pleura ! oui, il pleura son élève favori auquel il tenait lieu de père, parce qu'il était pauvre et très-laborieux.

Malgré sa brusquerie, qui n'était au fond qu'apparente, M. Alexandre Thierry était un bourru bienfaisant, un vrai cœur d'or, expansif, aimant beaucoup à se livrer au plaisir de la conversation.

Nous causions donc souvent ; il est utile d'ajouter qu'il avait été l'ami d'Armand Carrel et était resté celui de Paulin, le libraire ; il allait passer ses soirées dans les salons de cet éditeur, écrivain distingué lui-même, où il était toujours certain de rencontrer l'élite de la haute littérature et des savants ;—nos entretiens roulaient toujours sur des questions littéraires.

Le charme de la conversation l'emportait même quelquefois. Lorsque les yeux de ce spirituel causeur venaient à se fixer sur la pendule : *Rousse, sauvons-nous*, s'écriait-il, *ce satané me fait oublier mes pauvres malades qui m'attendent, sauvons-nous au plus vite.*

Le maître et l'élève se sauvaient en toute hâte.

Une sorte d'intimité s'était donc formée entre nous, intimité pleine de charme pour moi et de reconnaissance envers cet homme excellent, dont j'étais bien loin encore de soupçonner tout le dévouement et le cœur.

J'étais donc guéri de ma jambe ; **M. Al.** Thierry m'avait recommandé de retourner à Toul, parce que, à peu près aveugle et boiteux, le séjour de Paris ne me convenait pas..... Je n'en fis rien !

Un jour, **M. Al.** Thierry, qui s'en doutait sans doute, entre furieux chez moi ; il me trouve assis devant mon bureau, corrigeant des épreuves.

— Quoi ! Monsieur, s'écrie-t-il de sa voix la plus brutale, est-ce donc ainsi que vous suivez mes conseils ? Déjà vous avez fait deux chutes, je suis encore accouru, je ne vous réponds plus des conséquences d'une troisième !

— Ne vous rappelez-vous pas, Monsieur, lui répondis-je respectueusement, la réponse que fit, dans une occasion à peu près semblable, un certain esclave, cru philosophe, sans aucun doute, à son maître qui voulait le maltraiter : « *Frappe, mais écoute,* » lui dit-il.

Moi, je vous dirai : avant de me blâmer, daignez, je vous prie, m'écouter. Je ne puis quitter Paris en ce moment, par une raison toute simple : vous le voyez, je corrige la tierce de la dernière feuille d'un livre que je veux publier avant mon départ : cette épreuve est attendue par les pressiers pour terminer l'ouvrage dont le titre est : *Portrait intime d'Honoré de Balzac, sa vie, son humeur et son caractère*. J'ajouterai de plus, et vous devez bien le penser, qu'avant mon départ, je me serais présenté chez vous, pour vous remercier de tous les soins généreux que, depuis plus de six mois, vous me prodiguez. Si j'avais agi différemment, j'aurais été un monstre d'ingratitude. Je ne l'ai jamais été, Monsieur, et certes, ce ne serait pas par mon savant bienfaiteur que je voudrais commencer !

A ces mots, dits d'une voix pénétrée, la colère de cet homme excellent tomba comme par enchantement.

— C'est donc de M. de Balzac, à ce que j'entends, que vous vous occupez? Mais j'y songe : Paulin m'a raconté la manière perfide avec laquelle il vous a pris pour sa dupe, son machiavélisme indigne d'un galant homme ; il m'a raconté par quels indignes procédés vous avez été trahi et joué par cet homme.

Je l'ai beaucoup connu dans ma jeunesse. Nous étions même assez intimement liés par une amitié réciproque : c'était à l'époque où il possédait sa part, en location, d'une loge à l'Opéra, nommée l'*Infernale*, qui a fait tant de bruit.

Quand paraîtra votre volume, vous m'en enverrez un

exemplaire, n'est-ce pas? Dès que je l'aurai lu, — ce ne sera pas long, — je vous dirai franchement mon opinion.

Quelques jours après avoir reçu mon volume, M. Al. Thierry vint me voir, et, au moment de se retirer, me dit:

— Est-ce donc dans le but de gagner quelqu'argent, que vous avez publié cet ouvrage?

— Oui, Monsieur, je l'espère du moins; mais il y a un autre motif, c'est celui d'en adresser un exemplaire à l'une de mes plus anciennes connaissances, aujourd'hui ministre de....., afin de le supplier de vouloir bien me faire accorder une modeste pension.

— A merveille! mais cette Excellence est justement mon ami de cœur, à tel point que la veille même de la prise de possession de son ministère, nous sommes allés souper ensemble, en garçons, au cabaret, chez Véfour; je pourrai dans ce cas vous être très-utile. Mon ami Alphonse (c'est M. Delangle) n'a rien à me refuser. — Mais quels sont donc vos rapports de jeunesse avec mon ami? Contez-moi cela, je vous prie, cher Monsieur?

C'est ce que je fis rapidement.

— Mais c'est charmant! Depuis cette époque avez-vous eu quelques rapports avec lui?

— Je ne l'ai jamais revu, Monsieur.

— Je réfléchis sur ce que vous venez de me dire; savez-vous ce que dans votre position vous devriez faire?

— Nullement, Monsieur!

— Vous enverrez *administrativement*, m'avez-vous dit, votre ouvrage au ministre, c'est fort bien; mais au préalable vous devriez lui adresser une lettre *confidentielle*, dans laquelle vous lui rappelleriez vos anciens rapports. Mon ami, dont le cœur est aussi noble qu'il est généreux, bien loin d'être blessé par vos confidences, sera, au contraire, charmé que vous lui parliez de son point de départ dans sa haute carrière administrative; il lira votre lettre avec plaisir; il n'est nullement fier, je vous le redis encore, ce cher Alphonse!.....

— Jamais, Monsieur, je ne pourrai adresser à un ministre une telle lettre; cela me paraîtrait d'une haute inconvenance!

— Suivez mon conseil, il est bon; faites taire vos scrupules de délicatesse, écrivez sur-le-champ.

— Je n'ai rien à vous refuser, Monsieur, un tel désir de votre part est un ordre pour moi.

Le cher docteur se retira : de suite je me mis en devoir de rédiger un brouillon de lettre sur papier écolier, rédaction qui m'embarrassait infiniment, je l'avoue; moi, écrire confidentiellement à une Excellence!

Ce pénible travail terminé, je l'envoyai par la poste à M. Thierry, en le priant, dans un petit billet, de vouloir bien me dire si ma rédaction lui paraissait convenable, et de me renvoyer ce brouillon.

Quatre mortels jours, silence complet!

Le cinquième, l'impatience me gagne : cette incertitude sur le sort de ce chiffon de papier me tourmente la tête à un tel point que je dis à ma femme : « Je n'y tiens plus, habille-toi, mon amie, allons chez M. Thierry. » (J'y allais pour la première fois.) Notre voiture nous descend à la porte du docteur, avec ordre de nous attendre.

— Monsieur ne reçoit personne; il est fort malade, répond le domestique à ma question.

— Faites-lui remettre alors cette carte. J'attendrai la réponse.

Il n'y avait pas encore cinq minutes que nous attendions dans le salon d'attente, le cœur oppressé par ces mots : « Monsieur est fort malade! » que le valet de chambre vint nous prier de l'accompagner près de son maître.

« Ne le faites pas trop causer, » nous dit tout bas ce fidèle serviteur.

M. Al. Thierry était dans son cabinet de travail, plutôt roulé sur lui-même, que couché sur son divan; il pressait convulsivement sur sa poitrine un oreiller, comme pour comprimer les battements de son cœur.

— Je suis heureux de vous revoir, mes amis ; vous venez me réclamer, je le conçois, votre brouillon de lettre..... *Je ne sais ce que j'en ai fait*...... il est trop long....., les ministres ont leurs minutes comptées. Quand j'irai mieux, je retrouverai ce papier....., je vous le renverrai..... Que je souffre ! s'écria-t-il.

Il retomba anéanti sur son divan.....

Comme les traits de ce noble visage étaient déjà bouleversés! Ils portaient les traces des plus profondes et vives douleurs.

Je serrai avec émotion la main de ce cher docteur, et nous nous retirâmes le cœur navré.

Hélas ! nous ne devions plus jamais revoir sur cette terre cet homme si bon, si bienfaisant!

C'est le 19 novembre 1858 que je vis pour la dernière fois M. Alexandre Thierry, mon généreux bienfaiteur, comme on va en juger par le fait suivant :

Le 20, vers dix heures, son vieil ami, son fidèle Acathe, M. le docteur Turquel, vint me remettre de sa part une lettre que lui avait adressée, ignorant mon adresse, le chef du cabinet de Son Exc. M. Alphonse ***, ministre de.....

C'était une invitation pressante de la part de ce haut fonctionnaire, pour une cause très-importante, de me rendre sur-le-champ près de lui.

Une heure après, ma bonne femme et moi étions introduits dans le cabinet de M. N***.

A mon nom prononcé par l'huissier, M. N*** se lève précipitamment de son fauteuil; il accourt près de moi, me soutient dans ses bras (j'étais si faible, — je sautais sur un pied), il me place à ses côtés dans un large fauteuil; il en offre un autre à ma compagne :

— Dans quel piteux et triste état je vous vois, cher Monsieur !

— Permettez-moi, Monsieur, de vous exprimer toute la surprise de l'accueil si sympathique, si bienveillant que vous faites à un inconnu, lui répondis-je.

— Inconnu au physique, il est vrai, mais pas de nom. N'avons-nous pas dans notre bibliothèque tous les beaux ouvrages que vous avez édités ?

Nous causâmes d'affaires personnelles.

— A propos, me dit tout à coup M. N\*\*\*, vous avez donc eu, dans votre jeunesse, des rapports de voisinage avec notre excellent ministre ?

A ces mots je bondis d'étonnement sur mon fauteuil.

— D'où savez-vous, Monsieur, cette particularité, je vous prie ? Jamais, au grand jamais, pareille confidence n'est sortie de ma bouche, mais je devine tout maintenant — il y a eu une indiscrétion commise par M. Thierry.

— Il y a plus de huit jours que ce bon docteur n'est venu au ministère.

— Je l'ai vu hier, chez lui, il est très-malade.

— Très-malade, ce cher docteur, dites-vous ?

— Oui, très-malade, Monsieur ! J'ai au fond du cœur de bien tristes appréhensions.

— Quoi ! c'est à ce point-là ?...

— Oui ! et si M. Thierry n'est point venu, il aura bien pu faire parvenir au ministre un brouillon de lettre qu'après avoir recopié j'avais l'intention de lui adresser confidentiellement, papier informe qui, si Son Excellence l'a lu, a dû l'irriter très-fort contre moi. Et c'est pour cette raison que vous m'avez mandé ?

— Bien loin d'en être fâchée, Son Excellence m'a donné

4

à lire ce brouillon qui nous a fort réjouis; afin de vous prouver que le ministre n'est pas irrité contre vous de vos très-curieuses révélations, il m'a chargé de vous dire de sa part, cher Monsieur, *d'espérer;* espérez, entendez-vous ? — Je suis en outre chargé de sa part de vous remettre ce pli que vous n'ouvrirez que lorsque vous serez dans votre voiture.

Il sonne alors; l'huissier de service accourt :

— Faites venir Antoine..... Celui-ci se présente à son tour, c'est un vigoureux garçon de bureau, qui, sur l'ordre de M. le chef du cabinet, me porte doucement et me dépose dans ma voiture.

Je brise alors le pli ministériel, il renfermait un mandat sur le trésor, d'une belle somme de mille francs, à titre d'encouragement littéraire.

Jugez de notre joie!

Ainsi, le 19, M. Alexandre Thierry me disait : « *Je ne « sais ce que j'ai fait de votre papier.....* » et le 20 j'apprenais que cet informe papier, — près de mourir, il l'avait envoyé, la surveille, à son ami M. Alphonse...!

Quel cœur d'or !

———

Vers le 15 décembre, la veille de notre départ de Paris pour retourner chez nous, à Toul, ma femme et moi allâmes faire nos adieux à notre bienfaiteur et ami, M. Alexandre Thierry.

Nous ne pûmes le voir; il était au plus mal.

Nous partîmes donc le cœur oppressé par de funestes craintes.

Le 31 décembre, je reçus le matin la lettre suivante, que je reproduis en son entier parce qu'elle fait beaucoup d'honneur à celui qui l'a écrite :

« Paris, le 30 décembre 1838.

« Mon brave M. Werdet,

« Les journaux ont dû vous apprendre sans doute la
« mort de M. le docteur Alexandre Thierry.

« Vous me pardonnerez facilement de ne pas vous en
« avoir instruit plus tôt quand vous saurez toutes les tribu-
« lations qui m'ont accablé depuis huit jours.

« Ainsi, jeudi 23 du courant, j'ai dû non-seulement ac-
« compagner au cimetière ce noble et bon camarade, au
« cœur d'or, qui m'avait depuis trente-huit ans protégé, —
« je devais encore aider la famille dans tous les tracas
« qu'entraînent de pareils malheurs.

« Avant-hier, 28 courant, il me fallait encore recom-
« mencer mes démarches pour rendre aussi les derniers
« devoirs à sa pauvre fille, jeune femme âgée de vingt-
« deux ans qui laissait un mari inconsolable, et une petite
« fille d'un mois seulement; aujourd'hui cette petite fille
« vient de mourir aussi !

« Combien faudra-t-il de force et de courage à cette
« noble et pauvre M$^{me}$ Thierry, pour supporter des cha-
« grins si profonds et si multipliés !

« Enfin, cher Monsieur, j'en ai pour un moment perdu
« la tête. D'autres aussi de nos camarades, qui savaient
« apprécier ce qu'il y avait de bon et de généreux chez
« M. Thierry ont été atterrés d'une suite de malheurs si
« continuels.

« Pardonnez-moi donc, plaignez-moi. Je n'ai pas le
« courage de vous en dire plus. — Je ne termine pas ce-
« pendant sans vous prier de présenter mes respects à
« votre courageuse et digne femme, M$^{me}$ Werdet.

« Tout à vous,

« Turquel. »

Jugez de notre désolation et de nos regrets, à la lecture de cette lettre si simple, si touchante de M. le docteur Turquel, l'ami de cœur, l'*alter ego* de l'éminent M. Alexandre Thierry.

A mon tour que vous dirai-je de plus, de cet homme si bon, si généreux et si regretté.

« Né à Paris, le 13 février 1803, M. Alexandre Thierry est mort d'une affection du cœur le 23 décembre 1858, à peine âgé de cinquante-cinq ans.

« Fils et petit-fils de chirurgiens renommés, M. Alexandre Thierry fut élève des hôpitaux de Paris et de l'École pratique, aide d'anatomie de la faculté il fit des cours particuliers d'anatomie et de chirurgie.

« Reçu docteur en 1828, avec une thèse sur le *tétanos*, il concourut en 1829, pour le bureau central, et, la même année, écrivit une thèse en latin pour l'agrégation de la chirurgie.

« De 1830 à 1840, il publia, dans le journal *l'Expérience*, et dans d'autres feuilles, de nombreux articles et des mémoires sur d'importantes questions de chirurgie pratique, et présenta deux thèses remarquables pour le concours de la faculté: l'une sur la *lithotomie* et la *lithotritie*.

« Mais c'est moins comme écrivain que comme chirurgien et comme habile opérateur, qu'il occupa à Paris une place des plus distinguées.

« Ami particulier d'Armand Carrel, il écrivit au *National*, et devint, en 1832, chef d'escadron d'artillerie de la garde nationale.

« En 1846, il fut élu membre du Conseil municipal. Le 24 février 1848, nommé président du Conseil par les membres présents à l'Hôtel-de-Ville, il prit en cette qualité une part très-active et courageuse à l'organisation de la révolution et à la pacification de Paris.

« Délégué du gouvernement provisoire et chargé de l'administration des hôpitaux civils et secours publics, il mit, pendant les journées de juin 1848, à la disposition du général E. Cavaignac, les approvisionnements des hôpitaux, et resta trois jours et trois nuits à l'Hôtel-Dieu, dirigeant en personne les distributions aux malades, aux blessés et aux soldats.

« Nommé membre du Conseil municipal, il en fut plusieurs fois le premier vice-président et le présida souvent. »

Ajoutons à ces éloges si bien mérités que M. Alexandre Thierry était le bienfaiteur et le père des travailleurs pauvres de son quartier. Pour eux, pour venir en aide à leur misère, il avait fondé dans sa maison un *dispensaire* à leur usage, dans lequel, avec le concours de son digne ami, M. Turquel, ils étaient soignés gratuitement, comme s'ils étaient chez eux.

M. Alexandre Thierry ne *faisait payer que les riches.*

Admirable exemple de désintéressement et d'humanité, bien peu imité par ses confrères !

Mais quittons ces douloureux souvenirs, hâtons-nous de revenir à la promesse que m'avait faite M. Alexandre Thierry de vouloir bien me dire très-franchement son avis sur mon *Portrait intime d'Honoré de Balzac* publié, dans les premiers jours de novembre 1858, chez M. Edouard Dentu. Bien que tiré à un nombre d'exemplaires fort honorable, cet ouvrage fut rapidement épuisé.

L'on concevra facilement que tout ce que je vais rapporter me fut raconté en plusieurs causeries.

C'était un admirable et fort spirituel *conteur* et *raconteur*, que M. Alexandre Thierry !

4.

# LES
# AMOURS D'UN LION ET D'UN RAT...
## DE L'OPÉRA

*La vérité quelquefois peut n'être pas croyable.*

## I

### CONFIDENCES DU DOCTEUR.

Le cher docteur tint sa promesse.

Quelques jours après, il était assis près de moi ; voici ce qu'il me dit :

— J'ai lu, cher Monsieur, avec un bien vif plaisir votre volume sur de Balzac ; je vous en fais mes sincères compliments, il aura du succès, je vous assure ; vous n'y épargnez pas les *coups de griffe* ni les *sourires* très-finement gracieux à celui qui vous a si indignement pris pour dupe et pour victime.

Il y a dans cet ouvrage beaucoup d'esprit et de malice.

Que pensez-vous de Balzac comme écrivain, car je ne veux pas vous demander votre avis sur l'homme privé ?

— Vous me posez là, Monsieur, une question fort délicate à laquelle je ne puis répondre : je ne saurais exprimer mon opinion personnelle sur le mérite de cet écrivain; tout le monde m'approuvera, car je suis très-loin d'être compétent ; je puis dire de lui, ce que disait le grand Corneille lors de la mort de son protecteur et ennemi intime, le cardinal de Richelieu :

« Il m'a trop fait de mal pour que j'en dise du bien ; il m'a trop fait de bien pour que j'en dise du mal. »

Cependant, je puis exprimer ici une opinion particulière : je crois que de Balzac, de son vivant, a été trop *loué*, trop *vanté* surtout, trop *surfait* même, par les admirateurs de son talent, par les femmes d'abord, dont il flattait les petits péchés mignons; tandis qu'il a été vigoureusement fustigé, très-souvent injustement, il est vrai, par des Aristarques, de vrais Zoïles, constamment jaloux des produits qui ne sont pas leurs œuvres.

J'ai lu tout récemment, dans le *Journal des Débats* (octobre 1858), un très-remarquable article de critique sur de Balzac et ses écrits, dû à la plume élégante, spirituelle et mordante à la fois de M. Henri Taine, dont la place est marquée d'avance à l'Académie française, où il ira grossir la phalange des conservateurs de nos libertés gallicanes, car il faut être Français avant tout.

Cet écrivain a jugé de Balzac avec une modération et une impartialité des plus parfaites.

Jugez-en, Monsieur ; voici le portrait de Balzac qu'il crayonne d'une main de maître :

« Vous avez vu parfois une lourde chenille, aux pattes
« multipliées, aux dents infatigables, s'endormir et se
« transformer dans l'épais réseau qu'elle s'est tissé ; il en
« sort péniblement un papillon pesant, empâté et nourri
« par les débris de sa chrysalide, et que ses ailes magni-
« fiques et énormes emportent au plus haut de l'air.

« Tel est Balzac, soutenu dans son vol hardi par la
« vigueur grossière de son tempérament, par l'entasse-
« ment de sa science, et dont le génie ne se dégage qu'à
« force de patience, après mille études, avec des imper-
« fections visibles, par l'accumulation et le triomphe de
« la volonté. »

Je partage cette opinion.

M. H. Taine prend ensuite le scalpel du critique, il passe en revue et juge en maître chacun des ouvrages dont se compose la *Comédie humaine*.

La part des chefs-d'œuvre littéraires qu'il signale est bien légère, je vous assure. Lisez, Monsieur, cette curieuse analyse, elle a pour titre : *Le style de M. de Balzac*.

Lorsque la génération actuelle aura fait place à une nouvelle, celle-ci sera de l'opinion de ce sévère mais judicieux censeur.

De Balzac a fait école, mais, hélas !

Je n'ai fait que passer… il n'était déjà plus !

Ce qui restera à jamais de Balzac, selon moi, c'est l'observateur profond, patient et laborieux ; l'analyste du cœur de la femme qu'il a fouillé dans tous ses replis les plus cachés ; l'observateur des vices et des passions des hommes de ce siècle.

Oui, je le crois, de Balzac a été le plus profond comme le plus grand des psychologistes de notre époque.

Voici tout ce que je puis dire sur cet homme de lettres, comme littérateur, que j'ai trop aimé jusqu'au jour où il m'annonça perfidement que mon *Waterloo était sonné !*

— J'ai fait, dit mon docteur, une remarque sur un fait qui a une certaine importance dans la vie intime de Balzac, c'est que vous n'expliquez pas le véritable motif du prompt et inexplicable déménagement de la rue de Cassini pour aller se percher sur le point le plus culminant d'une rue déserte, presque inhabitée, perdue pour ainsi dire, la rue des Batailles, à Chaillot.

Vous paraissez l'attribuer à son horreur pour le service de la garde nationale, au désir de fuir les persécutions de son sergent-major, un dentiste qui lui gardait particulièrement une dent atroce, parce qu'il s'était refusé à lui confier les soins de son affreuse mâchoire...

— Je le crois encore, Monsieur!

— Erreur, mon cher, erreur des plus grossières ; c'était tout bonnement une fable inventée par ce romancier pour dissimuler le véritable motif de sa fugue du midi de Paris au nord. — Est-ce donc qu'Auguste ne vous en a pas dit le vrai motif ?

— Non certes, Monsieur; cela par deux bonnes raisons ; la première, c'est que ce valet de chambre était pour son maître d'une inviolable discrétion ; la seconde, c'est que je trouve et juge infâme cette curiosité qui porte à interroger un domestique pour connaître les secrets d'un intérieur, les faits et gestes de ses maîtres ; cette curiosité, je la nomme une bassesse.

— Et par Rose la bavarde, que vous nommez la grande Nanon, vous n'avez rien appris non plus ?

— Non, encore une fois, non ! d'ailleurs le jour même du déménagement elle avait été congédiée.

— Je conçois alors votre silence, Monsieur ; je connais, moi, dans tous les plus petits détails, les mystères de cette curieuse historiette, ainsi que les causes de ce subit et prompt changement de domicile...

Balzac prouva en cette occasion que non-seulement son cerveau était déjà comme celui d'un *illuminé*, mais encore que sa tête était *toquée*, véritablement toquée.

— Y aurait-il, Monsieur, de l'indiscrétion à vous prier, à vous supplier même de vouloir bien me raconter la vraie cause, le vrai mystère, comme vous dites, de ce changement de domicile qui a si grandement surpris ses amis, car rien ne l'avait fait pressentir. Vous excitez au dernier degré chez moi le vif désir de la connaître.

— Nullement, Monsieur, je vais satisfaire vos justes désirs, car un jour, dans la seconde édition de *Balzac*, à votre tour, vous pourrez la raconter.

Je dois vous faire observer tout d'abord qu'il n'y aura rien de blessant pour la mémoire et l'honorabilité du caractère de votre ancien ami ; — il était jeune alors, libre de ses actions ; — l'aventure dont il fût le héros mystifié, n'a rien à craindre de cette révélation tardive. Balzac a payé son tribut à la grande faucheuse depuis près de huit ans; il est mort, vous le savez, le 3 août 1850, il n'avait que cinquante ans ; il est mort au moment de jouir de la fortune acquise par ses nombreux écrits, le sang enflammé par ses travaux de nuit et par l'abus du café auquel les veilles forcées le condamnaient.

J'ai appris cette histoire, depuis quatre ans seulement, par le spirituel vicomte Charles de Rastignac-Cadillac, que j'ai eu la douleur de perdre des suites d'une maladie qui résiste trop souvent à la science, — d'une fluxion de poitrine aiguë ; — ce bon et aimable gentilhomme était, à l'âge de vingt-deux ans, l'un des six conjurés de la loge infernale de l'Opéra de 1833 et 1836, conjuration dont le dénouement eut pour résultat de blesser au cœur de Balzac, et de punir son arrogance aristocratique et littéraire.

Mais avant de vous dire le récit un peu long de ce bon Rastignac, si nous fumions un cigare? qu'en dites-vous ? J'ai là (et il me passa son porte-cigares) d'excellents et délicieux londrès, choisissez-en un.

Je ne m'y refusai pas, je vous assure.

Le havane allumé, assis dans un large fauteuil devant

un bon feu, la jambe gauche croisée sur celle de droite, tout en aspirant l'arome parfumé de la nicotiane, cet aimable et cher docteur commença ainsi l'historiette suivante que lui avait racontée son ami le vicomte de Rastignac.

## II

### LA LOGE INFERNALE OU DES LIONS A L'OPÉRA.

— Vous avez connu, cher docteur, me dit mon ami Charles de Rastignac, cette célèbre loge *infernale* ou *des lions* de l'Opéra, qui fit tant de bruit dans la société parisienne de 1833 à 1836 ; vous l'avez connue, non par ouï-dire mais bien parce que vous étiez l'un des plus spirituels amis que nous y recevions dans la plus intime amitié ; nous étions sept qui l'avions louée à l'année.

Voici les noms de ces turbulents lions, dignes d'être cités dans les âges futurs ; c'étaient Messieurs :

Le marquis de Podensac,

Le vicomte Charles de Rastignac-Cadillac, moi, votre ami,

Le comte de la Bastide-Florac,

Le vidame Nestor de Saint-André de Cubsac,

Le baron Émile de Barsac,

Le comte de Grandignan-Preignac,

Le chevalier d'Entragues de Balzac.

Comme vous le voyez, chacun de nous était né sur les rives fleuries de la Garonne, aux environs de Bordeaux, dont les heureux habitants possèdent à un haut degré le feu sacré de la satire, de l'esprit, de la raillerie, et principalement celui de tout fronder et gouailler.

De Balzac était notre aîné ; chacun de nous pouvait compter de vingt-deux à vingt-six ans ; nous étions tous riches, libres, indépendants, conduisant la vie élégante à grandes guides, dépensant follement notre or en prodigalités fastueuses et frivoles ; — chacun de nous connaissait l'art d'exprimer sa pensée par la plume ; — les grands comme les petits journaux, auxquels nous donnions chaque jour des articles mordants, étaient à notre dévotion. Malheur à qui avait l'audace de nous fronder ! Malheur surtout, aux acteurs et artistes chanteurs qui avaient pu déplaire à l'un de nous ; — ils étaient certains d'être *épâtés, démolis, éreintés* par des hommes qui ne craignaient rien, pas plus une rencontre au pistolet qu'à l'épée.

Nous formions ainsi une véritable société d'assurance mutuelle, intime, fraternelle, contre quiconque essayait de se frotter à nous.

C'était dans notre loge que se réunissaient nos amis littéraires ou autres ; — chacun d'eux y apportait son anecdote ou historiette scandaleuse, ou le récit de quelque aventure plus ou moins épineuse ; — vous savez par quels éclats de rire bruyants tous ces récits étaient accueillis. Plusieurs fois il arriva même que le commissaire de police chargé du maintien de la décence et du bon ordre dans la salle, vint faire cesser le bruit infernal de notre gaieté trop expansive. L'un de nous, Nestor, était, par ses saillies, l'un des plus redoutables critiques de tous les faits de l'administration de l'Opéra ; — avec l'esprit sarcastique que vous lui connaissez, par ses articles pleins d'une implacable ironie, il était devenu un des adversaires redoutés de cette pauvre administration ; ce qui ne l'empêcha pas plus tard — sans doute pour apaiser sa verve mordante et démolissante — d'obtenir, en 1847, le privilége, pour dix ans, de directeur de ce même Opéra qu'il avait si bien houspillé ; ce privilége il le garda jusqu'en 1860, et il le céda à M. Perrin.

A la sortie du spectacle, nous allions tous les sept faire un succulent et joyeux souper au cabaret de la Maison-Dorée, où, de même qu'à l'Opéra, nous possédions un salon particulier dans lequel personne ne pouvait pénétrer sans notre volonté ; quelquefois nous y admettions des filles d'Ève du demi-monde.

Vers les trois ou quatre heures du matin, chacun se retirait chez soi ; nos équipages nous attendaient ; Balzac avait aussi le sien ; c'était un coupé magnifique, un locatis qui lui coûtait 500 francs par mois, sur les panneaux duquel resplendissaient les armes parlantes des d'Entragues; le cocher et le petit groom, par la richesse de leur livrée, le premier par sa majestueuse corpulence, le second, par sa taille de Tom-Pouce, rivalisaient avec ceux de M. de Rothschild, ce roi de la finance.

Une particularité digne de remarque, c'est que M. de Balzac ne payait jamais sa part de dépense au quart d'heure de Rabelais; non pas qu'il manquât d'or — il avait une admirable bourse toujours bien garnie de ce vil métal ; — il ne faisait payer que le lendemain en ajoutant un aristocratique pourboire pour les gens de service.

Certes, devant la quittance du payement de la location de notre loge, nous devions être tous égaux.

M. de Balzac en jugea tout différemment.

Dès la première soirée de notre prise de possession, il fit ce qu'avait déjà fait, dans une circonstance très-épineuse, Bonaparte avec ses deux collègues les consuls : — il s'empara de la première place, la meilleure, celle d'honneur, qui aurait dû être tirée au sort, puisque nous étions tous là au même titre.

Nous fûmes blessés au cœur par cette inconvenante façon d'agir.

M. de Balzac, il est vrai, était, non pas notre grand maréchal littéraire, comme dans sa folle vanité il se nommait lui-même, mais notre *soleil radieux* le plus éclatant, notre *nec pluribus impar*, pourtant chacun de nous l'emportait sur lui par l'éclat du nom de ses ancêtres, et surtout par la richesse.

Notre orgueilleux ami était donc là, chaque soir, à cette place d'honneur, se prélassant, faisant la roue devant une société distinguée ; il semblait lui dire : « Regardez-moi bien, *je suis Guillot, berger de ce troupeau,* » faisant tournoyer sans cesse entre ses mains gantées de blanc, comme celles d'un vrai gandin, sa monstrueuse canne de tambour-major, afin de faire scintiller aux feux de mille bougies les pierres précieuses dont la tête était émaillée ; son habit était de fin drap bleu, sortant des ateliers de son ami Buisson, son tailleur et celui de la jeunesse dorée, enrichi de boutons d'or, ciselés par Gosselin, son pseudo-Benvenuto Cellini, son joaillier-bijoutier ; sur son gilet de piqué blanc anglais, serpentaient et brillaient les mille anneaux d'une imperceptible chaîne d'or de Venise ; ajoutez, pantalon noir à sous-pieds, dessinant à merveille ses *tibias*, des bottines en cuir verni, et vous aurez l'ensemble des perfections physiques de notre ami.

Avec cette toilette ébouriffante, fort mal portée, je vous assure, cher docteur, avec cette lourde désinvolture si prétentieuse que vous lui avez connue, lorsque M. de Balzac quittait notre loge pour aller se promener et se faire admirer au grand foyer, il ressemblait volontiers à un riche marchand de bœufs de Poissy, en grande tenue d'apparat, pour aller festoyer avec quelques amis la dive bouteille et Comus.

Dans toutes nos réunions, il affectait à notre égard une

grande supériorité; — il nous parlait sans cesse de la vogue qu'obtenaient ses écrits, — de l'engouement des femmes pour sa propre personne, — de ses nombreuses conquêtes, — de l'illustre famille d'Entragues dont il prétendait que sa famille était issue; — si bien que, pour flatter son orgueil aristocratique, et pour nous moquer de lui, — nous avions fini par ne l'appeler plus, entre nous, que d'Entragues ou d'Entraguet.

Ainsi sans cesse mortifiés par ce personnage fat, orgueilleux, vaniteux, nous résolûmes de nous venger de lui, et de le blesser au cœur.

La vengeance est un plaisir des dieux, ont dit les poëtes. — Nous n'étions pas certes des dieux de l'Olympe, mais de simples mortels à qui la vengeance était chère et permise.

Mais comment nous y prendre avec un homme aussi fin, aussi rusé, aussi clairvoyant que celui que nous voulions mystifier, sans qu'il pût s'en apercevoir ni s'en douter même?

Là était la plus grande des difficultés, — difficulté très-délicate et très-épineuse.

Nous délibérâmes à ce sujet entre nous; voilà ce qui fut résolu à l'unanimité.

Ce fut dans son orgueil de race aristocratique surtout que nous décidâmes de le blesser.

L'or n'est point une chimère, comme l'a dit Scribe dans un paradoxe insoutenable; il est bien une réalité.

Que nous importait quelque peu d'or, à nous qui le dépensions si follement? Rien! absolument rien; chacun de nous était riche.

L'or nous sera utile cette fois, nous dîmes-nous.

Le hasard, ce despote, qui préside toujours à nos destinées nous fournit l'occasion.

Depuis quelques soirées déjà nous avions remarqué

parmi les figurantes du corps de ballet, une nouvelle débutante, un *rat*, comme on les nomme dans la langue pittoresque des coulisses.

Ce rat, ou plutôt cette figurante, pouvait tout au plus compter seize à dix-sept ans, — sa taille était au-dessus de la moyenne, bien cambrée, — elle était souple, légère, bondissante, rappelant par son impatience fébrile les bonds capricieux et gracieux de la gazelle ; — ajoutez une démarche remplie de grâce, pleine de séduction et de distinction ; — ses cheveux abondants étaient d'un noir d'ébène, ainsi que ses sourcils épais et bien marqués. Deux beaux yeux fendus en amande étaient voilés par de longs cils noirs et soyeux, qui en tempéraient la vivacité et l'éclat ; — sa peau blanche rivalisait avec celle du satin dont elle avait la douceur ; — les plus belles couleurs de ce rose, apanage de la jeunesse et le désespoir des coquettes, brillaient sur sa figure, dont le petit nez retroussé à la Roxelane révélait beaucoup d'esprit, de ruse et de malice.

N'oublions pas deux perfections importantes de la nature : — de petites dents, perles blanches enchâssées entre deux lèvres de corail, — un pied qui pouvait le disputer, par sa petitesse, à celui d'une Andalouse.

Telles étaient les perfections physiques de ce rat si précieux, digne en tous points d'être croqué par un roi.

Nous jugeâmes que cette figurante accomplie pourrait bien, si nous savions nous y prendre, nous seconder dans la réussite de notre complot.

## III

L'ENQUÊTE. — CHAPITRE DES INFORMATIONS.

Mais comment pénétrer avec convenance chez une aussi jolie personne que nous n'avions vue que quelquefois briller sur les planches de l'Opéra ? Comment lui faire comprendre, sans blesser sa pudeur, ce que nous espérions d'elle, — son concours dans notre ténébreux projet?

La question était délicate ; — lequel d'entre nous se chargerait de cette hasardeuse mission ?

Le sort en décida : — le premier nom qui devait sortir d'une urne dans laquelle tous les noms seraient jetés, devait se dévouer pour servir la cause commune.

Mon nom fut favorisé par le hasard.

J'en fus enchanté, — parce que j'avais à me plaindre en mon particulier de quelques impertinences orgueilleuses de d'Entragues à mon égard.

Je me mis tout aussitôt en quête.

Ce ne fut ni long ni difficile. — J'allai prendre mes informations préliminaires tout droit à l'Opéra.

Là, j'appris que notre figurante s'appelait Irène Cobald, — qu'elle habitait avec sa mère un bel appartement situé au troisième, sur le derrière, de la maison portant le n° 13 de la rue Taitbout ; — que sa mère, jeune encore, était veuve depuis deux ans d'un employé supérieur du ministère des finances qui, en mourant, avait laissé à sa femme une assez belle fortune ; — que M$^{lle}$ Irène, sa fille unique, qu'elle adorait, — dont elle faisait toutes les volontés, puisque, malgré sa répugnance, elle avait consenti à ce qu'elle montât sur les planches, entraînée qu'elle était, prétendait-elle, par une attraction irrésistible, — que M<sup>lle</sup> Irène avait reçu une belle éducation dans l'un des pensionnats les plus renommés du noble faubourg Saint-Germain, — que sous son apparence de convenance et de modestie, sa tête était un vrai volcan, — une tête aventureuse et même un peu folle, m'assura-t-on.

Cette dernière et charitable information de *tête en feu*, *aventureuse* et *folle* me fit le plus grand plaisir.

Aussi les préparatifs de mon siége furent-ils bientôt décidés, — ce fut d'attaquer la place de front, d'aller droit au but, sans aucun ménagement, sans circonlocutions.

Avec des renseignements aussi précieux que positifs sur la mère et la fille, je me présentai donc chez M<sup>me</sup> Cobald.

Je sonnai discrètement; une jeune fillette fort jolie, ma foi, vint m'ouvrir la porte.

Je lui remis ma carte, en lui recommandant de la porter de suite à M<sup>me</sup> Cobald, en sollicitant quelques instants d'entretien.

— Madame est sortie, me dit cette camériste, mais elle va bientôt rentrer, — si monsieur voulait s'adresser à mademoiselle, — peut-être pourrait-elle lui répondre pour madame.

— Vous avez raison, mon enfant, — remettez alors cette nouvelle carte à Mademoiselle.

Je fus introduit. Je trouvai M<sup>lle</sup> Irène occupée à un ouvrage de broderie dans un charmant boudoir.

Elle se leva, me fit une gracieuse révérence, m'offrit une causeuse et me dit : « Qu'y a-t-il pour votre service, Monsieur le vicomte ? »

Franchement, je fus interdit par ce ton calme et cette candeur d'une jeune fille bien élevée.

A brûle-pourpoint je lui dis ce que mes amis et moi attendions d'une personne aussi accomplie ; — que notre intention était de faire sa conquête afin de nous aider à mystifier l'un de nos meilleurs amis, le plus fécond des romanciers.

— C'est donc de M. Honoré de Balzac, l'impertinent auteur de la *Physiologie du mariage*, qu'il s'agit?

— Oui, Mademoiselle, — c'est de lui, — ce vantard si assommant.

— Mais, cela se rencontre à merveille! — Moi-même j'ai déjà conçu le projet d'une vengeance contre votre ami, afin de le punir des infamies qu'il débite dans son horrible livre sur la vertu de nous autres pauvres femmes, qu'aucun homme ne songe à venger. Oui, je connais pour les avoir dévorés tous les ouvrages de cet homme de lettres ; tenez, voyez.

Elle me montra une petite bibliothèque en acajou, dans laquelle étaient rassemblées les œuvres de notre ami.

— Je les connais toutes sur le bout du doigt, Monsieur. Il faut que je consulte là-dessus ma bonne mère, qui ne saurait tarder à rentrer.... Qu'elle est donc singulière votre proposition! Pourquoi vous adressez-vous plutôt à moi qu'à une autre de mes camarades?

— Parce que, Mademoiselle, vous êtes la perfection sous la forme d'une personne adorable et accomplie sous tous les rapports.

A ces mots d'adorable perfection, Mlle Irène partit d'un fol éclat de rire, — en laissant à découvert une double rangée de perles fines enchâssées dans le corail le plus pur.

L'on sonna ; c'était Mme Cobald qui rentrait.

IV

LA MÈRE ET LA FILLE.

— Chère petite mère, viens vite que je te rapporte la singulière proposition que vient de me faire M. le vicomte Charles de Rastignac-Cadillac, ici présent.

Irène répéta alors à sa mère, mot pour mot, ce que je venais de lui dire.

La mère se fâcha ; rouge de colère et d'indignation, du doigt elle m'indiqua la porte en me disant : — « Mais, monsieur, pour qui prenez-vous donc ma fille, je vous prie ? »

— Chère petite maman, lui dit sa fille, ne te fâche donc pas ainsi. — Bien loin de m'offenser, monsieur m'a au contraire fait un bien grand plaisir. Tu sais bien que je roulais dans ma tête un projet pour venger les femmes contre les attaques inconvenantes de cet impertinent écrivain — qui prétend et qui prouve à sa manière qu'il n'existe pas de femmes vertueuses : la lumière est faite dans mon esprit, ce sera donc par l'action que j'agirai. Ce projet m'enchante, monsieur, comptez sur ma coopération, je ferai de mon mieux. Chère bonne petite mère, ne t'y oppose plus, je t'en supplie, laisse-moi faire. Au surplus, *je le veux !*...

A ces mots de *je le veux !* prononcés d'un ton impérieux, M$^{me}$ Cobald se mit à pleurer.

— Ma fille, es-tu donc décidément folle, que tu veuilles affronter une aventure aussi sérieuse, aussi scabreuse... Mais songe à tous les risques, à tous les dangers que

5.

peuvent courir ta vertu et ta réputation ? Renonce, je t'en supplie, chère enfant, à cette folie.

— Non, bonne mère, je te le dis encore : *Je le veux !*

A ces mots la faible mère fut vaincue. Sa douleur me fit de la peine.

C'est dans le but d'adoucir ce chagrin que je fis alors avancer mes réserves ; je fis briller à ses yeux cette proposition :

— Un si grand service, madame, trouvera sa récompense noblement. Le directeur actuel de l'Opéra est le très-obligé serviteur de mes amis et de moi. Lorsque le moment des nouveaux engagements sera venu, — Pâques, vous le savez, mesdames, — il arrive dans cinq semaines, nous lui demanderons d'obtenir pour M<sup>lle</sup> Irène un engagement brillant, pour le théâtre de Bordeaux, par exemple ; nous l'obtiendrons, car ce directeur se donnerait bien garde de nous refuser cette faveur. Voilà ce que je vous promets, madame, en mon nom et ceux de mes amis.

La jolie ballerine était folle de joie à cette promesse ; sa mère la serra dans ses bras en l'embrassant tendrement.

— Puisque c'est chose convenue, dit Irène, je dois vous imposer quelques conditions. — J'ai deux choses à sauvegarder, monsieur. La première, le soin de ma réputation, — je veux la conserver intacte et pure : « Une femme, a dit M<sup>me</sup> de Staël, a toujours à craindre l'opinion publique, — elle doit s'y soumettre. » Par ma conduite, *je ne veux* pas donner prise sur ma réputation. La seconde, de me mettre en garde contre les attaques de mon suranné bachelier, mon futur adorateur... J'exige donc de votre part, ainsi que de celle de vos amis, un *inviolable secret* sur les conséquences de cette périlleuse aventure pour ma vertu et ma réputation ; — me le jurez-vous, monsieur ?

Je levai ma main droite au-dessus de ma tête, je dis

alors d'une voix vibrante : « Moi, vicomte Charles de Rastignac-Cadillac, en mon nom et en celui de mes nobles et illustres amis messieurs le marquis de Pessac, le vicomte de La Bastide-Florac, le baron de Preinac, le vicomte de Saint-André de Cubsac et le vidame de Podensac, je jure, sur nos écussons, un secret inviolable sur ce que demande M<sup>lle</sup> Irène Cobald.

— C'est très-bien. Quant à moi, je fais le même serment. Le soin de ma réputation m'en fait un devoir.

Ne revenez plus chez moi, je l'exige, monsieur. J'ai votre adresse, cela me suffit. — Vous aurez de mes nouvelles lorsque le moment sera *préfixé*, comme dirait M. de Balzac. — J'ai besoin de réfléchir sur ce qui me reste à faire pour séduire ce vieux lion et lui rogner les ongles.

Alors je pris congé de ces dames ; — je rendis compte du succès de mon ambassade à mes amis.

Dans M<sup>lle</sup> Irène, nous avions rencontré une maîtresse femme ! quelle luronne !


## V

OU LE RAT APPARAÎT ET FAIT MERVEILLE. — LE LION S'ENFLAMME.

Nous étions alors en plein carnaval.

Les bals de l'Opéra, cette année, attiraient une foule nombreuse, sinon distinguée.

A chacun de ces bals, nous assistions tous.

Notre point de réunion était au grand foyer, sous l'horloge. C'était notre quartier-général de critique et d'observations, très-peu orthodoxes, je vous assure, cher docteur.

Une nuit, ou plutôt un matin (il était environ trois heures), tous les sept nous étions à notre poste.

M. de Balzac était en verve ce soir-là. — Il nous racontait avec des éclats de rire, si bruyants qu'ils faisaient vibrer les glaces, le *scenario* d'un conte rabelaisien : « *Berthe la Repentie*, » que son éditeur Werdet allait publier dans le troisième volume des *Cent Contes drolatiques* (1), lorsque cet admirable conteur fut interrompu par un petit coup frappé sur son épaule. Une voix jeune, cristalline lui dit à l'oreille : « M. de Balzac refuserait-il à une admiratrice passionnée et enthousiaste de son talent un petit tour de promenade ? »

Sans attendre de réponse, un bras fut placé sous celui du conteur.

Surpris et enchanté tout à la fois, M. de Balzac se retourna vivement, — il aperçut un délicieux domino rose.

A ces mots qui flattaient sa vanité, il répond :

— Partout où il te plaira de me conduire, beau masque, à Paphos comme à Cythère.

Nous partîmes tous d'un grand éclat de rire à cette réponse qui sentait le madrigal suranné à plus d'une lieue.

Notre intime ami, de *Balzac-Soleil*, était comme le philosophe de Genève, J.-J. Rousseau, qui toujours était en retard pour trouver un mot fin et spirituel.

Le joli domino rose entraîne son cavalier au milieu de la foule des masques où le couple se perd.

Quelle démarche souple, gracieuse, onduleuse, *torpilleuse* même, nous offrait ce ravissant domino ! Était-ce donc *Esther* ou *la Fille aux yeux d'or*, qui nous enlevait ainsi notre ami ? Qui pouvait-elle être, cette sylphide qui promettait tant d'adorables séductions ?

---

(1) Il n'y a eu que trois dizaines de publiées.

Voilà ce que nous nous disions, ébahis que nous étions par cette subite apparition.

Nous ne revîmes plus notre ami ; il ne vint pas même nous rejoindre à notre cabaret pour souper.

Le bal suivant, M. de Balzac était comme une âme en peine à notre poste d'observation. — Distrait, préoccupé, il ne pouvait rester en place ; — il allait, venait sans cesse, paraissant chercher quelqu'un des yeux, qu'il ne rencontrait pas : d'Entraguet s'arrêtait un moment, puis reprenait sa course vertigineuse du foyer au fond du théâtre, fouillant du regard tous les couloirs et toutes les loges.

— Que cherche-t-il donc ainsi ? Peut-être son domino rose ?

Cette conduite nous intriguait infiniment.

Le bal terminé, comme d'habitude nous allâmes souper à la Maison Dorée.

De Balzac nous y accompagna ; — il nous avoua qu'il était brisé de fatigue ; — qu'il avait faim.

Pendant notre repas, il fut silencieux, but et mangea comme quatre. — Il se retira de bonne heure.

L'un de nous, sans qu'il s'en doutât, le suivit par esprit de pure curiosité ; il le vit s'élancer dans son coupé : le groom, après avoir fermé prestement la portière, monta derrière, et le brillant équipage disparut à ses yeux comme une étoile filante. Où allait cette splendide voiture ?

Que nous importait, au surplus ?

— La brunette doit faire des siennes, nous dîmes-nous : il y a là de la femme, la comédie doit commencer.

Le bal suivant, même manége.

— Décidément il en tient, cette fois ; une femme absente doit lui tourner la tête.

Il était environ trois heures du matin. De Balzac était parmi nous.

Tout à coup notre ami s'élance du foyer, pousse, bouscule tous les masques ; — il fend la presse qui l'entoure et le gêne ; — il ne marche plus, il court, et finit par rencontrer un domino bleu dont le capuchon est orné d'une rose de Provins. — C'était un signe convenu d'avance, sans aucun doute, car il prit une expression de joie délirante ; — il passa le bras de ce masque sous le sien, puis il se promena avec sa conquête en passant et repassant devant nous. — Son œil brillant semblait nous dire : « Voyez, messieurs, voilà la dame de mes pensées ! »

Le carnaval touchait à sa fin, — il n'y avait plus que trois bals masqués pour clore la saison.

À l'avant-dernier, le joli domino ne parut pas.

M. de Balzac paraissait vraiment malheureux de cette absence ; — son cœur débordait de douleur ; — ce fut alors qu'il nous confia tous ses chagrins, sous le sceau du secret. — Il était sérieusement épris d'une jeune et adorable personne.—Il n'avait encore pu obtenir ni son nom, ni la connaissance de sa position dans le monde, — pas la plus légère faveur, quelquefois même elle lui était échappée sans savoir comment ; c'était alors comme une vision qui s'évanouissait. Cette séduisante jeune personne était constamment suivie, comme protégée par une femme, certainement, qui épiait tous ses pas, toutes ses actions... C'était à en devenir fou, — que si ce mystère devait se continuer, il en perdrait très-certainement la raison...

Nous cherchâmes à le distraire, mais ce fut en vain.

Pauvre ami ! Le supplice commençait, il est vrai, mais c'était celui du cœur seulement.

Un certain matin, je reçus sous enveloppe une carte de visite parfumée sur laquelle étaient écrits ces simples mots : « A deux heures, 13, rue Taitbout, avec vos amis. »

Comme vous devez bien le penser, chacun de nous fut exact à l'heure fixée pour ce rendez-vous.

Nous fûmes introduits par la jeune camériste dans un joli salon élégamment meublé.

Là, se trouvaient la séduisante Irène et sa mère.

Ces dames s'empressèrent d'accourir dès que la porte du salon fut ouverte.

Nous prîmes place, les uns sur un divan, les autres sur des causeuses préparées d'avance.

Le silence se fit.

M$^{lle}$ Irène prit ainsi la parole :

## VI

### LES PÉRIPÉTIES DE L'INTRIGUE. — RÉCIT D'IRÈNE.

« Mon triomphe, messieurs, a été complet !!! J'ai vu à mes pieds le plus grand détracteur du cœur de la femme ; — un lion amoureux qui n'avait plus de griffes. Je m'étais déjà promis de donner une bonne leçon à l'auteur de la *Physiologie du mariage*, en lui prouvant qu'une jeune fille, à laquelle Dieu aurait accordé en naissant, comme me l'a dit M. le vicomte de Rastignac-Cadillac, de l'esprit, de la malice et de la ruse, saurait résister à toutes les séductions d'un homme épris de ses charmes, d'un cavalier aussi entreprenant et audacieux que M. de Balzac.

J'y ai réussi au delà de toutes mes espérances. Je vous

dois, Messieurs, des preuves ;—je vais vous en fournir. Elles sont de deux sortes : matérielles et morales.

Lisez d'abord, Messieurs, cet imperceptible petit billet ; il est bien écrit de la main même de M. de Balzac, n'est-ce pas ? — Je l'ai trouvé dans le calice de cette fleur.

Elle nous passa le billet ; il était bien de l'écriture de Balzac ; il ne contenait que ces mots : *7, rue des Batailles, à Chaillot, à onze heures précises.*

Irène prit ensuite un charmant bouquet dans une coupe de bronze, d'un travail exquis, placée sur la cheminée.

— Admirez ces belles et jolies fleurs, dit-elle,—chacune d'elles porte une signification, une pensée particulière,—c'est un *salem* ou bouquet symbolique à la manière des voluptueux Persans. C'est encore à votre ami que j'en suis redevable.

Voici enfin ce charmant coffret d'ébène incrusté d'arabesques en nacre de perles qui le renfermait : il est aux armes des d'Entragues.

Voici donc, Messieurs, mes preuves *matérielles*. J'arrive à celles que j'appelle toutes morales.

A ce début, nous demeurâmes confondus. Quel aplomb dans cette enchanteresse ! Elle reprit :

— Je ne puis vous raconter toutes les amoureuses et brûlantes expressions de tendresse que dans nos longs entretiens j'ai eu à écouter de mon adorateur.

A chacune de nos entrevues, M. de Balzac devenait plus téméraire, plus hardi et plus pressant, — il voulait absolument que je lui dise mon nom, — il voulait, enfin, connaître ma qualité et ma position dans le monde.

Mes obstinés refus l'irritaient, l'exaspéraient. Je tenais en réserve, pour m'en servir dans une pressante occasion, une fable toute prête.

La violence de sa passion pour moi croissait à vue d'œil.

Une nuit, comme à notre habitude, nous nous promenions dans un couloir obscur situé près du *paradis*, M. de Balzac voulut essayer de soulever la barbe de mon loup, afin, me disait-il, de pouvoir contempler mes traits qui devaient être ravissants, à en juger par la grâce et la distinction de ma séduisante personne.

Mais j'étais en garde contre de telles témérités.

Aussi prompte que la pensée, ma main en arrêta l'effet.

— Monsieur, lui dis-je en colère, — s'il vous arrive jamais de vous permettre envers moi une action aussi déplacée, vous ne me reverrez plus.

Je disparus, à la grande stupéfaction de mon lion, par un couloir secret que je connaissais, dissimulé qu'il était dans l'épaisseur de la boiserie.

Je laissai passer quelques bals sans me rendre aux rendez-vous convenus.

J'étais certaine de ma conquête.

Je voulais par mon absence augmenter la passion de mon vieux jouvenceau.

Je ne reparus qu'au dernier bal masqué qui terminait la saison.

Dès que M. de Balzac me reconnut, — cela lui était facile, je portais toujours, comme c'était convenu, à mon capuchon une rose, — il accourut et me dit avec feu :

— Cruelle que vous êtes, pourquoi par votre absence me rendre si malheureux, — pourquoi m'avez-vous donc quitté si brusquement la dernière fois ? — Vous êtes disparue je ne sais comment ! comme une vraie sylphide, comme une vapeur.

Je me mis à rire de bon cœur de ses doléances.

— Je ne suis venue cette nuit à ce dernier bal, monsieur, que pour vous annoncer que tout, que tout, vous entendez, doit être terminé entre nous.

— Que dites-vous là, mademoiselle, grand Dieu ! tout terminé entre nous, et pourquoi donc ?

— Par une raison toute simple, monsieur. Nous ne voyons et ne fréquentons pas le même monde ni les mêmes salons. — Vous, par exemple, ne hantez que ceux de la plus haute finance, ceux des grands artistes, très-peu ou point du tout ceux des écrivains célèbres, — partout vous êtes roi, partout, il est vrai, vous êtes reçu avec enthousiasme; vous êtes l'idole du beau sexe, par les admirables chefs-d'œuvre littéraires qu'enfante votre plume d'or; tandis que moi, je ne fréquente et ne vais que dans les réunions du plus grand monde, celles de l'aristocratie des familles les plus antiques;—vous le voyez, nous ne pouvons plus nous rencontrer nulle part, jamais! Il est donc de la plus absolue nécessité, pour mon repos comme pour mon cœur, de couper court à tous nos délicieux et enivrants entretiens. — Cette nuit est la dernière où j'ai le bonheur de causer avec un homme aussi célèbre, aussi séduisant que vous l'êtes, monsieur! Folle et insensée que j'ai été!.. A la lecture de vos ouvrages, je me suis éprise d'un vif et irrésistible désir de connaître celui qui devine si bien les plus secrètes pensées du cœur féminin!

En prononçant ces derniers mots d'une voix remplie d'émotion, je portai vivement à mes yeux mon mouchoir, comme pour y essuyer quelques larmes qui n'avaient garde d'y paraître, je vous assure.

A ce brusque mouvement du désespoir d'un cœur brisé et qui souffre, M. de Balzac paraît très-ému de ce demi aveu.

— Mais qui êtes-vous donc, me dit-il avec feu, mademoiselle? De grâce, déchirez enfin le mystère dont vous vous enveloppez? Quel est donc votre nom? votre haute position dans le monde?

— Je puis vous satisfaire, monsieur, sur ces questions,

avec d'autant plus de raison que c'est pour la dernière fois, vous l'entendez encore, que vous me voyez.

Je me nomme Blanche, mon père est monseigneur le duc de la Roche-Antique ; sous Sa Majesté Louis XVIII le Désiré, mon père bien-aimé a été ambassadeur à Constantinople ; j'ai un frère attaché à l'ambassade d'Autriche : il se nomme le marquis Oscar de Sauveterre, en Benauge ; je suis déjà fiancée à M. le comte Raoul de Champs-Nouzielles ; lui aussi est attaché à l'ambassade de Berlin. — Ces deux inséparables amis sont en ce moment à Paris en congé ; — presque à tous les bals je les rencontre dans nos promenades au grand foyer. Heureusement qu'ils ne m'ont pas remarquée. Quel scandale, monsieur, s'ils m'eussent reconnue ! Quelles terribles conséquences en eussent été les suites ! D'abord la malédiction de mon père, qui est si sévère sur les bonnes mœurs, puis un affreux couvent dont je ne connais que trop les délices, — c'est comme une mort anticipée.

C'est avec un bonheur que j'appellerai insolent, que chaque fois que je fais mes nocturnes escapades de l'hôtel où je suis surveillée avec une tendre sollicitude par ma bonne mère, j'ai joué de bonheur ; ma camériste, que j'ai mise dans mes intérêts, veille sur moi et facilite mes évasions avec son mari, qui les prépare, et nous attend à la petite porte du parc jusqu'à mon retour.

Encore une fois, monsieur, vous êtes bien convaincu que nos relations ne sont pas les mêmes, et que la raison et les convenances me font un impérieux devoir de mettre un terme à un rêve aussi doux que décevant.

Adieu donc, M. de Balzac !

Je fis un pas comme si j'allais m'échapper encore une fois.

— Oh ! de grâce, me dit-il d'une voix attendrie, en me retenant par le bras, — restez, je vous en supplie. Non !

non ! tout ne peut ainsi se terminer pour deux cœurs formés l'un pour l'autre par la nature ; — causons encore un peu... Mais, j'y pense ! voici une idée qui vient de traverser mon cerveau, qui pourra sans aucun doute nous faciliter les moyens de nous revoir : M. le duc de la Roche-Antique reçoit-il quelquefois ?

— Tous les jeudis, monsieur.

— Eh bien ! si je me faisais présenter à M. le duc, votre père, — qu'en pensez-vous ?

— Mon père reçoit, il est vrai, ses amis le jeudi ; mais comme notre race remonte aux temps des premières croisades, il n'admet dans ses soirées que les personnages qui représentent aujourd'hui les plus antiques familles et qui prouvent que leurs aïeux remontent à la même époque. Vous seriez dans ce cas impitoyablement refusé. Ne vous exposez pas, de grâce, à cette humiliation.

— Comment ! il ne me recevrait pas ? — Mais je suis un des descendants de la vieille maison des d'Entragues.

— A ce sujet, permettez-moi de vous arrêter, monsieur. Rappelez-vous ce que vous-même avez fait dire à monsieur votre père, au sujet de sa prétendue noblesse, dans votre *Introduction* au *Lis dans la vallée*, car je connais par cœur tous vos ouvrages :

« La noblesse, avez-vous dit, a péri en 1789, en tant
« que priviléges ; — aujourd'hui il n'y a plus dans un
« vieux nom que l'obligation de se faire un mérite per-
« sonnel, afin de reconstruire les éléments de la no-
« blesse. »

Ceci prouve déjà contre vous, n'est-ce pas ? Vous n'êtes pas noble dans la véritable acception du mot. Mais continuons. Plus loin, vous dites encore : « Quoiqu'on affecte
« de m'appeler d'Entragues, ce nom ne saurait m'appar-
« tenir. »

Vous en déduisez les motifs, en ajoutant :

« *Je ne suis pas gentilhomme* dans toute l'acception
« historique et nobiliaire du mot, si profondément signi-
« ficatif pour les familles de la race conquérante.

« Mon père se glorifie d'être d'une famille qui avait
« résisté en Auvergne à l'invasion et d'où sont sortis les
« d'Entragues, — il avait trouvé dans le Trésor des chartes
« la concession de terres faite au cinquième siècle par de
« Balzac, dont copie, me dit-il, enregistrée par ses soins au
« Parlement de Paris. »

Vous le voyez de nouveau, Monsieur, le duc mon
père vous connaît, puisqu'il lit tous vos ouvrages. Ceci
dérange votre projet de lui être présenté. C'est donc vous-
même, qui prouvez que votre prétention à la noblesse
n'est qu'une prétention très-*problématique*. Ce *dit-il*,
prouve qu'il y avait doute.

A cette révélation inattendue qui le blessait au cœur,
M. de Balzac fut atterré, — il pâlit, se mordit la lèvre,
en se disant sans doute en lui-même : « Oui, j'ai écrit cela,
mal inspiré que j'ai été!... maudit démon de femme! »

Après avoir lancé cette dernière réflexion, je me tus.

M. de Balzac resta tout pensif ; je l'abandonnai à ses
pensées. Je l'avais blessé dans son orgueil aristocratique,
j'étais enchantée de mon audace.

Enfin, cette cruelle commotion sembla s'adoucir ; — il
se tourna vers moi et me dit d'une voix entrecoupée :

— Puisqu'il est décidé que je ne pourrai me présenter
chez M. le duc, votre père, — puisque nous ne pourrons
nous rencontrer nulle part, — cette perspective me rendra
fou, — oui, fou! adorée Blanche, parce que je vous aime
avec passion. Je n'ai jamais aimé aucune femme ; vous
êtes la plus parfaite de toutes celles que j'ai jamais
rencontrées ; — je viens de faire un rêve, il pourra tout
aplanir : vous ne pouvez venir chez moi ; je conçois cela,
mais si je possédais dans un quartier isolé, perdu, éloigné

de Paris, désert, un temple qui fût digne de vous recevoir, dites, consentiriez-vous à venir me consacrer quelques instants de bonheur?... Ici je ne puis vous dépeindre toute l'ardeur de ma passion!...

Bon! me dis-je, voilà le rendez-vous demandé; je l'attendais. Si je refuse, je cours risque de tout perdre; si je l'accepte, j'aurai tout à craindre!

Quelle perplexité, mon Dieu! comment me tirer de cette proposition si scabreuse?

A mon tour, je ne répondais plus.

Immobile, anxieux, mon adorateur attendait ma réponse; il me regardait avec passion.

Je minaudais, j'affectais de pleurer, je portais mon mouchoir à mes yeux. Je rompis enfin le silence; je parus courroucée d'une proposition que je traitai de très-inconvenante, d'offensante même.

— Vous êtes, *cher* (c'était la première fois que je le qualifiais ainsi), un vrai démon tentateur, — vous profitez habilement de ma délicate position, — vous avez deviné le penchant secret qui m'attire malgré moi vers un homme aussi distingué que vous l'êtes.

J'appuyai sur le mot *penchant*.

— Cette proposition demande de mûres et profondes réflexions de la part d'une jeune fille encore bien novice. — Je verrai... plus tard...

— Plus tard! — mais c'est pour la dernière fois peut-être, dites-vous, que nous nous voyons; — plus tard!... mais c'est impossible! Songez-vous qu'il est trois heures du matin, que le bal va se terminer, que c'est le dernier; oh! de grâce, n'hésitez pas, acceptez!....

Je lui tendis la main, — il la couvrit de brûlants baisers; il était ivre de joie....

— Convenons rapidement de nos faits, me dit-il; c'est aujourd'hui, cher ange, le 15, — le 30, vous recevrez un bouquet symbolique : à la hampe d'une tulipe vous trouverez enroulé un tout petit papier ; — il vous indiquera l'heure, le numéro et le nom de la rue, où j'aurai fait construire exprès pour la femme que j'adore — un véritable temple digne de la recevoir : il me faut, à mon grand regret, ces quinze jours....

Mais j'y pense ; je ne puis vous envoyer à votre hôtel mon *salem*. — Quelle est votre modiste ?

— M$^{me}$ G...

— C'est parfait. — Mais à quelle personne mon valet de chambre, aussi intelligent et discret que votre camériste, devra-t-il confier mon message ?

— A M$^{lle}$ Elvire, la première ouvrière ; c'est une jeune personne que je protége.

Tout ceci avait été dit bien bas à l'oreille.... je disparus encore.... nous étions près de mon couloir secret.

Encore cette fois, M. de Balzac dut me prendre pour un esprit aérien.


## VII

### LA RUE DES BATAILLES, A CHAILLOT.

« Le 30 du mois arriva enfin !

Vers les deux heures, impatiente que j'étais, j'allai rendre visite à ma camarade intime, M$^{lle}$ Elvire, la première ouvrière du magasin de modes de la célèbre M$^{me}$ G***.

Nous causâmes tout d'abord de choses indifférentes, puis sans avoir l'air d'y attacher une grande importance, je lui demandai si, par hasard, un jeune homme ne se serait pas présenté à elle, pour la prier de recevoir un objet sans aucune indication de nom ni d'adresse.

— Si, vraiment ; voici cet objet : c'est donc pour toi qu'est ce message ?

— Oui, il me vient de mon oncle Léonce Cobald ; c'est une surprise, un cadeau qu'il veut faire à ma mère sans qu'elle puisse s'en douter ; — c'est pour cette raison que nous sommes convenus que ce petit paquet te serait remis, et que je viendrais te le réclamer.

Je pris cet objet ; — comme si je portais la boîte de Pandore, j'accourus comme une folle chez moi.

Ma mère et moi, eûmes bientôt déballé cet envoi mystérieux qui contenait ce coffret, ce bouquet et ce billet.

De suite nous allâmes 98, rue du Bac, chez un loueur de voitures, — nous choisîmes un élégant coupé sans armoiries, pour la nuit suivante ; ordre très-exprès fut donné qu'à dix heures et demie cette voiture, dont nous payâmes d'avance le prix de location, serait à notre disposition, 13, rue Taitbout.

En rentrant à la maison, je déposai chez le concierge du nº 21, rue Le Peletier, un petit billet sous enveloppe, à l'adresse de M. Pasléger, artiste de l'Opéra.

Ce billet ne contenait que ces mots :

« A quelque heure que vous rentriez, accourez : j'ai besoin de vos services. — Irène. »

M. Pasléger est, comme moi, un figurant de l'Opéra, c'est mon camarade ; il se ferait tuer pour moi. Je le soupçonne de m'adorer, — mais bien discrètement : j'étais sévère ! Cependant j'étais certaine qu'il accourrait avant son dîner.

Il vint en effet à cinq heures ; je lui expliquai ce que j'attendais de lui ; il se retira tout joyeux, enchanté de cette preuve de confiance.

Tous ces premiers préparatifs terminés, je procédai à

ma toilette, chose toujours si importante chez une jeune femme.

— Quelle robe vais-je mettre, chère maman ?

— Mets celle-ci, mets celle-là, me disait-elle.

Je me décidai à la fin pour une robe de satin noir qui m'allait à ravir, faisant valoir ma taille cambrée. — Je plaçai dans mes cheveux noirs arrangés en larges bandeaux, une simple rose de Bengale.

Dans cette toilette simple mais de bon goût, avec mon teint doré, je ressemblais à une Andalouse.

Bien enveloppées dans nos fourrures, car il faisait froid, ma mère et moi prîmes place dans notre locatis. Mon nègre, après avoir abattu et relevé avec fracas le marchepied de notre équipage, monta derrière. Le cocher avait été prévenu à l'avance par mon valet qu'à onze heures très-précises il devait être rendu 7, rue des Batailles, à Chaillot.

Comme onze heures sonnaient à l'horloge de l'église, située en contre-bas, notre voiture s'arrêta brusquement, au point le plus culminant de la rue paisible, malgré son nom belliqueux.

Mon nègre vint ouvrir la portière; il m'offrit le bras; à peine je m'y appuyais que mes pieds franchissaient, légère comme une gazelle, les trois marches du perron, où je trouvai un petit jeune homme de noir tout habillé, linge et gants blancs, comme un valet de bonne maison, qui m'éclaira, portant dans chacune de ses mains un candélabre de bronze à deux bougies allumées.

Au premier étage, sur le seuil de la porte ouverte d'un riche salon, splendidement éclairé, se trouvait mon adorateur qui m'enleva dans ses robustes bras, et me déposa doucement, toute palpitante d'émotion, sur un large divan demi-circulaire en cachemire blanc. Cette action fut aussi rapide qu'un éclair. »

6

— Ici, cher Monsieur, me dit M. Alexandre Thierry, j'interromps le récit de mon jeune ami le vicomte Charles de Rastignac-Cadillac, pour vous apprendre une particularité que vous n'avez pas connue, car vous en auriez parlé lorsque vous fîtes la description du boudoir de la *Fille aux yeux d'or*, particularité bien digne de l'excentrique M. de Balzac, dont le suprême bonheur était toujours que l'on parlât de ses ouvrages, de ses travaux, de ses folies, de ses originalités même.

Lorsque M. de Balzac eût pris possession des clefs de l'appartement de la rue des Batailles, à Chaillot, dont le bail était au nom de votre médecin, votre ami alors, M. Mège (et cela par prudence, en cas d'alerte), il appela, comme vous le dites, un architecte, un tapissier et autres qui, à leur tour, envoyèrent une foule d'ouvriers, maçons, peintres décorateurs, serruriers, etc. Les travaux de démolition et de reconstruction commencèrent sur-le-champ; il n'y avait pas de temps à perdre, — il fallait que cet appartement fût reconstruit de fond en comble dans ses dispositions, et meublé avec une élégance et une richesse dignes d'y recevoir l'idole de son âme, sa conquête, Blanche de la Roche-Antique.

Afin d'activer les travaux de nuit et de jour, voilà le moyen original qu'il prit; moyen bien digne de celui qui, chaque jour, par sa plume, créait des merveilles, à qui l'or glissait entre les mains comme une vapeur.

A la place qu'occupait une glace au-dessus de la cheminée du salon qui allait être démoli, il appliqua sur le mur, au moyen de quatre pains à cacheter, un billet de banque de 500 francs, puis au-dessous, sur une bande de papier, ces mots écrits en très-gros caractères : *Mes amis, si, le 24, vous me remettez les clefs de cet appartement, tous vos travaux parfaitement terminés, ces cinq cents francs seront votre récompense.*

Avec un tel stimulant, on le pense, tous les travaux furent *parachevés*, selon l'expression de cet écrivain : il prit tout aussitôt d'autres dispositions très-importantes.

N'est-ce pas, cher Monsieur, que vous ignoriez ce piquant et original trait d'excentricité du créateur de ce salon si séducteur de la *Fille aux yeux d'or?*

— En effet, Monsieur, je l'ignorais, mais dites-moi de suite ce que devint Irène lorsqu'elle fut enlevée dans les bras vigoureux de Balzac et déposée sur un divan moelleux de cachemire blanc ?

— Comme vous êtes impatient, cher ! — Attendez donc encore un peu, j'ai besoin de me reposer et de savourer le parfum d'un panatellas. — Allumons nos cigares ; ensuite je reprendrai le récit de la rusée Irène.

## VIII

#### LE BOUDOIR DE LA FILLE AUX YEUX D'OR.

« Légère comme une plume, ai-je dit, M. de Balzac me déposa amoureusement, je vous assure, sur le divan, en face de la cheminée, dans laquelle brûlait un feu vif et pétillant.

Sur cette cheminée se trouvait une pendule magnifique, accompagnée de deux beaux vases ; les aiguilles de la pendule marquaient déjà onze heures douze minutes. — Les minutes ici, Messieurs, vont avoir dans mon récit, une immense portée : j'avais tout calculé d'avance, — ainsi que la scène qui va suivre entre les deux valets de chambre, le noir et le blanc.

Après avoir fermé sur nous la porte du boudoir, que

recouvrait à l'intérieur une épaisse tapisserie en velours bleu, Auguste rencontra dans l'antichambre mon nègre qui l'attendait, et qui lui dit tout aussitôt : — « Camarade, j'ai soif, j'ai faim, j'ai froid.... »

Dans la prévision que la séance du boudoir pourrait être longue, Auguste avait pris ses précautions : il s'était pourvu de comestibles fins, délicats même, et surtout de quelques flacons d'excellents vins. C'était le maître qui payait !

Les deux nouveaux amis se placent à table, en face l'un de l'autre ; ils font honneur aux reliefs, mais plus encore aux flacons de vins : si bien que le blanc roule sous la table, où il ne tarde pas à s'endormir.

Le noir a donc déjà vaincu le blanc !

Voilà le prologue des scènes qui vont suivre.

Mais je me hâte de revenir à moi.

Ma situation, vous pouvez en juger, était des plus scabreuses et des plus délicates.

J'allais jouer une scène dans laquelle je pouvais perdre mon honneur et ma vertu, — biens précieux que j'estime le plus en ce monde.

Je ne puis, Messieurs, vous donner une description que bien sommaire des merveilles d'art et de goût exquis qui se sont présentées à mes yeux éblouis par des flots de lumière : j'avais du reste, pour observer, l'esprit et la tête trop préoccupés par les dangers que j'allais affronter. — Voici cependant ce que, dans ma fébrile attente, j'ai pu remarquer.

Je me trouve donc dans un salon assez spacieux, dont l'un des côtés, celui opposé à la cheminée, forme une demi-ellipse très-gracieuse ; un large et moelleux divan avec des coussins en cachemire blanc l'entoure dans toute sa longueur ; les murs sont dissimulés par des étoffes de mousseline de couleur blanche et rose : ces draperies alternativement blanches et roses, sont retenues par le haut et par le bas dans de larges plinthes dorées : du plafond descend un ustre en cristal ; des candélabres dorés à trois bougies sont placés à égales distances, tout à l'entour de ce salon, dont le parquet est recouvert par un épais et discret tapis d'Aubusson, à fond blanc à grandes fleurs roses ; à droite et à gauche de la cheminée sont placées des consoles en marbre blanc, supportant des vases en porcelaine du Japon, remplis des plus belles fleurs exotiques, aux parfums voluptueux et énervants.

Partout où l'œil s'arrête, il n'aperçoit que blanc, rose, or et lumières ; un tel boudoir est vraiment féerique. — Un jour, très-certainement, l'enchanteur Merlin, dont la magique baguette l'a créé, nous en donnera une description à la manière de Walter Scott, qui n'a garde d'oublier les plus vulgaires détails (1).

Et pour qui, grand Dieu, ont été faites ces folles et ruineuses dépenses ? Pour la fille d'un duc, dont ce vaniteux écrivain s'imagine avoir fait la conquête !

Mais si je ne puis, comme je le désirerais, vous décrire les merveilles de ce salon, je puis du moins vous détailler la toilette de M. de Balzac, toilette excentrique, ébouriffante, qui faisait ressortir les dons heureux que dame nature, comme vous le savez, lui a prodigués.

Une robe de dominicain (moins le capuce) en cachemire d'une éblouissante blancheur, enveloppe son corps, dissimulant son obésité, — une dentelle blanche en point d'Angleterre d'un admirable travail s'enroule à son cou de taureau, et retombe sur sa large poitrine, où chatoyent les mille anneaux d'une imperceptible chaîne d'or ; des manchettes de dentelle aussi en point d'An-

(1) Voir le boudoir de *la Torpille*, dans la nouvelle de Balzac, *la Fille aux yeux d'or* : c'est un vrai petit chef-d'œuvre descriptif.

6.

gleterre, des coudes, où elles sont retenues par des bracelets d'or ciselé, retombent sur les poignets, laissant seulement libres ses belles mains si aristocratiques. — Des babouches brodées en or, en maroquin rouge du Levant, chaussent ses pieds ; un artiste coiffeur a ondulé et parfumé ses longs cheveux plats ; — sa large figure à la Rabelais, rasée avec grand soin, ne laisse apercevoir le plus léger indice de *masculinité*, si ce n'est une moustache sur la lèvre supérieure, d'un noir tirant sur le bleu, fièrement retroussée à la façon des mousquetaires.

Telle était la riche et splendide toilette de mon futur vainqueur, — comme il le croyait, comme il l'espérait.....

J'ai dit qu'à mon arrivée M. de Balzac m'avait enlevée dans ses bras vigoureux et placée sur le divan ; il se hâta de me venir en aide pour me dépouiller de mes fourrures.

Il put alors admirer non-seulement l'ensemble de ma personne mais encore les traits de ma figure, qu'il ne connaissait pas encore.

Tout-à-coup, mon adorateur se prosterne à mes pieds ; tout son corps tremble comme si une subtile flamme partant de son âme envahissait tout son être, et le faisait ainsi s'agiter dans un transport de joie délirante d'un bonheur inespéré ; il s'écrie :

— O ma Blanche ! ô mon adorée ! que tu es donc belle et ravissante !....

A ce *tu es*, mes yeux lancent des éclairs.

D'une voix brève, mais très-impérieuse, je lui dis :

— Monsieur ! pas tant de licence et de familiarité, je vous prie, — sinon mon nègre est là ; — au premier cri que je pousserai il a ordre d'enfoncer votre porte et alors...

A cette vigoureuse défense, M. de Balzac pâlit.....

Le coup a produit l'effet que j'en attendais.

Il se relève vivement, s'assied à mon côté, par les plus enivrantes et séduisantes paroles il cherche à calmer ma juste colère : de ses grands et beaux yeux ardents (ils sont très-remarquables, en effet, ses yeux), il s'efforce de faire pénétrer dans les miens des flots d'effluves magnétiques.

Ses tentatives sont impuissantes contre ma volonté, — sous ce rapport je suis invulnérable. Il s'empare alors de l'une de mes mains qu'il couvre de baisers passionnés, — il s'exalte encore plus, — il veut m'embrasser !....

Pour le coup je me crois perdue. — J'ai eu peur, je l'avoue.....

Je me rejette brusquement en arrière ; — tout mon corps est sous l'impression d'un tremblement nerveux ; d'une voix défaillante je m'écrie :

— O de grâce, Honoré ! de grâce, de l'air, j'étouffe ici, je sens que je vais m'évanouir.

A ces paroles, le cher homme me quitte, court à l'unique fenêtre donnant sur la Seine, — il l'ouvre précipitamment ; un air froid, sec et piquant envahit cette pièce, fait vaciller les bougies.

Quelques minutes après la fenêtre est refermée. — M. de Balzac, d'une voix remplie d'anxiété et de tendresse, me dit :

— Est-ce bien, mon adorée ? — comment vous trouvez-vous maintenant ?

Il avait été dupe de ma ruse !

A quoi sert donc de passer pour le plus profond observateur et scrutateur du cœur de la femme, pour se laisser tromper ainsi !...

— Idole de mon âme, ô ma Blanche adorée, pour achever de vous remettre de cette cruelle et subite indisposition, si vous preniez quelque chose de réconfortant ?

— Je le veux bien, mon bon ange gardien, lui répondis-je, pour le remercier de sa tendre sollicitude.

Ces mots, *bon ange*, prononcés d'une voix encore haletante, produisirent sur cet ange très-peu soucieux de protéger ma vertu, un effet magique.

Tout aussitôt un guéridon en laque de Chine placé près de la cheminée, recouvert d'un tapis en cachemire blanc, est roulé à mes pieds.

Le tapis est enlevé : un délicieux ambigu froid est prêt; rien n'y manque, ni les couverts, ni les plats, ni les assiettes; —tout est en vermeil; sur chaque pièce, les initiales H. B. surmontées de la couronne fermée des d'Entragues sont en relief; — pas plus que d'élégants flacons remplis des plus enivrantes, suaves et parfumées liqueurs.

M. de Balzac se place à mon côté, nos genoux se touchent : je sens que tout son corps frissonne de la tête aux pieds.

La pendule marquait alors onze heures quarante minutes.

## IX

L'ENLÈVEMENT DE LA BELLE DÉJANIRE.

« Comme je n'avais mangé que fort peu, à notre dîner, la tête préoccupée de ce que j'allais faire, ainsi que des dangers qu'allait courir ma vertu, pour venger mon sexe indignement outragé dans l'un des ouvrages de celui dont j'allais affronter les attaques sans aucun doute, je fais honneur aux mets fins et succulents que m'offre mon galant chevalier.

Mon bon ange gardien qui me voit en appétit, mange et boit comme un affamé.

Les mets, les vins, les liqueurs se succèdent rapidement, tout en causant et riant. Ce tableau devait être charmant : un lion et un rat festoyant gaiement ensemble ! en tête-à-tête !

Mon chevalier me verse de fréquentes rasades dans des verres en cristal de Bohème, si frêles, si légers, si minces, que le moindre choc les brise !....

Je ne fais qu'effleurer du bout de mes lèvres ces vins et ces liqueurs perfides dont je me défie ; je place mes verres si fragiles sur le guéridon ; M. de Balzac s'en empare avidement, et boit avec délice le contenu.

La pendule marchait, marchait toujours, il était déjà onze heures cinquante-cinq minutes.

Notre appétissante collation terminée, le guéridon est remis à sa place ; mon bon ange vient de nouveau alors s'asseoir à mon côté.

Ainsi placé, mon adorateur se réjouissait déjà de triompher d'une jeune fille, livrée à sa merci. — De même qu'une gazelle affolée de terreur qui s'est imprudemment fourvoyée dans l'antre d'un lion, pantelante d'effroi, attend le moment d'être dévorée, telle je parais être.

Nous causons donc paisiblement. Je parais heureuse d'écouter les douces flatteries de mon ange, si pleines de charme et si fascinatrices.

Bien que je me tienne toujours sur le qui-vive contre toutes ses audacieuses tentatives, tout-à-coup, traîtreusement, de même que la belle et séduisante Déjanire, je suis enlevée par deux robustes bras, ceux de mon félon centaure.

Il se dirige rapidement vers la fenêtre à gauche, soulève une draperie qui dissimule une porte secrète ; — fait jouer un ressort ; — cette porte roule sur ses gonds silencieusement — une chambre apparaît.

Mon traître ravisseur me serre avec force contre sa poitrine ; il comprime ainsi l'usage de mes bras, — mais j'ai les genoux et les pieds libres, qui le frappent à coups redoublés dans son gros ventre et sur ses jambes; ma vigoureuse défense est telle que je parviens à me dégager de son étreinte, — mes pieds reposent sur le parquet.

Je n'eus que le temps de jeter un rapide coup d'œil dans cette chambre mystérieuse.

Par son élégant ameublement elle me parut bien digne du boudoir.

Elle est tendue en percaline d'un bleu céleste; du plafond descend un lustre doré, recouvert d'une gaze bleue qui ne laisse pénétrer qu'une demi-pénombre si favorable, assure-t-on, à ces témérités.

En face de la fenêtre, est placé un lit garni de ses riches accessoires.

Comme M. de Balzac m'enlace de nouveau dans ses bras, pour me placer sur ce lit — futur témoin de son triomphe, la pendule sonne minuit.

Un grand bruit se fait tout aussitôt entendre à la porte extérieure du salon.

« Il est minuit, Irène! »

Surpris, alarmé, M. de Balzac s'arrête dans sa dernière tentative : il écoute...

Que je vous explique la cause de ce bruit.

Ma mère était restée dans le coupé; — sa montre à la main, à la faveur des bougies éclatantes des lanternes, anxieuse, elle suivait la marche des aiguilles.

A minuit, comme nous en étions convenues, elle met silencieusement pied à terre, monte lestement au premier où elle rencontre mon nègre très-désappointé, parce que la porte du boudoir est fermée à clef.

Que faire ? une idée subite l'éclaira.

Son camarade, le blanc, plus que ... gris, dormait du sommeil du juste, — il le fouille, — trouve la clef... Le blanc se réveille en sursaut, — une lutte s'engage entre ces deux fidèles serviteurs. C'est encore le nègre, cette fois, qui est le vainqueur, — d'un vigoureux coup de poing, il fait rouler par terre le blanc.

La porte du boudoir est ouverte.

— Irène, *ma fille*, il est minuit; viens me rejoindre.

Ces paroles avaient été poussées par ma mère en pénétrant avec mon nègre dans le boudoir.

A ce tumulte, à ces cris, au moment d'arriver au port, ô fatalité! le lion amoureux reste immobile, il est comme pétrifié...

Je profite de ce moment de répit, — je me dégage de ses bras, — je cours au boudoir, où je me hâte de reprendre mes fourrures.

## X

### STUPEUR ET RAGE DU LION AMOUREUX.

« Enfin M. de Balzac reprend sa présence d'esprit, et s'écrie d'une voix formidable :|

— Que signifie tout ceci? Quels sont les audacieux qui se permettent à cette heure de violer mon domicile?

Je pars d'un grand éclat de rire, — je lui réponds d'une voix ferme :

— Cela signifie, monsieur de Balzac, que vous êtes bafoué et mystifié par moi. — J'ai voulu venger mon sexe calomnié par vous dans votre *Physiologie du mariage*, j'ai voulu prouver à son auteur que, quoi qu'il en dise, il se rencontre et se rencontrera toujours des femmes assez courageuses et vertueuses pour savoir à l'occasion résister à toutes les séductions.

Cette dame que vous voyez là, c'est ma mère, — la

camériste fidèle dont je vous ai parlé, qui veillait sans cesse sur sa fille, — elle était du complot ; — ce grand escogriffe, qui se tord dans des convulsions de rire, c'est un *nègre faux teint*, — c'est mon camarade, un simple figurant à l'Opéra. Lève la manche de ton habit, Pasléger, — prouve à Monsieur que ta peau est aussi blanche que la sienne. — De tout ceci, mon bon ange peu gardien, vous devez conclure que je ne suis pas la fille de M. le duc de la Roche-Antique, pas plus que la fiancée du comte de Champs-Nouzielles ; que je ne suis en réalité que Irène Cobald, une figurante de l'Opéra... Je me retire donc, satisfaite de ma vengeance,—en vous disant, cher monsieur de Balzac, que lorsqu'un chasseur tient en ses mains une caille, il doit savoir la plumer, la cuire et la croquer... et votre caille s'envole.

A ce poignant persifflage, M. de Balzac, qui s'était arrêté au milieu du boudoir, immobile, comme frappé par la foudre, de pâle de rage et de colère qu'il était, devient pourpre ; le sang lui monte à la tête. Sa poitrine se soulève et s'abaisse comme le sein d'une femme fortement émue ; il chancelle, se jette sur le divan, porte ses mains à ses tempes comme pour comprimer le battement de ses artères... Il s'écrie d'une voix de possédé :

— Démon de l'enfer, misérable créature, sois maudite ! Tu m'as indignement mystifié et joué...

Auguste s'empresse de lui porter secours. Nous nous éloignons silencieusement.

Voilà, Messieurs, ce que j'avais à vous conter sur le plus grand des conquérants du cœur des femmes, monsieur de Balzac !

Ce sont là mes preuves morales, comme vous les nommez.

Êtes-vous satisfaits ? »

A cette simple interrogation, nous inclinâmes tous la tête, et d'une voix unanime nous répondîmes : « Au delà de nos espérances. »

— Un mot encore, Messieurs, reprend Irène. Nous nous sommes juré, réciproquement, un inviolable secret ; je vous en demande de nouveau la confirmation.

Six mains droites se levèrent spontanément ; elles voulaient dire : « Nous le jurons sur nos blasons. »

En nous retirant, sur la porte du salon, ce démon de jeune fille donna à chacun de nous une vigoureuse et cordiale poignée de main.

— A bientôt votre récompense bien méritée, mademoiselle, lui dit le marquis de Podensac.

## XI

### LA RÉCOMPENSE PROMISE EST EFFECTUÉE.

En effet, huit jours après, M<sup>lle</sup> Irène Cobald signait un brillant engagement de premier sujet pour la danse avec le directeur du grand théâtre de Bordeaux, dont les turbulents mais spirituels habitants sont constamment comme piqués par la tarentule, — ils sont fous de la danse ; — cette ville est donc l'Eldorado désiré de toutes les jeunes et fringantes adoratrices de Therpsicore.

Heureuse cette fois, M<sup>lle</sup> Irène partit immédiatement avec sa mère pour Bordeaux, laissant à Pasléger le soin de vendre leur riche mobilier, et ensuite d'aller les rejoindre.

Les journaux de Bordeaux annoncèrent avec emphase ses débuts, ses succès et ses triomphes.

Depuis cette époque, qu'est devenue ce brillant sujet ? Nous n'en savons absolument rien !

De son côté, M. de Balzac ne reparut plus dans notre loge ; se doutait-il que c'était nous qui étions la cause première de cette mystification ?

Il partit peu de temps après pour un long voyage en Italie, dès qu'il eut vendu à une puissante et riche société de librairie, pour une somme fabuleuse, la propriété de ses œuvres.

Il y a déjà, cher docteur, près de vingt-quatre ans que ces faits se sont accomplis, et neuf que notre ami a payé son tribut à la nature.

Ce secret a donc été religieusement gardé ; mais aujourd'hui il n'y a plus de raison pour le tenir sous clef. — C'est pour cela que je vous l'ai fait connaître.

Ainsi termina M. A. Thierry le long récit de son ami, en ajoutant avec un sourire narquois : *Si non è vero, è bene trovato*, comme dit un proverbe italien.

Le fond de cette nouvelle est vrai.

Mais il est bien probable que la folle du logis de ce spirituel et bon docteur l'aura embellie par quelques brillants oripeaux de son imagination.

# LÉON GOZLAN

## 1829 a 1840

# TABLE DES CHAPITRES

I. — Trois portraits aussi peu flatteurs que peu flattés.
II. — Mon jugement personnel.
III. — Comment je fais connaissance de cet homme de lettres.
IV. — La rue du Ponceau.
V. — Le cabinet de travail.
VI. — Coups de griffes et de bec, sans sourires.
VII. — Un futur auteur dramatique.
VIII. — Miel et vinaigre.
IX. — Aveux et confidences intimes.
X. — Où le libraire va être couché sur le gril de saint Laurent.
XI. — La pierre de touche, — une lecture, — effets qu'elle produit.
XII. — Revers de la médaille, — désastres commerciaux.
XIII. — Respect à la mémoire des morts.
XIV. — Suprême adieu à celui qui fut un des rayons du soleil de l poétique Provence.

# LÉON GOZLAN

## 1829 A 1840

« Malheur à qui le touche ! Touchez-le. il ven-
« dra une égratignure ; égratignez-le, il vous rendra
« une blessure. »

« A notre époque, Léon Gozlan n'est pas seulement
« le type de la conversation, il est aussi le *Benvenuto*
« *Cellini* du style. »

VAN ENGELDOM (Jules Lecomte.)

« Il m'est insupportable, votre Léon Gozlan ! Tout
« nouvel ouvrage que je publie, il le dépèce par basse
« jalousie ; il le dévore comme un chacal le fait d'une
« brebis. Vous ne connaissez pas son caractère despo-
« tique et tracassier ; vous vous repentirez un jour de
« vous être lié, sans me consulter, avec lui. »

HONORÉ DE BALZAC.

## I

TROIS PORTRAITS AUSSI PEU FLATTEURS QUE PEU FLATTÉS.

Je l'ai déjà dit quelque part, je ne saurais trop souvent le répéter : je ne puis me considérer, dans la véritable acception du mot, comme un homme de lettres ; je manque d'éducation classique ; je ne suis qu'un ancien libraire qui, à la vérité, doué d'une bonne mémoire, ayant beaucoup vu, a beaucoup retenu.

Je ne suis qu'un *littérateur de contrebande*, mais en revanche, je suis un *piocheur* et un *chercheur*.

Partout où je fouille, si je rencontre un fait qui mérite d'être conservé, je m'en empare sans la plus légère vergogne; mais en compilateur de bonne foi, parce que j'ai en horreur les plumes du geai de notre bon La Fontaine, je cite exactement le nom de l'auteur et le titre de son livre, et c'est justice : à chacun le sien.

C'est ainsi que dans mes recherches, j'ai découvert trois portraits de Léon Gozlan, dans trois ouvrages différents.

Le premier, dans les *Lettres sur les écrivains français*, par *Van Engeldom*, petit volume de 168 pages in-32, soi-disant imprimé, en 1837, à Bruxelles;

Le second dans le *Dictionnaire de la conversation et de la lecture* ;

Le troisième enfin dans les *Biographies des contemporains*.

A M. Van Engeldom, l'honneur d'être cité le premier : je vais rapporter *in-extenso* son portrait, parce qu'il était l'ami très-intime de Léon Gozlan.

En écrivant cet article, Jules Lecomte (Van Engeldom), mort il y a quelques années, s'était rappelé ce vieux proverbe :

« Qui aime bien, châtie bien. »

Il a vigoureusement fustigé son ami, vous allez en juger :

« M. Léon Gozlan, que nous connaissons tous par son *Notaire de Chantilly* et par bien d'autres œuvres, est le type de l'esprit de conversation, comme il est le *Benvenuto Cellini* du style.

« Le *Corsaire* a depuis longtemps M. Gozlan pour actif rédacteur, et on ne risque pas de se tromper en disant que les plus jolis articles de ce journal découlent de sa plume incisive.

« Son influence est fort grande : tout le monde le craint, et il ne craint personne.

« A Paris, les petits journaux (ces petits journaux sont le *Corsaire*, le *Charivari* et le *Figaro*) se tiennent par la main et démolissent les grands, si cela leur fait plaisir.

« M. Gozlan est un des athlètes les plus vigoureux de cette presse redoutable et si redoutée.

« Malheur à qui le touche! Touchez-le, il vous rendra une égratignure ; égratignez-le, il vous rendra une blessure. Il n'y a pas d'exemple qu'un journal ait jamais dit du mal du talent de M. Gozlan.

« Les lignes que je viens d'écrire sont peut-être les plus franches et les sévères qu'il ait eues à subir, et si j'étais autre chose qu'une espèce de feuilletonniste *marron*, qui donnera sa démission avec la signature du dernier de ces articles, j'aurais tout à redouter pour mon œuvre présente, si elle en valait la peine, ou pour celle que je ferai un jour, si je deviens propre à en concevoir une.

« M. Gozlan a trente-deux ou trente-quatre ans, il a été marin dans la Méditerranée et au Sénégal, ainsi que l'annoncent quelques-uns de ses articles; né à Marseille comme Méry et Barthélemy, il a quitté cette ville pour Paris, qu'il habite depuis huit ans environ. Il débuta par être commis de libraire, tout en faisant des vers, avec le produit desquels il s'était figuré, en quittant Marseille, pouvoir vivre à Paris.

« Plus tard, il fut du *Figaro*-Bohain, et c'est là qu'il commença à se rendre redoutable. Il a des amis partout : A. Karr, Auguste Luchet, Jules Sandeau, sont les plus ardents; un coup de sifflet d'éveil suffit pour faire tirer la plume du fourreau à ces francs-maçons littéraires. C'est une sorte d'assurance mutuelle où les risques sont garantis, et dont les primes se payent en dévouement.

« Physiquement, M. Gozlan est petit, brun, vif, mais

médiocrement distingué : son œil brûle quand il darde, sa toilette est convenable, mais n'atteint pas à l'élégance. Il est marié et a de petits enfants. Peut-être est-ce à cette dernière circonstance qu'on doit ces gracieuses nouvelles, le *Croup*, *Rog*, etc., où les larmes viennent aux yeux, quand il parle des petites filles, » *moitié fruit, moitié chair,* » comme il dit lui-même quelque part.

« M. Gozlan fait de jolis vers, bien qu'il ne soit plus commis en librairie ; mais il n'en publie que fort peu.

« On croit dans la littérature qu'il a dessein de se livrer à la littérature dramatique; quelques initiés affirment même qu'il a déjà conçu quelques actes..... Mais ceci se dit en tremblant;..... car si M. Gozlan le savait,..... s'il savait qu'on sait cela !

« Un roman qu'on a réimprimé chez nous sous le nom de Michel Raymond, et qui a pour titre : *les Intimes*, est de la collaboration de M. Léon Gozlan, avec M. Raymond Brucker (le Michel Raymond d'aujourd'hui).

« Le pseudonyme *Michel Raymond* a été longtemps alimenté par trois plumes, celles de MM. Raymond Brucker et Michel Masson, qui prêtèrent chacun un demi-nom pour le composer, et enfin par M. Léon Gozlan.

« A propos des *Intimes*, M. Léon Gozlan, qui n'avoue pas sa collaboration complète à ce livre, dit qu'il n'a écrit pour cet ouvrage que quelques chapitres ou articles, comme il fait dans les journaux, sans qu'on ait droit de dire que ces journaux sont de lui. »

A un autre portrait maintenant :

« Léon Gozlan, moins bien partagé du côté de la fortune que de celui de l'intelligence, se sentait poussé par une volonté irrésistible vers la littérature ; il y entra bientôt par une porte dérobée, celle du journalisme satirique.

« Son talent vif, souple, mordant, le rendait merveilleusement propre à ce genre de travail, et cette production quotidienne et rapide fut pour sa plume déliée la meilleure des éducations.

« Il devint un des plus actifs collaborateurs du *Figaro*.

« Plein de saillies, original, sans aller jusqu'à l'excentricité, il excellait dans le paradoxe, et mieux que personne il faisait l'article de genre.

« Déjà habile dans l'art de raconter, il publia dans l'*Europe littéraire* et dans la *Revue de Paris* des nouvelles qui attirèrent sur son nom l'attention sympathique de bons juges. Il n'avait montré jusque-là que de l'esprit, il fit preuve dans ses contes d'un sentiment passionné et d'une remarquable délicatesse d'observation.

« Bien qu'il n'eût pas beaucoup d'haleine, bien qu'on lui eût conseillé de s'en tenir aux courtes historiettes, il se hasarda dans le roman.

« On vit successivement paraître de lui : *le Notaire de Chantilly*, en 1830 ; *Washington Levert et Socrate Leblanc*, en 1831 ; *le Médecin du Pecq*, en 1839 ; *la Dernière Sœur grise*, en 1842 ; *le Dragon rouge*, en 1843 ; *Aristide Froissart*, en 1844 ; *les Nuits du Père-Lachaise*, en 1845 ; *le Lilas de Perse*, en 1853 ; *Georges III*, en 1854 ; etc., etc.

« Il avait, dès sa jeunesse, conçu le projet de retracer dans une série de romans, qui devait porter un titre général : *les Influences*, le tableau des mœurs de certains hommes, que leur condition appelle à exercer, sur ceux qui les entourent, une domination avouée ou secrète. C'était enfin un vaste cadre ; mais deux portraits seulement de cette galerie ont paru : *le Notaire de Chantilly* et *le Médecin du Pecq*.

« Tout en écrivant ces livres, il ne cessa pas d'enrichir les Revues, de petits romans qui, pour être d'une dimension moindre, n'en ont pas fait moins de sensation.

« Quelques-unes de ces nouvelles ont été recueillies dans *les Méandres* (1834), *la Nuit blanche* (1844), *les Ven-*

*danges* (1853), *le Tapis vert* (1855). On relira toujours avec intérêt *la Frédérique, Comment on se débarrasse d'une maîtresse, un Homme arrivé*, et cette amusante série d'articles qu'il a rattachés par l'invisible lien d'une pensée commune, *les petits Machiavels*, contes charmants, où la réalité de l'observation le dispute à la saveur piquante du style.

« Mais ce qui le distingue surtout, c'est une implacable ironie. Jamais la fausse érudition ne fut aussi bien raillée que dans son *Histoire de quatre savants*..

« Cette facilité de talent s'est fait principalement remarquer dans un genre de travail un peu plus sérieux, tâche infinie, entreprise depuis vingt ans, et qui sera aux yeux de plus d'un son titre le plus honorable, son *Histoire des Châteaux de France*. Deux volumes seulement en ont paru sous le titre de *Tourelles* (1839), mais les Revues en contiennent encore de brillants chapitres, *le Château de Luciennes*, entre autres, qui est un petit chef-d'œuvre.

« Doué de qualités si diverses, Léon Gozlan voulut s'essayer au théâtre. On pouvait craindre que la finesse de son dialogue ne fût pas à sa place sur la scène; mais *la Main droite et la Main gauche* obtint un succès légitime à l'Odéon en 1842. Il fut moins heureux avec *Ève* (1843), et *Notre-Dame-des-Abîmes* (1845). Deux autres drames, *le Livre noir* (1848) et *Louise de Nanteuil* (1854), n'ont pas été longtemps joués.

« Il a continué cependant de plus belle, et a daigné faire des vaudevilles : *Trois Rois, trois Dames* (1847), *un Cheveu blond* (1847), *le Lion empaillé* (1848), *le Coucher d'une étoile*, et *Dieu merci, le couvert est mis !* (1851).

« *Une tempête dans un verre d'eau, la Queue du chien d'Alcibiade* et *la Fin du Roman*, ont égayé le répertoire du Théâtre-Français.....

« L'ironie est son caractère distinctif. Quand il raconte

une tendre histoire, on sent qu'il reste en dehors de son œuvre, et que tout en faisant soupirer ses amoureux, il sourit de leur ivresse naïve ou de leur douleur. Aussi y a-t-il chez lui quelque chose qui arrête à moitié chemin l'émotion du lecteur et l'empêche de lui être tout à fait sympathique.

« Ses romans sont pleins d'interruptions désespérées et d'amers sarcasmes.

« Dans ce genre, rien n'est triste comme l'article qu'il a publié sur la Morgue dans le *Livre des Cent et un*.

« Il est des choses qu'on ne doit pas railler.

« Léon Gozlan sait la vie, mais il la sait trop. Il a lui-même fait sa profession de foi littéraire, lorsque, dans la préface du *Notaire de Chantilly*, il s'est écrié : « Plus de héros! des hommes! »

« Quant au style, il n'appartient à aucune école ; sa vivacité méridionale ne hait ni le clinquant ni les paillettes ; mais sa plume a des ressources infinies et sait prendre tous les tons. »

Cette seconde appréciation de notre écrivain est due au *Dictionnaire de la conversation et de la lecture*. L'article où elle est consignée porte la griffe de M. Paul Mantz, critique d'esprit et de goût.

Au troisième maintenant !

« Ruiné sous l'Empire, par les corsaires anglais, qui avaient capturé ses navires, M. Gozlan père tenait à réparer ses désastres, et il demanda à être aidé le plus tôt possible par son fils Léon, lequel semblait avoir toutes les conditions requises pour devenir *un loup de mer*.

« A dix-sept ans il fit voile pour l'Algérie avec une cargaison de vin de Champagne. La traversée fut heureuse, mais le liquide pétillant, trop chargé de gaz, éclata dans la route, à fond de cale, et notre héros débarqua sur la côte d'Afrique avec ses poches presque vides et un nombre considérable de bouteilles cassées.

« Il ne perdit pas courage.

« D'un caractère vif, hardi, résolu, comptant sur son intelligence, sur son audace et un peu sur le hasard, il traita avec un navire mexicain en partance pour la Chine.

« Mais à peine eut-il franchi Gibraltar, qu'une querelle s'éleva entre lui et le commandant du bord.

« On déposa le jeune homme à terre, et presque aussitôt il s'associa à une troupe de caboteurs qui allait explorer les côtes d'Afrique jusqu'au Sénégal.

« On relâche dans une île pour faire de l'eau. Le capitaine et Gozlan vont à la chasse ; ils sont cernés par des nègres. Un d'eux lance à notre Marseillais son poignard à la tête. L'arme siffle, fend la main que le jeune homme avait élevée pour parer le coup, et lui fait au front une entaille dont il montre encore la cicatrice. Il assomme plusieurs des agresseurs. Depuis lors sa rancune contre la race africaine l'a toujours empêché de faire la traite, comme ses ennemis l'ont prétendu.

« De retour de ses voyages, bien convaincu qu'il n'arriverait jamais à la fortune par le cabotage, il ne quitta plus Marseille, où il devint sous-maître dans une pension.

« De cette époque datent ses premiers essais littéraires. En 1828, l'envie lui prend de voir Paris, théâtre qui lui semble plus favorable à son avenir. Il y arrive avec un volume de poésies fugitives, que nul, hélas! ne veut acheter. Ne plaçant pas les produits de sa plume, il se fait pour vivre commis-libraire, et vend les œuvres d'autrui avant de vendre les siennes.

« Son compatriote Méry le tire de cette extrémité fâcheuse et lui ouvre les horizons du journalisme. Il s'escrime dans l'*Incorruptible*, dans le *Figaro*, dans le *Vert-Vert*, dans le *Corsaire*, etc, etc.

« Dès le premier jour, il se montre de première force.

« Agressif de sa nature et frondeur, il apporte à ces feuilles les articles les plus mordants, les plus acérés.

« Chacun tremblait devant ses attaques, et lui ne redoutait personne. Quiconque lui tirait un cheveu, était sûr de se faire arracher un œil.

« Parfois cependant il se montrait débonnaire et se contentait d'assommer l'agresseur avec l'arme dont on s'était servi pour le combattre.

« — Quelle impression avez-vous rapportée de la traite des noirs ? » lui demande une dame. — « Une vive admiration pour les blondes, » lui répond l'ex-marin. La dame était brune.

« On écrit qu'il a été pirate et qu'il a tué son capitaine.

« — C'est vrai, répond Gozlan ; on oublie seulement de dire que je l'ai mangé. »

« Il est le premier qui ait qualifié les républicains de *bouzingots*. Il a inventé le fameux serpent de mer du *Constitutionnel*, destiné à reparaître dans ses colonnes toutes les fois que les Chambres ne donnaient pas.

« Il n'a point de rival dans le genre satirique gracieux. Ses premières nouvelles se distinguent par un incontestable mérite de verve soutenue et d'originalité piquante. (Suit l'éloge de ses romans et de ses pièces.)

« Depuis *la Main droite et la Main gauche*, Louis-Philippe lui gardait une rancune profonde.

« Sur chaque liste de décorations proposées, sa plume royale biffait Léon Gozlan. M$^{me}$ de Girardin alla monter la tête au ministre Salvandy. Cette fois, son nom ne fut pas effacé.

« On l'appelle au ministère.

« Roger de Beauvoir le rencontre à l'antichambre :
« — Que fais-tu là ? » lui demande-t-il. — « Cher, répond Gozlan, je fais les stations de la croix ! »

« Disons-le toutefois avant d'aller plus loin, il réussit mieux dans la nouvelle que dans le livre de longue haleine.

« Chez lui, la corde du cœur ne vibre pas avec assez de puissance, les passions sont froides, le drame manque de souffle. Il émeut médiocrement, parce qu'il n'est pas ému. Les pages où il est supérieur sont celles où sa plume suit le courant de sa fantaisie, de son observation fine, de son sarcasme spirituel, de son *humour*.

« Plus il travaille, plus il progresse dans l'art difficile de composer avec simplicité et d'écrire avec goût. Son imagination n'éprouve aucune fatigue, elle rayonne de jeunesse et de fraîcheur.

« Gozlan est un écrivain de la vieille roche. Il respecte son art, et lui voue une adoration constante. Ses productions les plus légères sont châtiées et polies avec un soin extrême.

« Il se lève à deux heures du matin, s'excite à la veille par quelques gorgées de café, et travaille jusqu'à neuf heures. »

Ce troisième portrait est extrait d'un petit volume in-32, de cent huit pages, publié en 1853, dans la collection intitulée : *les Contemporains*, œuvre de M. Eugène de Mirecourt, connu à cette époque comme un biographe taquin, rageur, mordant et très-caustique.

## II

MON JUGEMENT PERSONNEL.

Eh bien, avouons-le, la main sur la conscience, aucun de ces portraits n'est ni flatté, ni flatteur.....

Moi qui, pendant huit ans (1831 à 1839), ai eu l'honneur de vivre dans une très-grande intimité avec l'auteur du *Médecin du Pecq,* moi qui, certes, plus que MM. *Van Engeldom, Paul Mantz* et *Eugène de Mirecourt*, ai été à même de juger d'après nature cet écrivain, je persiste à soutenir que leurs ébauches ont été inspirées par d'atroces calomnies, contre lesquelles je crois devoir protester de toutes mes forces, dans l'intérêt de la justice et de la vérité.

Aux trois critiques, je dois dire en toute franchise : Vous êtes d'implacables Zoïles, vous, M. Van Engeldom (Jules Lecomte), qui vous cachez, par prudence ou par couardise, derrière un honteux pseudonyme, vous, Parisien, homme de lettres, vous, ami, oui, ami très-intime de l'excellent Gozlan, vous n'avez pu dessiner votre portrait que sous l'empire d'une basse jalousie contre un talent plein de verve et d'éclat que vous désespériez d'égaler.

N'osant, en homme de cœur, attaquer en face votre ami, de crainte de sa dague acérée, ou au moins, de sa plume vive, mordante, incisive, comme vous dites, vous avez, en fuyant comme le Parthe, essayé de décocher lâchement un trait à son amour-propre. Ce n'est pas bien.

Vous, messieurs Paul Mantz et Eugène de Mirecourt, qui, à défaut d'autres mérites, avez eu du moins celui de signer vos croquis de votre nom, prouvant par là que vous étiez des hommes de cœur, francs et loyaux, ne craignant ni dague ni plume, vous avez eu le tort grave de ne vous inspirer, tout bonnement, tout simplement, dans votre œuvre, que de ce qu'il y a de vif, de piquant, d'acéré dans l'esquisse si vigoureusement tracée par le pseudo-belge Van Engeldom.

Ces emprunts sont d'autant plus répréhensibles, de votre part surtout, monsieur de Mirecourt, que vous-même, dans votre biographie d'Alexandre Dumas père, que vous piquez à la façon de l'aspic de Victor Hugo dans *Gaule et France*, vous vous élevez avec énergie, avec indignation, contre les littérateurs qui pillent leurs confrères, les copient servilement et s'approprient leurs idées. Eh bien! franchement, faites-vous autre chose vous-même?

Messieurs Van Engeldom, Mantz et de Mirecourt, je vous le répète, je ne cesserai de vous le répéter, vous êtes des Zoïles.

Tracer des portraits aussi peu flatteurs, aussi invraisemblables de mon excellent ami Léon Gozlan, ce n'est pas chose charitable de votre part.

Jamais, messieurs, vous n'avez vécu, comme moi, dans l'intimité la plus cordiale avec l'auteur du *Médecin du Pecq* ; vous calomniez, sans le connaître, un homme distingué. S'il était tel que vous le dépeignez, il y a longtemps qu'il vous aurait *démoli*, sinon envoyé *ad patres*.

Quant à moi, je le déclare, dans toute l'ingénuité de mon âme, pendant douze années, de tous les gens de lettres que j'ai connus je n'en ai jamais rencontré d'une aussi grande foi, d'aussi généreux, d'aussi rond en affaires d'écus, d'une aussi scrupuleuse exactitude à tenir ses engagements, d'une fidélité aussi loyale à la lettre des traités que mon vieil ami Léon Gozlan; je vais vous le prouver.

Jamais, non plus, au grand jamais, à ma connaissance, il n'a écrit un seul article méchant contre qui que ce soit...

Léon Gozlan est la mansuétude littéraire faite esprit.

« Vous calomniez *atrocement*, comme disait mon ex-neveu Alphonse Karr, le meilleur des gens de lettres, Léon Gozlan. »

Dans le récit des excursions maritimes de notre écrivain, la photographie de M. Eugène de Mirecourt prouve, une fois de plus, qu'il n'a jamais vécu dans l'intimité du *roi du paradoxe*, et qu'il ne l'a connu que de loin.

Voici ce que Léon Gozlan lui-même m'a souvent raconté au sujet de la pacotille de vin de Champagne.

« Nous étions déjà loin de terre, nous commencions à perdre les côtes de vue, lorsque la brise qui enflait nos voiles tomba tout d'un coup, et notre goëlette resta immobile sur les flots calmes et unis comme une glace...

« Un calme à bord, c'est ce qu'il y a de plus affreux au monde... Demeurer toujours là, à la même place, interrogeant le ciel pour y découvrir un symptôme de vent... Cette vie de bord, pour peu qu'elle dure, devient insupportable... La lassitude qui vous gagne pèse sur vous comme une calotte de plomb et engourdit toutes vos facultés.

« Un jour, le capitaine et moi, après notre dîner silencieux, enfermés dans la cabine qui nous servait de salle à manger, plus rongés encore d'ennui qu'à l'ordinaire, las de jouer sans cesse aux cartes pour tuer le temps, nous allâmes, afin de varier nos plaisirs, nous reposer un intant et essayer de faire la sieste.

« Soudain, une idée me traverse l'esprit comme un boulet de canon....

« Sans rien dire à mon capitaine, je le quitte, je descends dans la cale ; je vais à la place qu'occupent mes caisses de vin de Champagne ; j'en ouvre une ; j'en extrais deux bouteilles et je remonte tout joyeux rejoindre mon Jean Bart.

« Je l'invite à goûter mon Moët ; il accepte, nous buvons, et mes deux bouteilles disparaissent.

« En titubant j'en vais chercher deux autres, qui ont le même sort... puis deux autres, puis deux autres encore... et nous roulons sous la table.

« Le calme continuant, je continuai aussi à me désennuyer de la sorte, — mais pas seulement avec le capitaine, avec les matelots, avec tout le monde, — si bien que je bus ma pacotille entière, et qu'il n'en resta plus en débarquant que des bouteilles vides ou cassées. »

J'aime mieux, pour ma part, je l'avoue, cette confession franche et loyale de la victime, que tous les coupables procédés de ses calomniateurs ! ! !

III

**COMMENT JE FAIS LA CONNAISSANCE DE CET HOMME DE LETTRES.**

C'est en 1829 que je fis la connaissance de Léon Gozlan, dans les bureaux du journal, assez peu monarchique, *la Jeune France*, dont il était un des plus fermes appuis, avec Auguste Luchet et Isidore Bourbon, l'un de nos médecins littéraires les plus doctes et les plus spirituels.

A cette époque, je venais de publier *les Lettres à Camille* sur *la Physiologie de l'homme* et *la Physiogno-*

*monie*, deux des plus brillants ouvrages du savant Esculape. Le docteur est resté constamment mon ami, et il n'avait pas perdu un seul des siens à l'époque où la mort le frappa, en 1862.

C'est seulement en 1831 que commencèrent mes rapports d'affaires avec Léon Gozlan.

Je lui confiai en ce temps-là plusieurs articles, qui virent le jour dans *Paris au XIXe siècle*, espèce de *tableau de Paris*, dans le genre de celui de Mercier, dont les divers fragments étaient signés de tous les jeunes écrivains qui ont fait, depuis, la gloire de notre littérature moderne.

*Le Notaire de Chantilly* parut chez Dumont, en 1832.

La lecture de ce roman, si remarquable par le style et, surtout, par les observations de mœurs dont il abonde, me suggéra l'idée de m'approprier un jeune talent qui, dès son début, présageait un si brillant avenir.

Ce projet bien arrêté dans ma tête, je le mis immédiatement à exécution :

J'allai en conséquence trouver mon ami Levavasseur, un des éditeurs les plus instruits, les plus spirituels, les plus en vogue de l'époque.

Depuis trois ans déjà (en 1829), il avait traité avec Léon Gozlan, pour trois mille francs, dont deux mille avaient été payés d'avance, en signant le traité, pour un roman historique *à faire et à livrer au bout de six mois*, intitulé *Saint-Pierre de Rome* ou *la Mule du Pape*.

Trois ans s'étaient écoulés et Levavasseur attendait en vain la remise de ce bienheureux manuscrit qui l'aurait fait rentrer dans ses deux mille francs déboursés, avec les trois cent soixante francs d'intérêt.

Malgré mille courses incessantes, il n'obtenait rien de l'auteur, qui venait pourtant de publier chez Dumont *le Notaire de Chantilly* et continuait à collaborer dans les Revues, paraissant se soucier fort peu des doléances de son éditeur affamé.

J'étais convaincu que je serais plus habile et plus heureux que lui.

Je rachetai donc à Lèvavasseur l'acte qui semblait lui assurer la publication du futur manuscrit de *Saint-Pierre de Rome* et je lui remboursai, bien entendu, les deux mille francs payés à l'avance.

Le jour même où je fis cette brillante acquisition, tout joyeux, tout fier d'avoir conquis un écrivain aussi distingué, d'un talent vraiment original, je courus chez de Balzac lui annoncer cette bonne nouvelle.

« — Comment! s'écria-t-il de sa plus grosse voix, avec l'accent de la plus violente colère, comment! sans me consulter sur vos projets, vous avez traité avec un homme qui m'est aussi antipathique ! — Vous vous êtes déjà bien trouvé de mes conseils en ne traitant ni avec Capo de Feuillide, ni avec Granier de Cassagnac, et vous allez sottement vous engouer, vous affubler de ce Léon Gozlan qui m'est insupportable ! — A chaque nouvel ouvrage que je publie, il le dépèce par basse jalousie, et le dévore comme un chacal dévore une biche. Je vous le dis avec regret, dans ma pleine et entière conviction, il vous sera funeste, ce Léon Gozlan, dont vous ne connaissez pas l'esprit tracassier et le caractère absolu ! Vous vous en repentirez ! »

Je n'avais jamais vu Balzac dans un tel paroxisme de colère : sa voix vibrante faisait trembler les vitres, sa respiration l'étouffait, sa poitrine se gonflait comme celle d'une femme en proie aux plus violentes émotions.

Je fus abasourdi de cette explosion de fureur de mon despote auteur, si jaloux d'être le seul soleil radieux de ma boutique littéraire....

En cette circonstance, maître de Balzac, comme on le

verra dans le cours de cet article, fut un prophète de malheur !

Je puis bien me donner un démenti. Lorsque j'écrivais mon chapitre : *Mon jugement personnel,* je m'exprimais contre ma propre conviction, contre ma pensée ; mais c'était dans l'intention d'apporter aux trois portraits que je rappelais une vigoureuse opposition, un contraste complet.

On en jugera du reste. Mais continuons.

## IV

### LA RUE DU PONCEAU.

Avant de parler de mes rapports commerciaux comme libraire avec Léon Gozlan, rapports qui me placèrent souvent sur le *lit de roses* du roi Montezuma et de son premier ministre, je vais essayer de raconter notre cordiale et sympathique camaraderie. Gozlan était trop absolu, trop tracassier, trop irascible, il est vrai, mais il possédait au plus haut degré, dans ses relations privées, de très-rares qualités qui l'ont fait aimer de tous ceux qui l'ont connu dans l'intimité.

Rendons-lui, tout d'abord, la justice qui lui est due.

Jamais, pour cet homme de lettres, je n'ai été son *marquisat de Toussaint Quinet,* comme l'était ce libraire de Scarron ; jamais il ne m'a emprunté de l'argent, et bien plus, jamais, malgré mes invitations réitérées, il n'a voulu partager le dîner de son libraire ; il savait conserver la dignité qui convient à un homme de lettres.

Lorsque pour la première fois, en 1831, j'allai rendre visite à cet écrivain pour lui annoncer que j'avais acquis son traité avec Levavasseur, *la Conjuration*..... ou *Saint-Pierre de Rome*, il en parut enchanté.

Il n'était pas riche alors, ou du moins il ne voulait pas le paraître, car il habitait rue du Ponceau, au sixième étage, sous les toits, non pas ce que l'on nomme un appartement, mais bien un modeste logement mansardé sur le devant, obscur, même en plein midi, et très-incommode.

Lors donc que je sonnai à la porte, ce fut le maître du logis lui-même qui vint m'ouvrir; il n'avait pas le luxe d'une domestique.

Parlons de sa toilette :

Il était en déshabillé de travail, en simple paletot couleur gris perle, vêtement bien vieux, bien ratatiné, bien déformé par un long usage; un large pantalon à la cosaque comme on les portait alors, en futaine de laine rouge, à pieds; son chef, qu'enrichissait une chevelure abondante naturellement bouclée, était coiffé d'un bonnet de soie d'un rouge éclatant, à longue houppe retombant sur l'épaule; des babouches de buffle jaune chaussaient ses pieds; un foulard de soie rouge s'enroulait négligemment autour de son cou musculeux. — Tel m'apparut, dans son négligé de travail, mon futur ami.

J'ai parlé d'un logement et non d'un appartement, j'ai escaladé assez souvent pendant six ans les cent six marches qui séparaient du sol ce nid de poëte, pour que son souvenir me soit toujours présent à la mémoire.

N'allez pas croire, bienveillant lecteur, que dans cette description, selon le style fort peu poétique d'un huissier ou d'un commissaire-priseur, j'aille vous décrire l'ameublement de cet abri contre les intempéries des saisons.

Je vous dirai seulement que, dans toutes les pièces, depuis les parquets jusqu'aux meubles riches et élégants, brillait une propreté minutieuse qui dénotait la main vigilante d'une jeune maîtresse de maison, jalouse de bien tenir son ménage et de plaire ainsi à son mari, très-jaloux lui-même d'une propreté excessive.

J'ai déjà dit que Gozlan n'était pas riche alors, mais par ses incessants travaux de jour et de nuit il était en train de le devenir. Il habitait donc rue du Ponceau, dans une maison très-élevée, un *logement*.

Cette rue, à l'époque dont je parle, était l'une des plus boueuses et des plus bruyantes de Paris, à cause des établissements des commissionnaires de roulage, dont les lourdes voitures pesamment chargées et les bruyants camions étourdissaient de leur bruit de ferraille les oreilles des paisibles habitants de cette rue commerçante.

Pourquoi avait-il choisi cette rue pour y placer sa tente de voyageur ?

Les loyers n'y étaient pas chers, voilà le vrai motif.

Il y en avait encore un second.

C'est que ce locataire était voisin des spectacles des boulevards, qu'il fréquentait, puis à proximité des imprimeries dans lesquelles se publiaient ces feuilles légères nommées *le Figaro, le Corsaire, Vert-Vert*, etc., etc.

Vous rappelez-vous le refrain de cette chanson populaire qui commence par ces vers descriptifs de la bohême indépendante d'un travailleur :

> Je loge au sixième étage,
> C'est là que finit l'escalier ;
> Je suis ma femme de ménage,
> Mon domestique et mon portier.

C'était donc au sixième étage que perchait le futur *président* de la *Société des gens de lettres*, et plus tard, en 1866, celui de l'*Association des compositeurs et auteurs dramatiques*.

*Crescebat rivulus eundo*.

## V

### LE CABINET DE TRAVAIL.

Dans quelques-uns de mes articles j'ai décrit les cabinets de travail de Balzac, d'Alphonse Karr, d'Henri Berthoud et autres ; je ferai de même pour le cabinet de travail de Gozlan. Lorsqu'il s'agit d'un écrivain aussi distingué, rien ne peut être oublié.

Dans chacun des cabinets dont j'ai parlé, par leurs ameublements, leurs embellissements originaux, il était facile de préjuger les goûts, les fantaisies, l'humeur, le caractère et les aptitudes pour tel ou tel genre d'étude, soit littéraire, soit historique ou poétique de celui qui l'habitait.

Il en sera ainsi chez Léon Gozlan.

De ce très-modeste logement, une seule pièce mérite une mention toute particulière : c'est le cabinet de travail.

Cet asile était très-solitaire, très-paisible, bien qu'il fût huché au sommet d'une maison de la rue du Ponceau ; à cette hauteur, nul bruit ne se faisait entendre.

Je suis fatigué de mon voyage aérien pour atteindre à l'empyrée de ce poëte ; faisons un temps d'arrêt.

Pour décrire les richesses artistiques et autres que renfermait ce *sanctum sanctorum*, ce laboratoire de la pensée, il me faudrait posséder la plume descriptive de Walter Scott, cet érudit greffier de la cour des Plaids d'Edimbourg, qui ne passait jamais un seul clou, un seul objet si minime qu'il fût, sans le dépeindre avec amour, dans ses admirables descriptions archéologiques ; ou celle de son rival, son imitateur et son émule, le célèbre de Balzac.

A défaut de ces plumes d'or, moi qui n'en possède qu'une bien modeste en laiton, je vais essayer cependant de parler de ce cabinet : je ne veux parler au surplus que des objets qui seront à la portée de mes faibles facultés.

« *Fais ce que tu dois, advienne que pourra,* » dit un antique proverbe.

Précisons bien la situation et les dimensions de cette pièce située au fond du salon, à gauche, la porte masquée par une épaisse tapisserie de couleur brune se confondant avec celle du papier qui recouvrait les murs du salon.

Ce cabinet de travail, perché au sixième étage, avait environ six mètres de profondeur sur cinq de largeur ; il était éclairé au levant par une fenêtre-balcon, en retrait de trois mètres sur la maison voisine.

De ce point culminant on ne pouvait apercevoir le sol de la rue ; la vue s'arrêtait sur les maisons d'en face vers les quatrièmes étages ; mais, par compensation, l'on y jouissait d'un admirable panorama à perte de vue, de cheminées, de tuyaux, de lucarnes et de toits magnifiques, diaprés des tons les plus tranchés, rouge, bleu, brun ou blanc, selon que ces toits étaient recouverts en tuiles de toutes les nuances, en ardoises ou en zinc ; ce bariolage de couleurs les faisait ressembler à s'y méprendre à un vaste jardin de fleurs, et même ils pouvaient rappeler les jardins fabuleux de Sémiramis à Babylone.

Ces toits étaient l'Eldorado, le lieu de rendez-vous de tous les matous du voisinage, qui se battaient à outrance pour une Hélène aux griffes aiguës ; ils chassaient ensuite les rats et les souris qui abondaient dans tous les greniers comme sur les gouttières. Malheur, trois fois malheur à l'imprudent pierrot qui, dans un jour d'orage, venait chercher un asile sur ces toits inhospitaliers ! A peine y avait-il mis les pattes, que sournoisement, traîtreusement, une griffe le happait ! Il était mis à mort et dévoré, sans même avoir été plumé !

Parlons maintenant des meubles : ils n'étaient nullement, par leurs dimensions, en rapport avec l'exiguïté du local.

En face de la fenêtre-balcon, un vaste lit-divan, garni de tous ses accessoires obligés, recouvert en coutil à bandes alternativement bleues et blanches, s'harmoniait avec le simple papier gris mat qui tapissait les murs.

Ce divan occupait tout ce côté.

Sur ce lit-divan se reposait le jour et dormait la nuit Gozlan ; son large bureau en vieux chêne, recouvert d'un tapis vert usé jusqu'à la corde, était placé tout auprès avec un large fauteuil à la Voltaire également en chêne ; deux chaises à dossiers très-élevés complétaient cet ameublement ; l'on ne pouvait circuler à l'entour.

A la tête du lit l'on remarquait un antique et grand bahut en chêne vigoureusement fouillé par le ciseau d'un habile sculpteur sur bois ; sur ce meuble l'on voyait le torse colossal en plâtre du bel Aristomène.

C'était dans ce bahut que, toutes les fois qu'il s'absentait de chez lui, Gozlan serrait précieusement (de crainte des voleurs) ses manuscrits et ses papiers les plus précieux ; il en emportait toujours la clef sur lui.

Au-dessus du divan, tout le long du mur, se déroulaient les plus beaux modèles en plâtre, moulés sur les bas-reliefs du Parthénon d'Athènes ; des deux côtés de la cheminée en marbre noir, *à la Franklin* et non *à la Prussienne*, comme on la nomme vulgairement (1), sur deux crédences en bois peint en noir, se voyait une collec-

---

(1) C'est l'illustre Franklin, lorsqu'il habitait à Passy, qui inventa, pour son propre usage, ce mode de cheminée, qui a été perfectionné par les Français et non par les Prussiens.

tion de pipes en terre rouge, noire ou blanche, collection curieuse et très-originale, peut-être unique, rapportée par ce collectionneur original et économe de ses voyages sur les côtes d'Afrique ; pipes qui, par leur couleur, annonçaient un long usage.

Au-dessus de ces pipes l'on remarquait, appendus, des trophées moins pacifiques : c'était une collection d'armes de combat, telles que kricks malais, yatagans, stylets, poignards, etc., objets qui dénotaient chez leur propriétaire les aptitudes guerrières.

Lorsque pour la première fois je vis ces armes, j'en témoignai mon étonnement à Gozlan, qui, sans mot dire, détacha un formidable krick, le tira de sa gaîne en peau de chien marin, le plaça sous mes yeux et me dit :

— Vous voyez bien cette arme, c'est le plus beau fleuron de ma panoplie. Au Sénégal, mes camarades et moi fûmes traîtreusement attaqués dans une forêt par une bande d'esclaves marrons ; je fus frappé au visage par l'un de ces misérables ; j'étais fort et vigoureux, je terrassai celui qui m'avait blessé, je lui arrachai cette arme.

— Diable ! lui répondis-je, mais que fîtes-vous de cet esclave ?

— Belle question, en vérité, que vous me faites là ! Parbleu ! je le mis à mort comme un mécréant qu'il était. Voyez sur ma figure la balafre que ce chien de Sénégalais m'a faite !..... Et il me fit voir une cicatrice, que je n'avais pas encore remarquée.

Entre la porte-fenêtre, à droite, et la cheminée, se trouvait un modeste petit corps de bibliothèque, consistant en six étagères en bois de sapin, qui formait un contraste très-étrange avec la richesse des objets qui l'accompagnaient.

Si le contenant était primitif, le contenu était d'une immense richesse. Jugez-en :

Sur ces rayons étaient placés tous nos classiques français, depuis le quinzième siècle jusqu'au dix-neuvième; tous nos grands poëtes, prosateurs, moralistes, historiens, tous l'honneur et la gloire de la langue française.

La judicieuse réunion de ces ouvrages prouvait surabondamment que leur propriétaire était un amant passionné des anciens, un écrivain de la vieille roche.

Puis, parmi ces ouvrages, se faisait remarquer un choix d'auteurs classiques latins, grecs, italiens, espagnols et anglais, tous publiés dans leur langue originale.

Léon Gozlan n'admettait pas que l'on pût admirer le génie d'un auteur étranger, dans une traduction qui laisse toujours à désirer.

— Combien, disait-il, n'a-t-on pas fait de traductions d'Horace, de Tacite, Anacréon, Homère, Milton, Cervantes, etc.! pour ne nommer que quelques auteurs pris au hasard. Eh bien! citez-moi une de ces traductions qui soit parfaite!... qui fasse connaître et admirer le génie de l'écrivain? C'est dans le texte seul qu'il faut lire un auteur étranger.

Aux choses très-originales que je viens d'énumérer, il convient d'ajouter une précieuse collection, rangée sur deux tablettes en face du bahut, de portraits-charges en plâtre et en terre cuite des célébrités artistiques ou littéraires de l'époque, tels que Balzac, Soulié, Foucher, etc., de l'habile et satirique M. Dantan.

Si à ces originalités vous ajoutez encore de magnifiques gravures modernes encadrées en simple bois de palissandre, offertes par les artistes qui les avaient gravées, à leur protecteur et ami, vous aurez, à peu de chose près, idée de ce musée au petit pied, de ce cabinet de travail de Léon Gozlan, cet intrépide et fécond travailleur.

C'est dans ce *sanctum sanctorum* que cet infatigable

écrivain était constamment en rapport avec les muses, ses sœurs en Apollon !

## VI

COUPS DE GRIFFES ET DE BEC, SANS SOURIRES.

En attendant que Léon Gozlan voulût bien me remettre le précieux manuscrit que j'attendais déjà depuis plus de deux ans, *la Conjuration du soulier,* ou *Saint-Pierre de Rome,* je pelottais en quelque sorte avec lui.

En 1834, je publiai *les Méandres*, en 2 volumes in-8°, recueil de douze nouvelles déjà parues dans les journaux ou les Revues.

A cette occasion, je fus témoin d'une scène très-extra-littéraire et très-orageuse, je vous l'assure, par les plus ronflantes et les plus sanglantes épithètes que lançait Gozlan à son ancien collaborateur des *Intimes*, maître Raymond Brucker, que je retrouve souvent dans mes souvenirs.

Brucker allait publier sous quelques jours *les Soirées de Corbeil*, par Michel Raymond. Ce fut Gozlan qui, un matin, vint me prévenir de cette infraction que j'ignorais.

Depuis deux ans sur mes couvertures de livres, dans mes catalogues, j'annonçais : *Sous presse, pour paraître prochainement, les Soirées de Corbeil, par M. Léon Gozlan, 2 vol. in-8°.* Il avait pris le nom de cette petite ville, parce que chaque année, aux vacances, avec M<sup>me</sup> Gozlan et sa jeune fille, il allait y passer quelques jours, chez sa belle-mère, qui l'habitait.

L'on conçoit la fureur et l'indignation de Gozlan lorsqu'il apprit cette usurpation de titre par son ancien ami.

A une avalanche de justes reproches, très-mérités cette fois, Brucker, qui courbait la tête, la releva tout à coup, sous une parole plus acérée que les autres, et répondit à son fougueux adversaire :

— Est-ce que je savais, moi! que tu avais pris ce titre?....

Il fallut donc substituer un autre titre à l'ouvrage de Gozlan : ce fut celui de *Méandres*, inspiré par la conduite de Raymond Brucker, qui s'était engagé par traité avec moi, à ne rien publier en son nom jusqu'à ce qu'il m'eût livré son ouvrage intitulé : *Mensonge*.

Non-seulement il me frustrait du titre de ce livre, mais encore il frustrait son ami, son collaborateur aux *Intimes*, d'un titre qui lui appartenait.

Un titre est une propriété.

Depuis longtemps, saint Raymond Brucker, je t'ai pardonné cette coupable infraction; mais je doute fort que jamais tu pardonnes à Léon Gozlan les *couleuvres* qu'en cette circonstance il te fit avaler, dans l'explosion de sa légitime colère.

En 1837, je réimprimai en deux volumes in-8°, *Washington Levert et Socrate Leblanc*, cet ébouriffant paradoxe, qui avait paru déjà dans la *Revue de Paris*.

Avouons-le, malgré les articles nombreux et fort louangeurs que l'auteur sut obtenir de ses confrères les journalistes, qui n'osaient lui refuser le concours de leurs plumes laudatives, cette œuvre obtint les honneurs d'un *four* complet.

*L'Enfant de Dieu*, d'Antony Thouret, m'avait fait boire un amer *bouillon*. *Washington Levert et Socrate Leblanc* m'en firent avaler un plus atroce encore.

La presque totalité de l'édition ne fit qu'un saut de ma boutique dans celles des épiciers et des marchands de tabac.

Puisque mes souvenirs me ramènent à M. Antony Thouret, qu'il me soit permis de glisser ici quelques mots sur cet illustre auteur.

Vous pensez bien que je n'ai pas la prétention de parler longuement de tous les littérateurs dont j'ai édité les œuvres.

Je ne m'occupe que de quelques-uns des écrivains d'élite dans l'intimité desquels j'ai eu l'honneur de vivre.

En 1848, pour l'acquit, sans doute, de mes vieux péchés, j'eus la malheureuse idée de publier une *Biographie impartiale des neuf cents représentants à l'Assemblée constituante.*

J'adressai, à cet effet, à chacun des élus du peuple une circulaire pour les inviter à m'envoyer leur profession de foi, et tous les documents nécessaires pour faire rédiger par mon vieil ami Eugène de Monglave les notices qui les concernaient.

Que de notices curieuses n'ai-je pas reçues des représentants eux-mêmes qu'elles concernaient, quand, par bonheur, ils savaient lire et écrire !

Qu'il serait intéressant aujourd'hui de publier ces notices originales écrites par ces citoyens démocrates si habiles à *se faire mousser* sans vergogne !

Or, en ce temps fortuné, déjà si loin de nous, il arriva, un beau matin, qu'un gendarme à cheval vint m'apporter une dépêche volumineuse, dont je dus signer le récépissé.

Elle contenait la lettre suivante :

« Citoyen éditeur !

« Je vous adresse les notes incluses pour la biographie que vous me destinez. Veuillez m'en accuser réception.

« Salut et fraternité !

« Antony Thouret. »

Dans ces notes modestes, l'honorable représentant rappelait avec complaisance tous ses titres littéraires comme poëte, historien, auteur dramatique, romancier, etc., etc.

Je pris la plume, et je répondis incontinent par le même gendarme :

« Citoyen représentant !

« J'ai l'honneur de vous accuser réception des notes que vous avez bien voulu m'adresser pour faire rédiger votre biographie.

« Je vous ferai remarquer seulement que, parmi tous les titres littéraires qui doivent transmettre votre nom à la postérité la plus reculée, père ingrat que vous êtes ! vous avez oublié celui de *l'Enfant de Dieu*, que j'ai publié de vous et qui m'a fait boire un bouillon si amer.

« Je vous l'ai payé 1,500 francs.

« J'ai l'honneur d'être, citoyen représentant, votre ancien éditeur.

« Werdet. »

Oncques jamais ce fougueux républicain ne jugea convenable de répondre à cette sanglante observation.

Il dut se résigner à avaler aussi ce *bouillon si amer* pour son amour-propre blessé.

Ce non-succès de *Washington Levert et Socrate Leblanc*, faisait peu mon affaire.

Plus vivement que jamais, je pressai avec courtoisie Léon Gozlan de me livrer, enfin, le manuscrit auquel il travaillait, disait-il, sans cesse, ce bienheureux *Saint-Pierre de Rome*, dont la construction n'avançait pas.

Rien, absolument rien ne m'arrivait que de fallacieuses promesses.

Enfin, il m'avoua, vers cette époque, que le sujet lui offrait tant de difficultés, à cause des immenses recherches historiques auxquelles il était forcé de se livrer, qu'il se voyait contraint de substituer à ce roman la suite de ses études de mœurs, *les Influences*, dont *le Notaire de Chantilly*, déjà publié, avait été le point de départ.

Je consentis volontiers à cette substitution, et *le Médecin du Pecq* remplaça l'insaisissable *Saint-Pierre de Rome*.

Je dus attendre deux autres années cette nouvelle étude de mœurs, — cruelle étude à laquelle fut soumise ma patience.

Dites-moi donc si le pauvre éditeur n'en devait pas avoir en réserve une triple dose?

« Pourquoi ne faisiez-vous pas poursuivre ce débiteur récalcitrant? » m'objecterez-vous dans votre gros bon sens.

Oui, sans doute, j'aurais dû le faire, mais j'avais souvenance de ce qui, dans un cas semblable, m'était arrivé avec Raymond Brucker. Je savais aussi à quel homme j'avais affaire, je connaissais à fond son caractère, et l'on m'avait charitablement prévenu de ce qui me reviendrait, en définitive, de mes poursuites.

Je m'armai donc d'une patience stoïque, et j'attendis, les bras croisés, l'effet du bon vouloir de mon ami. C'était sagesse.....

## VII

### UN FUTUR AUTEUR DRAMATIQUE.

Il paraît que ma brutale réponse à Gozlan de ne vouloir publier ses poésies des *Aygalades* qu'à la condition de ne pas lui payer de droits d'auteur, l'avait blessé dans ses intérêts et son amour propre de poëte, car après ce refus, il fut quelque temps sans venir chez moi.

De mon côté, j'avais fini par ne plus guère aller rue du Ponceau frapper inutilement à sa porte, ne pouvant jamais le rencontrer chez lui; ensuite j'étais trop occupé par mes nouvelles publications qui réclamaient tous mes soins.

Léon Gozlan cependant me revint un jour.

— Vous paraissez ce matin, lui dis-je, bien joyeux, car, contre votre habitude d'économie, vous fumez en entier un cigare de la Havane ! — Qu'y a-t-il donc de nouveau ? Pouvez-vous me le dire ?

— En effet, me répondit-il, il y a de l'heureux et du nouveau ; jugez-en vous-même.

Il plaça alors sous mes yeux une ordonnance de payement de 2,000 francs que lui accordait le ministre de l'intérieur, à titre d'encouragement littéraire.

— C'est une bonne fortune qui, sous forme d'un aérolithe d'or, vous tombe sur la tête... Mais qui vous a valu cette faveur ?

— C'est une chose très-facile à vous dire : la publication de mes *Châteaux royaux*, dont *les Tourelles* que j'ai déjà publiées en 2 volumes in-8°, ne forment que la première série. Ce travail demande de profondes et sérieuses études, de fréquents voyages, de longs séjours sur les lieux mêmes, afin que *de visu* je puisse en faire une fidèle description historique. — C'est à ce sujet que j'ai adressé au ministre de l'intérieur une double demande : l'une de m'accorder, à titre d'encouragement littéraire et historique, une importante indemnité pour me couvrir de tous mes frais et me permettre de continuer ce long travail ; la seconde de m'accorder la croix d'honneur que je crois mériter par mes travaux. — Comme vous le voyez, ce cuistre de ministre ne m'accorde qu'une très-modique somme de 2,000 francs que je vais placer, du reste, en rentes sur l'État, ce qui me produira un solide revenu de 100 francs par an, mais il me refuse la croix, ou plutôt c'est le roi lui-même qui me refuse cette honorable distinction, je le sais de très-bonne source, tandis qu'il la prodigue à de soi-disants écrivains, dont le seul et unique mérite est d'être des intrigants et des flatteurs quand même. — Je ne suis ni un flatteur ni un intrigant, je ne suis le protégé de personne... Un jour je saurai contraindre le roi à me décorer... Je ne devrai cet honneur qu'à mon seul et unique mérite... Mais me refuser la croix d'honneur ! c'est une indignité !.. c'est très-décourageant même.

« Napoléon le Grand savait mieux ennoblir la profession si honorable d'hommes de lettres, ces déshérités de la fortune ; il créa pour eux des emplois largement rétribués dans les ministères et autres administrations de l'État, de véritables sinécures qui les faisaient vivre très-honorablement, tout en cultivant leurs paisibles travaux.

« Lorsque cet immortel législateur dota la France de la Légion d'honneur, en 1802, la première décoration qu'il accorda ne fut ni à un général victorieux, ni à un maréchal de France, ce fut à un savant laborieux et modeste, le comte de Lacépède.

« En plaçant sur la poitrine du continuateur des travaux de l'illustre Buffon ce premier signe de l'honneur, Napoléon voulut prouver qu'il honorait le travail de la pensée à l'égal du courage ; que les méditations du savant, le compas de l'artiste, l'outil de l'ouvrier laborieux, la charrue du laboureur avaient autant de prix à ses yeux que l'éclat des armes et devaient également rendre la France grande, illustre et prospère.

« Il n'en est plus de même aujourd'hui.

« Ce sont l'intrigue et la flatterie qui gouvernent le monde officiel.

« Puisque mes travaux historiques et littéraires sont si peu honorés et si peu encouragés, je vais abandonner ces travaux aussi ingrats que peu rétribués.

« Quelque laborieux que soit un homme de lettres, quelque nombreux que soient les articles qu'il publie dans les journaux, ainsi que le nombre des volumes qu'il a produits, s'il a le malheur d'être père de famille, s'il a des enfants à élever, jamais il ne pourra acquérir cette modeste fortune, cette *aurea mediocritas*, si vantée par Horace ; il sera constamment dans un état de gêne voisin de la misère, il ne vivra pas, il ne fera que végéter.

« Telle est actuellement la position faite à tout homme de lettres ; cette position, je ne veux pas l'accepter, parce que j'ai la noble ambition de vouloir acquérir une fortune avec les produits de ma plume.

« Aussi, ai-je pris la détermination de me consacrer à la littérature dramatique.

« Il n'y a que le théâtre qui puisse, en quelques années de succès, avec de l'ordre et des dépenses modérées, donner la fortune.

« Voyez, au surplus, Eugène Scribe, Victor Hugo, Alexandre Dumas, pour ne vous citer que ces trois noms vraiment dramatiques, ces idoles d'une foule lettrée ; l fortune couronne leurs travaux, elle les comble de ses faveurs.

« Je veux faire comme ces auteurs, je veux marcher sur les traces de ces maîtres de l'art. »

C'est ainsi que, vers la fin de 1838, Gozlan m'avoua qu'il avait l'intention de se vouer à la littérature dramatique.

VIII

MIEL ET VINAIGRE.

De 1835 à la fin de 1838, j'allai très-fréquemment chez Gozlan pour connaître enfin où il en était de son interminable *Médecin du Pecq*, que j'attendais depuis si longtemps.

Jamais, ainsi que je viens de le dire je ne pouvais parvenir à le rencontrer.

M<sup>me</sup> Gozlan, à mes questions, me répondait invariablement :

— Léon est sorti, je ne sais à quelle heure il rentrera, il n'a pas l'habitude de me le dire.

Enfin cependant je résolus d'en avoir le cœur net et d'éclaircir un mystère qui me désolait.

Mais comment provoquer une explication puisque je ne voyais plus chez lui cet auteur ?

Cependant Gozlan, en 1837, venait régulièrement les mercredi et samedi chez moi ; il y venait flâner et fumer son bout de cigare avec des jeunes gens, mes habitués, tous des chroniqueurs attachés aux petits journaux légers et satiriques.

Lorsque Léon se présentait, c'était un *crescendo* d'hilarité générale qui l'accueillait par des bons mots, des lazzis, de folles et décolletées historiettes, très-gaies, je vous assure, et très-divertissantes.

Je ne pouvais décemment, sans être impoli envers ces jeunes écrivains, dire à Gozlan : J'ai à vous parler en particulier.

Mais une occasion très-heureuse se présenta un jour pour moi.

J'étais seul, un samedi, à corriger des épreuves, lorsque Gozlan, selon son habitude, vint me voir.

— Comment, me dit-il, vous êtes seul ? et où sont donc ces messieurs ?

— Je ne sais, lui répondis-je, mais j'ai tout lieu de croire qu'ils ne viendront pas aujourd'hui, parce que la copie de la *Chronique de Paris*, qui doit paraître demain, a été terminée hier au soir ; ils profitent de ce jour de vacances pour aller faire une partie de campagne à Asnières, dans le bachot d'Alphonse Karr, avec son terre-neuve Freychutz.

— Diable ! dit Léon en fronçant ses épais sourcils, cela me contrarie beaucoup, j'avais à causer avec ces messieurs.

Je profitai de l'occasion pour provoquer l'explication que je désirais.

Assis commodément devant un bon feu, Léon m'offrit un cigare... le seul qu'il m'ait jamais offert !

> La fourmi n'est pas prêteuse.....
> Et même encor moins *donneuse*.

Je fus ébloui par cette générosité inattendue.

Quelques propos insignifiants s'engagèrent entre nous, tout en envoyant vers le plafond de formidables tourbillons de fumée.

Tout à coup je sonnai la charge ; j'adressai à Gozlan, mais d'un ton très-ironique, ces paroles :

— Il paraîtrait que, de même que le célèbre *Médecin du Pecq*, vous êtes constamment en visite, car il m'arrive très-rarement la bonne fortune de vous rencontrer chez vous, ce qui me prive d'un double plaisir, le premier de vous serrer la main ; le second, de connaître à quelle époque enfin vous me remettrez ce précieux manuscrit, que vous me faites incessamment espérer, — que j'attends depuis cinq ans, — sur lequel j'ai été assez heureux pour vous payer d'avance 2,000 francs sur 3,000, ce qui fait 600 francs d'intérêts à 6 0/0 par an de perdus pour moi.

— En effet, me répondit-il sur le même diapason, j'ai beaucoup de visites à rendre, car vous conviendrez avec moi que ma clientèle, à Paris, est plus importante que celle du Pecq, même en y ajoutant celle de Saint-Germain.

— Oui, je sors beaucoup ; cela ne me surprend pas si vous ne me rencontrez pas chez moi. — Pourquoi aussi ne vous y présentez-vous lorsque j'y suis ? C'est alors de votre faute, que diable !

— D'après cette réponse ambiguë, je dois conclure que vous devez *flâner* beaucoup et *travailler* très-peu.

— Moi, un flâneur ! moi, un paresseux ! C'est violent ce que vous me dites là ! Jamais personne encore n'a osé m'adresser de tels reproches ! Je ne suis ni l'un ni l'autre, j'ai seulement sur les bras de nombreuses affaires. — Quant au manuscrit dont vous me parlez, et au sujet duquel vous m'avez lancé une épigramme, j'y travaille...

— Sans doute, à la façon de la toile de Pénélope ?... Lorsque je vous en parle, vous me renvoyez toujours aux calendes grecques. — Il vous faut, je vous le déclare, en finir de toutes ces temporisations ; il faut que je connaisse si la réalité ne sera toujours pour moi qu'une fiction. — Je vous pose carrément et franchement cette question :

Où en êtes-vous de votre manuscrit ? quand me le livrerez-vous ? Répondez catégoriquement, ou je pourrai me fâcher....

A ces vigoureuses paroles, Gozlan devint pourpre, le sang injecta ses yeux.

— Savez-vous, me dit-il sarcastiquement, à qui vous ressemblez en ce moment, avec votre colère ? Je vais vous le dire en trois mots : *à une asperge montée* (*très-historique*); vous n'avez pas assez de nerf pour vous fâcher sérieusement. — Je vous le répète, je travaille constamment à mon *Médecin du Pecq*. Je ne sais quand je pourrai le terminer. Êtes-vous content maintenant ?

— Mais nullement, vous paraissez prendre tout ceci comme une plaisanterie de ma part; puisqu'il en est ainsi, je vais placer sous vos yeux le double de notre traité.

J'ouvris mon bureau, j'en retirai ce double et le mis sous les yeux de mon auteur, en lui indiquant du doigt un article ainsi conçu :

« Si, un an après la signature du présent traité, l'auteur n'a pas livré à son libraire la totalité du manuscrit de l'ouvrage promis par ces présentes conventions, il sera passible, comme dommages-intérêts, de lui payer, pour chaque mois de retard, une somme de soixante francs. »

— Cet important article vous condamne actuellement. Il y a cinq ans que je vous ai payé 2,000 francs sur 3,000; si j'avais mis à exécution cette clause de rigueur, vous auriez à me payer, comme une juste indemnité, la somme de 2,800 francs ! Ne me contraignez donc pas à faire aujourd'hui ce que j'aurais dû faire depuis très-longtemps.

A ces mots prononcés avec fermeté, Gozlan entra en fureur, ses cheveux se hérissèrent, ses yeux lancèrent des flammes.

— Si vous aviez cette audace, ou plutôt ce malheur

pour vous, je vous rendrais la vie très-dure ! Et les épreuves, quand vous les remettrais-je ?

— A cette menace, Monsieur, il me suffira de vous répondre que, tout aussi bien qu'à Berlin, il y a des juges à Paris qui pourront vous forcer à exécuter à la lettre votre traité et vous contraindre à renvoyer ces épreuves en temps utile. — Ensuite je vous dirai que, possesseur de la totalité de votre manuscrit, je pourrai me passer de votre concours ; il me suffit, pour cela, de faire composer votre copie avec une très-ponctuelle fidélité…

Calmé par ces raisons, Gozlan reprit :

— Vous seriez dans votre droit, je dois l'avouer… — Mais ce qui vaut mieux, « soyons amis, très-cher ! »

Et, en signe de paix, il m'offrit sa main que je pressai cordialement.

## IX

### AVEUX ET CONFIDENCES INTIMES.

— Mais, repris-je d'un ton plus affectueux, jusqu'à ce moment vous ne m'avez pas prouvé que vous n'étiez ni un flâneur, ni un homme qui gâche un temps précieux : j'attends que vous vous disculpiez de ces graves reproches.

— Vous tenez donc à connaître comment j'emploie mon temps, et comment je travaille ?

— Oui, certes, j'y tiens absolument, comme je connais la manière de travailler de Balzac. Pourquoi me feriez-vous un mystère de la vôtre, je vous le demande ?

— Votre désir est on ne peut plus juste ; je vais donc vous

faire mes confidences, homme terrible et exigeant que vous êtes !

Comme tout mortel, j'ai à dépenser chaque jour vingt-quatre heures. J'en fais deux parts ; l'une de jour, l'autre de nuit.

Parlons tout d'abord de celle du jour.

Je me lève vers les neuf heures du matin, à moins que je ne sois indisposé, ou que je me sois couché plus tard que d'habitude, et vous verrez tantôt ce que j'entends par là.

Lorsque je me suis levé, je fume une pipe ; tout en la fumant je parcours un journal politique, car vous savez que je suis, de la presse militante, les revues et les petits journaux.

Je prends ensuite pour me délasser l'esprit mon auteur favori, Michel de Montaigne, je lis quelques passages que je commente. — Ces diverses occupations me conduisent vers onze heures, c'est l'heure où je prends ma tasse de café à la crème ; cette légère collation me suffit pour attendre l'heure du dîner.

Je reprends de nouveau ma chère pipe. Fumer pour moi est un souverain bonheur ! C'est le temps de la flânerie, de la rêverie et de la réflexion.

Dans cette occupation favorite, dans ce *far niente* de l'Italien, je suis des yeux, comme un enfant, les tourbillons capricieux de la fumée qui s'échappe de ma pipe, en nuages qui se réunissent, se divisent et finissent par s'évanouir dans les airs.

En suivant toutes les évolutions de cette fumée, je pense, je réfléchis et je médite.

Je pense à tout ce que je dois écrire ce jour-là ; — je réfléchis sur ce que pourra me produire le travail de ma journée ; — je récapitule les noms de tous ceux que j'ai à visiter, — directeurs de journaux, de revues et de théâtres, — acteurs, actrices et artistes, que j'ai intérêt à voir pour me les rendre favorables, — les imprimeurs, les libraires les plus importants; en un mot cette clientèle que j'ai à soigner, bien autrement nombreuse et importante pour moi que celle de mon *Médecin du Pecq*.

Je sors enfin de chez moi vers midi pour aller à mes affaires et commencer ma chasse aux idées d'autrui.

Ici même, chez vous, sous vos yeux, deux fois par semaine, de même que les laborieuses abeilles, je viens faire ma picorée la plus abondante. — C'est ici que se réunissent l'après-midi quelques collaborateurs de journaux légers et satiriques, ils sont tous jeunes et bavards; — ces écervelés ne doutent de rien; ils rient à qui mieux mieux entre eux de tout ce qu'ils ont pu entendre ou saisir au vol, de tous les cancans plus ou moins scandaleux, littéraires ou autres. J'excite leur hilarité et leur verve par quelques bonnes et piquantes bourdes que j'invente.

Vous êtes là, cher libraire, personnage muet; vous êtes tout surpris de cette gaîté, de ces éclats de rire homériques qui font trembler vos livres sur les tablettes de votre magasin; vous n'y comprenez rien, et cependant vous riez, vous êtes là comme le roi *Midas*, vous avez des oreilles....., mais vous n'entendez pas.....

— Halte-là, Léon! Merci de cette comparaison; je vais placer cette inconvenante personnalité à côté de celle de l'*asperge montée*. Gardez-vous d'y revenir une troisième fois; je saurais vous prouver alors que tout débonnaire que je suis, lorsque l'on m'offense, j'ai bec et ongles; de ma nature, ensuite, je suis caustique..... Gardez-vous donc de m'offenser de nouveau, car je saurais à mon tour vous blesser au vif dans votre orgueil d'homme de lettres.

— Trop susceptible éditeur, je n'ai pas voulu vous offenser le moins du monde en parlant du roi *Midas*; n'y voyez qu'une *distraction* ; c'est tout simplement un *lapsus linguœ* très-involontaire.

— *Distraction* ou *lapsus linguœ*, n'y revenez plus.

— Trop susceptible libraire, ne vous échauffez pas ainsi la bile, calmez-vous ; en vous parlant du roi *Midas* qui n'avait que des oreilles d'âne, j'étais très-loin de vouloir vous comparer à ce personnage fabuleux : êtes-vous satisfait maintenant ?

Parmi ces jeunes fous, il en est un surtout que j'admire ; quelle verve ! quelle brûlante et caustique imagination ! quel gaillard ! il ira très-loin, je le prédis. Quand sa plume touche un homme de lettres, un artiste dramatique ou autre, l'on peut assurer d'avance qu'il est mort, c'est-à-dire qu'il ne pourra jamais se relever du trait, satirique ou mordant, qui l'aura frappé en pleine poitrine : ce trait sera pour lui comme la robe de Déjanire ; il ne pourra jamais *l'arracher*.

Comme vous recevez tous les petits journaux vous avez dû lire dans le *Corsaire* cette spirituelle bouffonnerie dirigée contre l'inoffensif Pierre Charpenne, à propos de son refus d'être nommé rédacteur en chef de ce journal, lors du retour de son fameux voyage au *Guazacoaleo*.

Comme ce jeune homme a épaté, démoli et éreinté cet intrépide voyageur, lors de la publication de son voyage au *Guazacoaleo!* Il suppose que Pierre Charpenne, afin d'éviter d'être mis à mort par les indigènes de ces contrées sauvages parce qu'il avait laissé croître dans toute sa longueur sa barbe couleur de carotte, couleur que ces naturels avaient en horreur, avait dû en faire le sacrifice pour être méconnu dans sa fuite ; — couper sa barbe n'est rien, mais la confire dans un bocal rempli de vinaigre est admirable ! la rapporter ensuite en France, pour prouver aux incrédules tous les dangers qu'il avait réellement courus dans ses pérégrinations dans ces contrées peu connues, est une délicieuse plaisanterie !

Jamais Pierre Charpenne ne pourra se relever de sa *barbiche confite dans du vinaigre !* Singulier condiment, dirait un Anglais !

Ce jeune écrivain est mort sous la plume de ce jeune chroniqueur.

Et cet autre article, plus original encore et plus moqueur. Dans l'entrefilet du journal satirique *le Charivari*, tout Paris intellectuel put lire un matin ces lignes :

« Demain, les acteurs du théâtre des Variétés donneront la première représentation d'un vaudeville en deux actes, avec couplets, sous le titre : *Le mariage du bœuf Apis avec la belle vache Io.*

« Cette pièce a été étudiée dans le plus profond secret. Ce vaudeville est très-gai, très-bouffon. C'est une surprise offerte par le directeur aux fervents habitués de son théâtre.

« L'on se dit tout bas, à l'oreille, sous la promesse du plus inviolable secret, que ce vaudeville est dû à la plume joviale de M. Gustave Planche, le roi de la critique sérieuse et érudite. »

L'on peut juger du profond étonnement que produisit cette annonce extraordinaire.....

Le public lettré accourut au bureau de location du théâtre pour y louer des places, afin d'assister à la première représentation d'un vaudeville de ce grand aristarque, de ce pourfendeur impitoyable de toute réputation littéraire, artistique ou autre.

Ce qu'il y eut de plus piquant, à part l'originalité de l'annonce, c'est que Gustave Planche, dans son chétif hôtel garni de la rue du Plâtre, dévoré par une affection cutanée, abandonné depuis longtemps par les siens, vit sa porte, ce jour-là, du matin au soir, comme assiégée par des visiteurs qui venaient lui demander des billets de faveur; les plus tenaces et les plus importuns étaient ceux-là même qui l'avaient le plus complétement délaissé!

Quelle désopilante plaisanterie joua ce jeune homme à son très-intime ami Gustave Planche, son maître en pureté de style!

C'est ainsi, comme vous le voyez, que je pratique ce que je nomme : « ma chasse aux idées d'autrui, » à laquelle j'ajoute celle plus abondante encore que je tiens de dame nature.

Lorsque ma palette est suffisamment chargée, je rentre chez moi, je vais me renfermer dans mon cabinet où n'entre personne, pas plus ma femme que ma fille.

Je me mets alors à mon bureau.

C'est là que je me plais à aiguiser mes traits les plus acérés, les plus piquants, les plus mordants qui paraîtront le lendemain, que l'on trouvera si naturels...... Ma plume alors, vive, légère, court, vole sur mon papier, elle peut à peine suivre le cours de mes idées; au bruit qu'elle fait en grinçant, l'on pourrait presque deviner ce que j'écris. J'esquisse très-rapidement ce que l'on nomme mes *nouvelles à la main*, dont les journaux satiriques sont si friands, parce qu'elles sont lues et dévorées le lendemain matin avec avidité par le public, toujours impatient et curieux d'apprendre quelque historiette du langage *vert*, quelque bon mot un peu hasardé, quelque petite infamie approchant le scandale.

Mon sac à malices est vidé enfin!

Je cours aux journaux qui attendent la pâtée habituelle pour le lendemain. Je porte mes articles moi-même pour deux raisons : La première, c'est que je me fais toujours payer *hic et nunc*, donnant, donnant. Je ne fais pas de crédit. La seconde, c'est dans la crainte que le porteur de ma copie ne la perde en route, ou qu'il s'amuse à flâner et n'arrive trop tard. — Ma laborieuse distribution terminée, je rentre chez moi, pour dîner avec ma famille qui m'attend. Je suis très-fatigué, il est vrai, mais je rapporte de ces beaux petits écus qui font le bonheur de ma vie.

Ce genre de travail me rapporte gros.

C'est avec ce produit que je défraye, et très au delà, toutes les dépenses de mon ménage.

Voici donc expliquée la première partie de mon travail du jour.

Je suis très-loin d'avoir été un flâneur ou un paresseux, comme vous me l'avez si malicieusement dit.

Tout ce que je vais rapporter actuellement touche de très-près à la vie privée, qui toujours doit être murée, pour ainsi dire; mais tout ce que je vais raconter est si favorable à cet homme de lettres, que l'on me pardonnera ces indiscrétions qui prouvent à quel point cet auteur possédait les qualités les plus rares pour se faire aimer.

Il y a plus de trente-trois ans que Gozlan me fit ces intimes confidences; si je les divulgue aujourd'hui, c'est que je puis invoquer en ma faveur, comme circonstance atténuante, la prescription trentenaire.

Gozlan reprit en ces termes la parole :

— Parlons de mon travail de la nuit.

Assis entre ma femme et ma fille, notre dîner terminé, je rentre dans mon cabinet. Pour me distraire je fume une pipe, j'aspire avec délices l'âcre fumée qui s'en échappe.

Tout remis en ordre dans la salle à manger et la cuisine par ma compagne et notre fille bien-aimée qu'elle initie aux soins du ménage, ma femme et Léonie viennent me rejoindre.

La première apporte sa broderie, la seconde ses livres de classe et ses cahiers de devoirs.

Ma soirée, d'un véritable bonheur pur et sans aucune préoccupation étrangère, commence alors.

Il est huit ou neuf heures environ.

A mon retour du Sénégal, pour vivre, puisque je n'avais pas le sou, mon vieil ami et compatriote Méry me procura, dans une institution de jeunes garçons, à Marseille, une modeste place de répétiteur.

Pour ma fille chérie je redeviens, non pas seulement un pédagogue, mais un véritable enfant, qu'un rien amuse. Placé entre ma femme et ma fille, ces deux êtres qui font tout mon bonheur, je suis le plus heureux des hommes !

Mais la connaissez-vous, cher, cette adorable enfant, qui bientôt va atteindre sa sixième année ?

— Il y a deux ans vous m'offrîtes chez vous un déjeuner digne d'un Lucullus, en compagnie de vos intimes amis : Alphonse Royer, Édouard Bergounioux et Jules David. Je remarquai avec admiration, placée à côté de sa mère, en face de vous, une très-jolie petite brunette, « *moitié fruit, moitié chair,* » comme vous l'avez écrit dans votre gracieuse nouvelle le *Croup*, qui semblait vouloir arracher des larmes involontaires ; cette belle petite fille ressemblait comme deux gouttes d'eau à certain moutard nommé Léon que vous connaissiez quand il avait son âge.

Même coupe de figure, même chevelure noire abondante, soyeuse et naturellement bouclée. Je n'ai pu juger de son esprit, mais à la mobilité de ses traits expressifs, à sa fébrile impatience, n'osant bavarder devant des étrangers, dominée qu'elle était par le regard sévère de son père, je sentais bien qu'elle trépignait d'impatience, de colère même, de ne pouvoir donner un libre cours à sa angue encadrée dans des lèvres de corail.

— C'est bien là le portrait physique de mon adoré-

Léonie ; mais par où elle brille surtout, c'est par son esprit, sa précoce intelligence ; elle devine tout ; elle a de ces réparties fines, vives, spirituelles qui vous charment et vous étonnent tout à la fois ; ajoutez qu'elle est douée d'une mémoire admirable, qu'elle apprend rapidement tout ce qu'elle veut, qu'elle possède un cœur d'or... Telle est ma fille ! j'en suis orgueilleux, j'en suis fier ! si j'avais le malheur de la perdre, j'en deviendrais fou de désespoir et de douleur, je vous le dis sans hyperbole.

Mon enfant s'assied à mon côté. Elle me répète les leçons qu'elle a déjà récitées à sa pension ; je lui en fais bien comprendre le sens et la pensée, et lui explique celles qu'elle doit apprendre pour le lendemain.

Voici pour les leçons ; restent les devoirs : Léonie me remet ses cahiers, je les lis avec attention. Je lui fais des observations ou je la gronde quand elle le mérite. Ce travail terminé, elle se met à rédiger les autres devoirs qu'elle doit rapporter à la pension le lendemain matin. Après quoi, commencent les lectures et les jeux.

Dans nos causeries je me plais à l'agacer, à la taquiner et la contrarier, afin de provoquer de sa part de ces mots, de ces saillies qui me charment.

Dix heures sonnent : c'est l'heure de la retraite. Ma fille fait alors sa prière à haute voix, m'embrasse avec effusion, puis elle accompagne sa mère qui va la coucher, et me dit : « Au revoir, petit chéri de père ! »

Voilà mes soirées de famille.

Je n'y déroge jamais, à moins que je ne sois forcé de m'absenter pour aller au spectacle ou en soirée.

En général le jeudi il y a *campo*, le soir.

Si le temps le permet, nous allons faire de longues promenades, mais toujours à pied, afin de donner à mon enfant de la force et de la vigueur dans les jambes. Comme son externat est dans notre rue du Ponceau, elle a très-peu de chemin à faire, pour aller et revenir; il va sans dire que la mère vigilante l'accompagne toujours.

Si nous sommes empêchés de sortir à cause du mauvais temps, je lui improvise de petits contes ou des historiettes gaies et morales à la portée de son âge.

Ne sont-ce pas là de douces soirées, je vous le demande !

Ma femme et ma fille parties, je reprends ma pipe et je fume encore.

Je me mets alors à réfléchir sur le sujet que je me propose de traiter, soit nouvelle, roman, article politique ou pièce dramatique.

Pendant ces méditations, ma femme, qui a attendu que sa fille soit bien endormie, revient près de moi.

Elle place silencieusement sur mon bureau une lampe carcel qu'entoure un abat-jour vert; sur un plateau une seconde lampe à esprit de vin, afin que je puisse faire moi-même une tasse de café noir, que je prends sans sucre, pour activer la circulation du sang; une carafe d'eau, un verre, un sucrier et de plus une bouteille de vieux rhum, liqueur que je préfère à toutes les autres; ma compagne remet tout en ordre sur le divan qui me sert de lit.

Tous ces préparatifs terminés, elle m'embrasse, me souhaite une bonne nuit, en me recommandant avec tendresse de ne pas pousser ma veillée trop avant dans la nuit....

Je suis donc seul, enfin !...

Je prépare alors ma demi-tasse de café, je l'arrose d'un petit verre de rhum, je fume encore une pipe.

Me voici à mon bureau :

Je prends ma plume, j'écris, j'écris sans m'arrêter; mes nerfs sont doublement surexcités par le café et le rhum.

Que vous dirai-je de plus que vous ne deviniez ?

Vers les quatre heures du matin, la tête en feu, les nerfs horriblement fatigués, je cesse de travailler... Quelque temps qu'il fasse alors, j'ouvre à deux battants ma fenêtre-balcon, auprès de laquelle je roule mon fauteuil sur lequel je m'assieds commodément : je fume ma dernière pipe... je flâne, oui, je flâne, mais à la manière des Yankees, la tête renversée sur mon siége, les pieds appuyés sur la balustrade de mon balcon.

Le tête découverte, je respire à pleins poumons l'air frais du matin; mes fiévreuses vapeurs du travail se calment peu à peu.

C'est alors que très-souvent je songe à mon manuscrit du *Médecin du Pecq :* ce travail est très-important ; j'en soigne le style plus que jamais ; je m'efforce d'en faire disparaître ces néologismes que l'on me reproche avec raison, mais vous le savez :

Chassez le naturel, il revient au galop,

a dit Boileau.

Ce manuscrit avance, lentement il est vrai, mais il avance toujours ; j'ai tout lieu de croire que je pourrai un jour ou l'autre vous le livrer , c'est une surprise que je me propose de vous faire, monsieur l'impatient !

Je suis quelquefois des semaines entières sans sortir de mon cabinet, où je travaille constamment; je n'y suis pour personne.

Voilà, très-cher, ma manière de travailler le jour et la nuit.....

Êtes-vous enfin satisfait? suis-je à vos yeux un flâneur? est-ce que je perds mon temps, comme vous venez de me le dire ?

—Je fais amende honorable. Non, vous n'êtes ni un flâneur,

ni un gâcheur de votre temps: *Mea culpa ; peccavi, confiteor.*

A votre tour, êtes-vous satisfait de ma confession ?

Pour toute réponse, Gozlan m'offrit sa main.


X

OU LE LIBRAIRE VA ÊTRE COUCHÉ SUR LE GRIL DE
SAINT LAURENT.


Vers le mois de novembre 1839, mon excellent Jules Sandeau vint de bon matin chez moi m'annoncer de la part de Léon Gozlan que le manuscrit du *Médecin du Pecq* était enfin terminé, et que l'auteur me donnait rendez-vous, pour onze heures, dans un café de la rue du Bac.

— Léon Gozlan, ajouta-t-il, désire que j'assiste à l'entrevue.

Je fus ravi de cette bonne nouvelle, et, le moment venu, je m'acheminai avec Jules vers le lieu indiqué.

Léon Gozlan nous y attendait dans un cabinet particulier.

En échangeant une cordiale poignée de main avec mon auteur bien-aimé, je lui dis :

— Il faut convenir, cher Léon, que vous êtes d'une discrétion admirable, et que vous vous entendez merveilleusement à faire des surprises à vos amis. Hier encore, nous avons flâné toute la journée ; nous avons dîné ensemble ; nous ne nous sommes quittés qu'à onze heures du soir, et vous n'avez cessé de me renvoyer aux calendes grecques toutes les fois que je vous ai dit : « A quand donc mon *Médecin du Pecq ?* » Heureusement, grâce à vous, Sandeau est venu m'apprendre une nouvelle qui me comble de joie.

Quand me donnez-vous de la copie ?

— En effet, me répond Gozlan, mon manuscrit est terminé. J'ai voulu, comme vous le dites, vous ménager une surprise agréable. Quant à vous livrer de la copie, c'est à ce sujet que j'ai désiré causer préalablement avec vous de nos intérêts, et c'est dans ce but que j'ai prié notre ami commun d'assister à ce que j'ai à vous dire à cet égard.

— Que signifient ces paroles ? repris-je avec feu, stupéfait de ce discours. Est-ce que nos intérêts ne sont pas réglés par un traité? Trois mois après la publication de votre livre, j'aurai à vous payer mille francs pour solde. Craignez-vous que je ne sois pas exact à cette époque? Je sais que vous êtes fort timoré en fait d'argent, et que vous appréhendez toujours quelque perte. Eh bien! il est facile de vous rassurer complétement sur ce point, j'offre de vous payer vos mille francs en écus à la remise du manuscrit. Cela vous va-t-il ?

— Eh! non, non, cher, ce n'est pas de cela qu'il s'agit, votre susceptibilité s'alarme à tort. Voici, en un mot, ce que j'ai à vous dire : Lorsque, il y a dix ans de cela, je vendis, pour trois mille francs, un roman à Levavasseur, j'étais à peine connu en littérature, c'était donc là un prix raisonnable. Mais depuis, j'ai grandi, vous le savez, mes ouvrages sont lus avidement, on les recherche, on se les arrache. Les mille écus d'autrefois ne sont plus en rapport avec ma renommée présente. Vous payez à Balzac deux francs par volume de droits d'auteur; vous ne me payeriez, d'après votre traité, qu'un franc cinquante : je vaux bien Balzac, je crois. Pourquoi n'aurais-je pas deux francs de droits d'auteur comme lui ? Puis, il faut encore que je vous dise que mon sujet d'étude m'a entraîné;

mon manuscrit fera trois volumes. C'est donc quatre mille francs que vous avez à me payer au lieu de mille.

— En vérité, vous extravaguez, mon cher Léon.... Pouvez-vous sérieusement me demander six mille francs pour un roman que je vous ai acheté trois mille? Eh! que m'importe que votre manuscrit ait trois volumes! C'est un dommage réel pour mes intérêts, puisque j'aurai un tiers de plus à payer à mon imprimeur. Je ferai deux forts volumes, voilà tout : le public seul y gagnera. Tout ceci, du reste, j'en suis certain, n'est qu'une épreuve que vous tentez sur moi ; vous ne pensez pas un mot de ce que vous dites, et, en vertu de votre traité, vous allez tirer votre manuscrit d'une de vos poches.

— Tout doux! tout doux! cher ami, ne vous échauffez pas de la sorte! je parle très-sérieusement, je veux de mon ouvrage six mille francs, au lieu de trois mille, et je tiens à ce qu'il fasse trois volumes au lieu de deux. Voyez! réfléchissez! C'est mon dernier mot.

Je ne réfléchissais pas, moi, j'étais atterré; il y avait de quoi perdre la tête. Je ne la perdis pas cependant. Avec la rapidité de l'éclair, je repris mon empire sur moi-même, j'envisageai froidement quelle allait être désormais ma position vis-à-vis de Léon Gozlan. Certes, le bon droit était pour moi ; devant tous les tribunaux du monde mon traité me donnait gain de cause.

L'ombre de *Van Engeldom* passa devant mes yeux, me montrant le portrait qu'il avait tracé de cet écrivain. Je pressentais déjà toutes les tracasseries, toutes les vexations du mauvais vouloir d'un auteur contraint à me livrer de la copie et des épreuves par suite d'une condamnation judiciaire. Jamais je n'en viendrais à bout qu'à force de papier timbré. Toutes ces réflexions faites en beaucoup moins de temps que je n'en mets à les écrire, il restait évident pour moi que j'étais tombé dans un affreux traquenard.

— Fort de la position avantageuse où vous place la possession d'un manuscrit terminé, dis-je à Gozlan, fort du désir, bien naturel, que vous me supposez d'en devenir maître le plus promptement possible, vous voulez absolument, à ce qu'il paraît, cher Léon, faire une bonne affaire avec moi? Eh bien, ai-je deviné juste cette fois? ajoutai-je sans m'émouvoir, sans sourciller même.

— Vous dites vrai ; je veux que mon travail me rapporte davantage ; n'êtes-vous pas de cet avis, puisque je vous donne un volume de plus ?

— Sans doute ; mais si vous voulez faire une bonne affaire avec moi, je veux, moi aussi, en faire une bonne avec vous. Je suis, vous ne l'ignorez pas, possesseur d'un excellent traité, qui partout me donnera gain de cause, car nous avons des juges à Paris. Mais, ennemi naturel des procès, voici à mon tour l'*ultimatum* que je vous signifie, et dont j'espère que vous serez satisfait :

Je ferai deux éditions du *Médecin du Pecq*, l'une en trois volumes in-8°, tirée à sept cent cinquante exemplaires, l'autre, en quatre volumes in-12, à cinq cents exemplaires; je vous payerai l'ouvrage quatre mille cinq cents francs au lieu de trois mille. Comme déjà vous en avez reçu deux mille, je n'aurai à vous solder que deux mille cinq cents francs. J'offre de vous en payer deux mille en espèces contre la remise de la totalité du manuscrit, et cinq cents francs en mon effet à un mois après la publication du livre.

De plus, comme condition expresse et *sine quâ non* de ce nouvel arrangement, comme compensation de tous mes déboursés, vous me vendrez deux mille francs, dont mille francs comptant, les deux volumes in-8° du roman de *Blanche*, dont vous vous occupez en ce moment. J'aurai donc à vous payer mille écus immédiatement.

— Topez là ! s'écria Gozlan. Chose dite, chose faite. Rédigeons sur-le-champ les deux traités.

Ainsi fut terminé ce grave débat.

Gozlan fit une bonne affaire, et je n'en fis pas une mauvaise.

Le lendemain je lui comptai trois mille francs en espèces contre la remise de son manuscrit du *Médecin du Pecq*.

Je me suis particulièrement étendu sur mes différends avec cet homme de lettres, afin que chacun pût en connaissance de cause juger chacune des parties.

Et j'adjure mon ancien ami Jules Sandeau de déclarer si tout ce que je viens de dire n'est pas l'expression de la plus exacte, de la plus pure, de la plus sainte vérité.

Léon Gozlan venait de faire une excellente opération, en retirant de son manuscrit quinze cents francs de plus.

J'en avais fait de mon côté une non moins bonne, en acquérant de plus, pour deux mille francs, un nouvel ouvrage inédit.

Dans le traité j'avais exigé cette clause, qu'au bout d'un an le manuscrit de *Blanche* me serait livré, et que *sous aucun prétexte* l'auteur ne pourrait en augmenter le prix.

Je connaissais, par expérience, l'homme à qui j'avais affaire. J'avais voulu me mettre en garde dans l'avenir contre des velléités d'argent.

Tels on connaît les saints, tels on les honore.

Je connaissais, je le répète, messire Léon Gozlan, je croyais au moins le connaître.

Qu'on me permette de suivre pas à pas le développement de son caractère.

Après neuf années d'attente, je mettais enfin sous presse le *Médecin du Pecq*.

Plein de confiance dans le marché que je venais de conclure, il m'était bien permis de croire que j'allais vivre, enfin, en bonne intelligence avec l'auteur, et que l'impression de son œuvre ne m'offrirait aucune difficulté à vaincre, aucun obstacle à surmonter.....

Vain espoir ! Balzac, je l'ai dit, avait été prophète !....

Je ne sais trop sur quoi est fondée en réalité la poétique fiction de la transmission des âmes qui, au dire des adeptes de la métempsycose, émigrent successivement dans le corps d'un animal, d'un insecte, d'un poisson, d'un oiseau, dans une fleur, dans une plante, dans un arbre, dans tout autre objet quelconque de la création.

De cette fiction, je pourrais conclure que celle de Gozlan a tour à tour passé, depuis deux siècles, dans l'enveloppe d'un lion, d'un chat et d'un taon, et qu'aujourd'hui, dans sa nouvelle transfiguration terrestre, elle réunit la colère du premier, quand son œil vous dévore, quand son épaisse crinière se hérisse ; la patte de velours et la griffe du second, quand, pour vous séduire, il vous cajole, il vous caresse, sauf à vous déchirer plus tard ; enfin, la fatigante et tracassière activité de cette grosse mouche, désespoir des troupeaux, qui les pique, les suce, les tourmente, les rend fous de rage et de douleur.

Dire vulgairement de quelqu'un, je vais lui *tanner le cuir*, c'est annoncer que, de parti pris, on va le fatiguer, l'ennuyer, le molester....

Est-ce que le verbe *tanner* ne dériverait pas aussi, par hasard, de cette mouche, le *taon*, dont, par analogie, n aurait appelé *tan* cette substance corrosive, l'écorce de chêne, que les corroyeurs emploient pour *tanner le cuir ?*

J'abandonne aux savants de profession cette étymologie, à laquelle je ne tiens pas plus qu'il ne faut.

Ce qu'il y a de bien certain, c'est que jamais je n'ai connu d'homme de lettres plus tracassier, plus exigeant, plus absolu que ce cher Léon Gozlan : c'est un *taon* qui vous harcèle, qui vous pique, qui vous fatigue sans relâche, et ne vous accorde trêve ni merci qu'il n'ait obtenu de vous ce qu'il veut.

Est-ce vrai, oui ou non, messieurs les directeurs de théâtre, messieurs les artistes dramatiques, messieurs les rédacteurs d'articles de louange ou de critique dans un feuilleton quelconque? Léon Gozlan ne vous obsède-t-il pas, jour et nuit, pour vous arracher, de gré ou de force, ce qu'il convoite ? Qui de vous aura le courage de s'inscrire en faux contre les *tanneries* bien connues de l'illustre auteur du *Notaire de Chantilly ?*

Nul ne possède à un aussi haut degré que lui l'art de se faire *mousser*. Nul n'excelle autant à conquérir, par ses obsessions multipliées ou par la crainte qu'il inspire, tous les articles louangeurs dont il croit avoir besoin.

De Balzac avait, lui, une autre façon de se faire *mousser*. Jamais il n'a demandé, lui-même, à qui que ce soit, un article. Sûr de son incontestable talent, il se renfermait dans sa dignité d'homme de lettres : il attendait, en philosophe, le jugement de ses pairs ; mais s'il n'agissait pas par lui-même, il faisait mouvoir adroitement, par-dessous main, des ficelles, et chargeait soigneusement ses éditeurs de ce soin délicat. Oh ! c'était un habile homme, de son vivant, que feu Honoré de Balzac !

Revenons à Gozlan.

Lors de l'impression des *Méandres* et de *Washington Levert*, j'avais eu bien des ennuis à supporter, je vous assure, mais j'étais sur un lit de roses en ce temps-là.

*Le Médecin du Pecq* me fit griller vivant à petit feu.

Dix feuilles étaient déjà tirées, que Léon Gozlan s'avisa tout à coup de prétendre que le papier dont j'avais fait choix n'était ni assez blanc ni assez beau pour son livre. Il me pria de le changer. Je résistai à ce caprice, en ayant acheté pour quinze cents francs. Battu sur ce point, il refusa de me livrer ses épreuves corrigées. Un procès allait s'engager pour l'y contraindre ; je l'aurais certainement gagné ; mais qui aurait pu me dédommager du temps perdu ?

Je cédai donc pour avoir la paix : en maugréant, j'achetai du papier d'une qualité supérieure, je fis recomposer ces dix feuilles, et je jetai au rebut celles qui étaient tirées. Il en résulta pour moi, tant en achat de papier qu'en recomposition typographique, une perte sèche de neuf cents francs. Ajoutez-y l'intérêt à six pour cent des deux mille francs payés à l'auteur depuis neuf ans, soit mille quatre-vingts francs, et vous arriverez sans peine à un chiffre de dix-neuf cent quatre-vingts à deux mille.

Qu'en dites-vous ? Voilà pourtant ce qu'il en coûte à un honnête éditeur pour publier les œuvres d'un grand homme.

Après ce premier assaut, si *chèrement* soutenu, vous croyez peut-être que je vais être enfin tranquille ? Ah ! bien, oui !...

L'imprimeur Charles Lemesle, homme de lettres lui aussi, homme d'esprit et de savoir, très-puriste surtout, ne s'avise-t-il pas un beau jour de corriger les néologismes par trop énormes qui pullulent dans le manuscrit, — de nettoyer, par ci par là, le style de l'auteur, — de redresser enfin quelques phrases boiteuses, tronquées, échevelées, que sais-je ?

La fureur de notre écrivain éclate à cette outrecuidance de bon goût, dont il aurait dû être reconnaissant, et à laquelle, seul, après tout, il avait à gagner, s'il n'eût point été aveuglé par un incroyable amour-propre.

Tout s'apaise enfin, tout s'arrange à la satisfaction de l'auteur si susceptible, et l'impression du *Médecin du Pecq* s'achève glorieusement.

Escorté de nombreuses fanfares, d'annonces et de réclames pompeuses, le livre fait une brillante entrée dans le monde littéraire, le 9 avril de l'an de grâce 1839.

Ce fut pour Léon Gozlan une ovation formidable, qui allait porter son nom glorieux à jamais à la postérité la plus reculée.

Rendons-lui pleine et entière justice : je n'eus point à me mettre en quête d'articles favorables dans les journaux. Seul, il fit consciencieusement ses affaires; pas une feuille grande ou petite n'osa lui refuser son tribut d'éloges. Quant aux critiques, elles ne brillèrent que par leur absence. Quel téméraire eût osé s'en permettre la plus légère à son adresse ?

Son ami très-intime, le pseudo-Engeldom, l'avait bien dit :

« Malheur à qui le touche !

« Touchez-le, il vous rendra une égratignure.

« Égratignez-le, il vous rendra une blessure ! »

Admirable fut donc le concert de louanges de tous les organes de la presse ; et l'auteur, dans son orgueil d'écrivain, se rengorgea et fit la roue !

Le succès de *Notre-Dame de Paris* fut distancé, éclipsé même par celui du *Médecin du Pecq*.

En moins de quinze jours, l'édition, tirée à sept cent cinquante exemplaires, fut vendue.

## XI

LA PIERRE DE TOUCHE. — UNE LECTURE. — EFFETS
QU'ELLE PRODUIT.

Dans mon septième chapitre : *Un futur auteur dramatique*, j'ai dit que Léon Gozlan allait se livrer à la littérature dramatique.

J'ai commis à dessein ce que l'on appelle un anachronisme ou une faute contre la sévère logique, qui ne permet jamais d'intervertir les faits, afin de ne pas interrompre le récit de *mon gril de saint Laurent*. Je me hâte donc de revenir sur mes pas.

Tout ce que je vais rapporter maintenant se rattache à l'époque où *le Médecin du Pecq* n'était pas encore publié.

Un matin du mois de septembre 1836, vers les onze heures, Gozlan vint chez moi. Il paraissait très-affairé, et me dit :

— Je n'ai pas le temps de causer avec vous ce matin, parce que j'ai plusieurs visites à rendre. Je viens seulement pour vous inviter à vous trouver ce soir avant huit heures, avec vos amis, Lemesle, Barbier et J. David, chez Jules Sandeau.

C'est ce soir que je dois y lire un drame en trois actes et en vers, que je destine, pour mon début dramatique, à la Comédie-Française.

Il tourna sur ses pieds et se sauva.

Comme on doit bien le penser, aucun de nous ne voulut manquer cette occasion de faire plaisir à notre ami ; nous étions curieux d'assister à une lecture qui semblait nous promettre une ample moisson de plaisirs in-

10

tellectuels. Avant huit heures, nous étions arrivés rue Custine, chez Sandeau.

La réunion des invités était complète ; neuf en tout.

Ces francs-juges, tous sincèrement dévoués à Gozlan, formaient une assemblée choisie et d'un véritable mérite littéraire.

Vous allez en juger par vous-même :

Voici leurs noms et qualités : *Gustave Planche*, ce roi de la critique, grave, sérieux et érudit ; ce *Polycrasse*, pour cette solennité dramatique, avait mis une chemise d'une admirable blancheur : il s'était même, contre son habitude, fait les ongles et lavé les mains : il avait horreur de l'eau.

*Charles Lemesle*, imprimeur-succursaliste, philologue des plus érudits, auteur d'un ouvrage imprimé à ses propres frais.

Il m'avait chargé de le vendre pour son compte ; il avait pour titre : *Tablettes d'un sceptique*, in-8°. C'était un recueil de pensées, de maximes et d'aphorismes dans le genre de celles de La Rochefoucauld, Vauvenargues et autres. Au bout de six mois, je n'en avais pas vendu un seul exemplaire.

Désolé, cet auteur alla consulter son ami, M. Paul Lacroix.

— Votre titre, lui dit celui-ci, est détestable ; il faut le changer. J'ai donné à Félix Davin un titre bizarre à son premier ouvrage, *le Crapaud* ; il s'est vendu.

— Mais quel titre puis-je prendre ?

— Je vais vous en composer un qui, par son originalité, sera très-significatif ; il réunira en un seul mot tout ce que vous avez eu l'intention de dire.

Voici le nouveau titre qu'il lui donna :

*Misophilanthropopanutopye*.

— Ce titre bizarre fera rechercher votre livre, lui dit

l'obligeant bibliophile Jacob, toujours disposé à rendre service à ses amis ou autres.

Titres et couvertures furent réimprimés, mais pas plus qu'avant l'ouvrage ne se vendit.

Je me trompe, car l'édition entière fut vendue par Lemesle aux épiciers.

Lemesle était un critique très-redoutable pour Gozlan, parce qu'il faisait la chasse aux néologismes de cet auteur.

*Jacques de Chaudesaigues*, satellite de Planche pour la critique légère. Il était auteur d'un recueil de poésies, un volume in-32°, qu'il avait fait imprimer à ses frais, sous le titre : *le Bord de la Coupe*.

Il m'avait aussi chargé de vendre pour son compte cet ouvrage.

Au bout d'un an, n'en voyant plus d'exemplaires sur mes tablettes, il me demanda de lui payer ceux vendus.

— Rien de plus facile, lui dis-je, ouvrez ce placard et comptez ce qu'il en reste.

— Tiens ! me dit-il, il en reste quatre cent quatre-vingt-dix-neuf ! Je vous en ai déposé cinq cents ! C'est drôle tout de même ! car c'est moi-même, qui, par un ami, l'ai fait acheter.

Je lui payai deux francs et lui renvoyai les quatre cent quatre-vingt-dix-neuf exemplaires du *Bord de la Coupe*.

*Jules David*, qui cultivait alors avec succès la littérature romantique, qu'il a abandonnée pour se livrer à des études plus sérieuses ; en ce moment, il travaille à une *Histoire de la littérature orientale*.

*Édouard Bergounioux*, auteur de romans historiques, tels que *Charette*, *Un Conseil de guerre*, etc. Rival puissant et heureux de l'auteur des *Chouans, ou la Bretagne en 1000*.

*Émile Regnault*, condisciple de Jules Sandeau, et ami particulier d'Honoré de Balzac ; dans la *Chronique de*

*Paris*, il tartinait avec beaucoup de grâce et d'esprit.

*André Barbier*, imprimeur, jadis associé de Balzac.

Enfin, moi, très-infime éditeur, ami de ces messieurs. Pour cette solennité dramatique, notre bon Jules Sandeau, en homme habitué aux usages de la plus haute société, avait fait les honneurs de son élégant salon, qui était au-dessous de celui de de Balzac.

Ce salon était éclairé à *giorno*, comme disent les Italiens, avec des bougies roses qui répandaient un doux et suave parfum.

Au milieu se trouvait un guéridon en laque de Chine, recouvert d'un tapis bleu, richement brodé, sur lequel étaient placés deux candélabres en bronze artistement ornementés, chacun à trois branches garnies de bougies; sur le tapis se voyait un plateau portant un verre d'eau complet en cristal de roche ciselé; un vaste fauteuil en maroquin vert, à la Voltaire, attendait le poëte.

Au coup de huit heures, l'introducteur, qui n'était autre qu'Auguste, le valet de chambre de Balzac, dit d'Entragues, annonça :

— Monsieur Gozlan !

Celui-ci fit son entrée le cigare aux lèvres; il l'éteignit tout aussitôt et le plaça sur le plateau; il me parut très-anxieux.

Un cordial et chaleureux *westcom* l'accueillit.

Léon Gozlan alla donner de vigoureuses poignées de main à ses amis.

Il prit place dans le fauteuil qui lui était destiné.

Sans prononcer une seule parole, il se prépara un verre d'eau sucrée, qu'il but d'un seul trait; il en prépara un second, en cas de besoin; il retira alors de la poche de côté de son paletot un rouleau de papier assez volumineux, attaché par un cordon de soie, il l'ouvrit, le déroula et le plaça devant lui.

Enfin, tous ces soins accomplis, il se disposa à commencer sa lecture.

Assis en demi-cercle devant le guéridon, nous attendions que l'auteur prît la parole. *Intentique omnes, ora tenebant*, a dit Virgile.

Le plus profond silence régna. La lecture du drame commença.

De sa voix forte, vibrante, avec son accent légèrement provençal, si euphonique à l'oreille, le poëte lisait avec chaleur, il faisait ressortir avec talent les beautés de sa riche poésie, les pensées les plus saillantes, qui brillaient de temps à autre comme autant d'étincelles électriques et de feux de Bengale.

Les deux premiers actes sont lus, mais pas la moindre manifestation d'approbation ni de désapprobation n'est donnée au lecteur par l'auditoire, qui paraît être sous l'oppression d'un désappointement fâcheux.

A ce silence glacial, Léon Gozlan devient pourpre; il s'arrête.

Coup sur coup il avale deux verres d'eau sucrée, auxquels il a ajouté de la fleur d oranger.

Son agitation fébrile un peu calmée, il reprend la lecture du dernier acte de son manuscrit.

Il en était arrivé à la dernière scène, la plus dramatique de toutes, lorsqu'il arrête brusquement sa lecture.

Un bruit étrange s'est fait entendre, il ressemble au ronflement d'une personne qui dort profondément.

Indigné avec raison de cette grossière injure, il dompte l'emportement de son caractère colérique; ses cheveux se hérissent, ses yeux lancent des flammes, il cherche à deviner quel est celui qui s'est permis de dormir à la lecture de son drame.

Il ne découvre rien.

Sans proférer un seul mot, il roule son manuscrit,

il le rattache, le met dans sa poche, reprend son bout de cigare, qu'il rallume, le met entre ses lèvres, saisit son chapeau, le place crânement sur sa tête, et d'un pas majestueux quitte le salon, sans même avoir dit à ses amis stupéfaits et consternés :

— Au revoir, Messieurs.

Pendant cette ennuyeuse lecture, j'avais déjà remarqué des symptômes très-fâcheux pour le succès de la pièce. Gustave Planche, à défaut de son mouchoir, qu'il avait oublié, avait passé fréquemment sa main sur son front, comme pour en chasser des idées importunes.

Lemesle avait pris de fréquentes prises de tabac, mais, contre son habitude, il n'avait pas reniflé, de crainte de faire du bruit.

Chaudesaigues, pour étouffer les bâillements convulsifs qui le dominaient, avait placé son foulard sur sa bouche.

Regnault, Bergounioux et David paraissaient consternés.

Tels étaient les symptômes fâcheux que j'avais remarqués.

Après le départ de Léon Gozlan, offensé dans son orgueil de poëte, un *tolle* général d'indignation tomba dru comme grêle sur le dormeur que l'on parvint enfin à réveiller.

— Mon Dieu, Messieurs, qu'ai-je donc fait que je vous voie tous si furieux contre moi?

On lui raconta son crime de lèse-politesse.

— Pardonnez-moi, Messieurs, nous répondit-il, d'un air tout penaud et profondément mortifié. Je me suis mortellement ennuyé : de l'ennui à la somnolence et de celle-ci au sommeil, la distance est très-courte ; j'ai lutté cependant... mais le sommeil a été plus fort que ma volonté.

Ce dormeur n'était rien moins que le facétieux Barbier, imprimeur!

Voici en deux mots le sujet de ce drame :

C'était l'application de la première tentative faite de la puissance de la vapeur à la traction, par des locomotives sur des rails pour transporter comme par enchantement, avec une rapidité vertigineuse, à d'immenses distances, les fardeaux les plus lourds et des masses de voyageurs. De là le titre de la pièce : *L'Espace est vaincu!*

L'on concevra sans peine qu'un tel sujet, malgré les admirables descriptions technologiques, parfaitement étudiées, ne pouvait présenter que très-peu de situations véritablement dramatiques.

Aussi, parmi les invités, ce drame n'obtint qu'un *fiasco* complet, absolu!

Il y a déjà trente-quatre ans que ce sont passés les faits que je viens de raconter.

Le ciel est très-loin de m'avoir gratifié d'une imagination créatrice, mais, par compensation, il m'a doué d'une heureuse mémoire. Je n'ai donc pas inventé à plaisir cette historiette; je n'ai eu qu'à la puiser dans mes souvenirs.

Rien, au surplus, ne saurait blesser ni l'orgueil ni la réputation de celui qui fut mon ami.

La pierre de touche lui prouva qu'il avait fait fausse route, voilà tout.

De huit de ses auditeurs, six depuis longtemps ont payé leur tribut à la nature; ils ont prouvé cette hardie pensée de Victor Hugo : « *La lame a usé le fourreau!* »

Mais il existe encore deux de ces amis; ils étaient très-jeunes alors, âgés de vingt-deux à vingt-quatre ans.

Ce sont M. Jules Sandeau, chez lequel ce drame fut lu; le second, M. Jules David, qui a assisté à cette lecture.

Vous allez croire peut-être que, par ce *fiasco* complet, absolu, Gozlan allait se décourager et abandonner la littérature dramatique dont le début ne lui avait pas été favorable?

Gardez-vous bien de le croire.

Cet écrivain était doué d'une volonté de fer. Il s'était promis de devenir un auteur dramatique distingué; il le devint en effet.

De même que Balzac, Gozlan était un *briseur d'obstacles*.

Rien ne le détournait du but qu'il s'était proposé d'atteindre.

« Doué de qualités rares et précieuses, dit M. Paul Mantz, Gozlan s'essaya dans le drame; on pouvait craindre que la finesse de son dialogue ne fût pas à sa place sur la scène, mais *la Main droite et la Main gauche* obtint un succès légitime, à l'Odéon, en 1842. »

M. Léo Lespès (Timothée Trimm) a dit ce qui suit dans son *Petit Journal* :

« ..... Sa première pièce, *la Main droite et la Main gauche*, était écrite pour le théâtre de la Renaissance.

« Le *Times* se procura une copie du manuscrit envoyé à la censure et prétendit que l'Angleterre y était insultée.

« On allait jouer le drame quand le ministère fit arrêter la représentation.

« On afficha sur le théâtre : *Relâche par ordre*.

« Des étudiants, imitant la mutilation de *Borgia* en *orgia*, de la *Lucrèce Borgia*, d'Hugo, enlevèrent la première syllabe ; il resta :

« ..... *lâche par ordre.* »

« Gozlan était vengé par la jeunesse d'alors...

« Après bien des coupures, la pièce fut représentée à l'Odéon.

« M^me Dorval, qui jouait un rôle important, rentra dans

la coulisse au deuxième acte, en s'écriant avec des hauts de cœur inexplicables :

« — Les brigands!... Ils m'ont donné du chat!

« — Du chat! fit Gozlan confondu.

« — Oui, quand je m'agite, les poils m'entrent dans la bouche et m'étouffent.

« On avait vendu, à l'inimitable comédienne, une pelisse dont la fourrure qui *muait*... était en imitation et non en martre.

« Le roi Louis-Philippe en voulut à Gozlan pour cette pièce d'opposition.

« Il fallut la volonté de M. de Salvandy pour obtenir qu'il fût décoré. »

XII

LE REVERS DE LA MÉDAILLE. — DÉSASTRES COMMERCIAUX.

Mais je m'aperçois que je me suis très-éloigné du sujet principal de cette esquisse pour parler des vicissitudes éprouvées par Léon Gozlan à la lecture de son drame : *L'Espace est vaincu*.

Je m'empresse d'y revenir.

Je vais donc expliquer comment nos rapports si cordiaux furent tout à coup *brutalement* brisés.

Dans les six premiers mois de 1839, j'avais obtenu les plus beaux résultats, — sept succès de vente, dont sont très-friands les éditeurs.

J'avais publié de Messieurs :

Léon Gozlan, *Le Médecin du Pecq*, 3 volumes in-8°;

Jules Janin, *Les Catacombes*, 6 volumes grand in-18, papier vélin ;

Alphonse Royer, *Le Connétable de Bourbon*, 2 volumes in-8° ;

Hippolyte Lucas, *L'Inconstance*, 2 volumes in-8° ;

Jules Sandeau, *Marianne*, 2 volumes in-8° ;

Arsène Houssaye, *La Belle au bois dormant*, 2 volumes in-8° ;

Jules David, *Jacques Patru*, 2 volumes in-8° ;

Sans compter plusieurs milliers d'exemplaires de mes autres livres de fonds, — succès que j'avais obtenus par mon activité persévérante, mes veilles, mon énergie et mon intelligence commerciale.

Ces belles publications m'avaient donné un chiffre de vente de plus de soixante-dix mille francs :

Ma librairie et l'état de mes finances étaient des plus prospères.

L'avenir me souriait !

J'avais des traités pour de nouvelles publications avec tout ce que la littérature de ce temps offrait de talents ayant déjà fait leurs preuves.

Tout s'unissait donc pour affermir de plus en plus mon courage et justifier mes espérances.

Mais, vers la fin du mois d'août, commença à se faire sentir dans la librairie de nouveautés une de ces perturbations affreuses qui affligent tous les sept ou huit ans cette malheureuse branche de commerce.

Chaque jour vit se succéder, coup sur coup, de ces désolantes et ruineuses faillites qu'aucune prudence humaine ne saurait prévoir ; lorsqu'un libraire succombe il en entraîne d'autres, car il cherche, en homme d'honneur qu'il est, à dissimuler, autant que possible, le danger de sa position, et, lorsqu'il tombe enfin, épuisé, il a, pour payer ses dettes, tout sacrifié, tout vendu, jusqu'aux vêtements de sa femme !

Ma barque se brisa contre ces écueils !

J'eus à rembourser près de quarante mille francs d'effets impayés de mes libraires.

Dans cette déplorable catastrophe je pris un parti violent, mais sage.

Je me décidai à renoncer pour toujours à une industrie des plus honorables, il est vrai, et des plus compatibles avec mes goûts, mais qui, pour prix de mon travail opiniâtre, de mes longs et fatigants voyages, ne m'avait offert, depuis vingt-cinq ans, que d'amères déceptions.

Je résolus de liquider mes affaires et de me lancer dans une autre carrière.

Fort de cette énergique détermination, je vendis tous mes livres, je vendis tous mes traités, et, pendant cinq ans que dura cette laborieuse liquidation, homme de cœur et d'énergie, je luttai courageusement contre l'adversité.

Ce fut dans cette circonstance que je cédai le roman de *Blanche*, et le traité qui m'assurait la seconde édition du *Médecin du Pecq*.

Lorsque j'annonçai à Léon Gozlan que nos rapports d'homme de lettres à éditeur n'existaient plus, puisque j'avais été obligé de vendre à un libraire, pour la somme minime de quinze cents francs (à payer encore en effets de commerce) le droit de publier la seconde édition du *Médecin du Pecq* en quatre volumes in-12, et le roman inédit de *Blanche*, c'est une justice à rendre à cet auteur, il en fut atterré !

Il me dit ces paroles :

— C'est un cuistre que ce libraire. Je suis vraiment désolé de ce que vous m'apprenez ; mais soyez bien convaincu d'une chose, c'est que si nous sommes séparés par les circonstances, mon amitié vous est acquise à jamais.

En effet, cet ami venait me voir fréquemment, rue des Marais-Saint-Germain, où je demeurais alors. — Constamment il se plaignait des obstacles que lui opposait ce souverain industriel entre les mains duquel ma propriété était passée, pour réimprimer son *Médecin du Pecq*.

Enfin, tout joyeux, Gozlan m'annonce un jour que celui-ci lui avait promis de mettre sous presse son ouvrage s'il avait la certitude qu'il ne restait plus d'exemplaires de l'édition in-8º chez les libraires.

— Vous seriez, cher, bien aimable, de vous assurer par vous-même s'il ne reste plus chez les libraires d'exemplaires de mon livre; s'il en est ainsi, je saurai bien le contraindre à mettre sous presse la seconde édition. *Je lui tannerai* alors *le cuir* s'il s'y refuse encore.

Je le lui promis en l'assurant que le lendemain vers midi j'irais lui rendre compte du résultat de mon inspection.

Comme je ne vendais mes livres qu'en gros à une dizaine de libraires-commissionnaires qui exploitaient les cabinets de lecture, très-nombreux à cette époque, mon inspection fut bientôt terminée. Chez aucun de ces libraires il n'existait un seul exemplaire du *Médecin du Pecq*.

J'allai porter immédiatement cette bonne nouvelle à mon ami.

Son cœur débordait de joie. — J'aurai donc enfin, s'écria-t-il, une seconde édition d'un de mes ouvrages, moi, à qui jamais encore n'est arrivé un pareil bonheur! Tenez, cher, je suis si content, si heureux, qu'il faut absolument que nous fassions ensemble une petite débauche. *Payez-moi à déjeuner* au Palais-Royal!

J'acceptai généreusement cette gracieuse invitation.

Non-seulement nous déjeunâmes, mais jusqu'à cinq heures du soir, nous continuâmes à bavarder, tout en flânant.

Au moment de nous séparer dans l'ancienne rue du Coq, j'offris à Gozlan, comme un nouveau gage d'amitié, un excellent cigare, qu'il accepta, bien entendu.

Fidèle à ses habitudes d'économie, il le coupa en deux et en serra la moitié dans son porte-cigares, allumant l'autre pour le fumer incontinent.

Nous échangeâmes une cordiale poignée de main et nous nous séparâmes.

Nous avions bien déjeuné chez Parly, bien causé, bien flâné.

Nous avions passé ensemble une journée charmante.

Tout allait, vous le voyez, pour le mieux, entre mon excellent ami Léon et moi.

Aussi quelle ne fut pas ma stupéfaction, ma douleur, en recevant, le soir même, à sa requête, par le ministère d'un huissier, une sommation à comparaître à la septième chambre de la police correctionnelle, pour avoir tiré un nombre d'exemplaires du roman intitulé : *Le Médecin du Pecq*, supérieur à celui qui avait été arrêté dans le traité intervenu avec l'auteur...

A cette foudroyante accusation je fus anéanti.

Dans tout ce que je vais dire maintenant de relatif à ce procès, malgré le ressentiment que dut exciter dans mon âme un pareil procédé, dont après trente ans, je me sens encore profondément ému, je n'écrirai pas un mot qui puisse blesser Gozlan; car je l'ai trop connu loyal et honnête pour croire qu'il eût agi ainsi à mon égard sans des perfides suggestions que son seul tort est d'avoir accueillies sans contrôle.

En me quittant dans l'ancienne rue du Coq, après avoir accepté mon déjeuner et un de mes cigares, dont il fumait encore la moitié, il remonta les quais jusqu'au pont des Arts, qu'il traversa, et alla annoncer à son nouvel éditeur, qui demeurait au faubourg Saint-Germain, que la totalité des exemplaires du *Médecin du Pecq* était vendue, épuisée, et par conséquent, il lui demanda qu'il eût à mettre la seconde sous presse.

La réponse de cet individu fut une *dénonciation* en bonne forme ; il affirma à Gozlan que j'avais tiré un nombre d'exemplaires de son livre supérieur à ma déclaration...

Alors, dans sa juste indignation contre moi, sans information préalable auprès de l'inculpé, *au nom de la bonne foi publique outragée, au nom de ses intérêts lésés*, Gozlan fit lancer contre moi l'assignation dont je viens de parler.

En lisant ce papier timbré, je fus tout d'abord anéanti, bouleversé ; mais fort de ma conscience et des faits, je ne m'effrayai nullement, certain qu'un souffle suffirait pour mettre cette accusation à néant et cependant..., pour me défendre avec succès, il me fallait, à tout prix, rentrer dans mon traité avec Léon Gozlan, que j'avais vendu cinq cents francs en billets à terme à un éditeur peu scrupuleux.

Surmontant mon dégoût pour cet homme qui, craignant d'avoir fait un mauvais marché, recourait à une basse calomnie pour s'en débarrasser, j'allai le trouver le lendemain.

Je lui rachetai pour *sept cent cinquante francs* (vous l'entendez ! *sept cent cinquante francs*) ce que, un mois auparavant, je lui avais vendu *cinq cents*, mon traité avec Léon Gozlan.

Au jour dit, avec l'imprimeur C. Lemesle, également mis en cause, je me rendis à l'audience de la police correctionnelle.

Comme j'en étais sûr d'avance, sur mes simples observations, sans l'assistance même d'un avocat, je fus renvoyé de la plainte....., et la partie adverse se vit condamnée aux dépens !....

Je m'abstiens de toutes réflexions.

Le lecteur jugera.

Ce que je ne puis exprimer c'est le chagrin que je ressentis de ce que, dans l'impétuosité de son caractère, Léon Gozlan eût cru aussitôt, à la légère, une aussi basse et aussi cupide dénonciation.

Quant au dénonciateur lui-même, j'aurais eu certes le droit de l'attaquer comme diffamateur.

Je ne le fis pas.

La meilleure réparation pour moi était dans le jugement rendu.

L'estime publique m'environnait, que me fallait-il encore de plus ?

Je me contentai de vouer au plus souverain mépris ce vil prêteur à la petite semaine.


## XIII

#### RESPECT A LA MÉMOIRE DES MORTS.

En présence de la tombe d'un ancien camarade, d'un ami avec lequel on a eu des rapports intimes et commerciaux, quelles que soient les ronces et les épines de cette liaison et ses conséquences, — quels que soient les amers et pénibles souvenirs qu'ils aient laissés au fond de votre cœur ulcéré, — tout doit être oublié pour faire place aux regrets les plus sincères et les plus douloureux.

C'est ce que j'ai éprouvé le 16 septembre 1866, en lisant dans un journal que, la nuit du 14 au 15, Léon Gozlan était mort presque subitement.....

A cette fatale nouvelle, le journal me tomba des mains et des larmes très-sincères, je le déclare, vinrent perler dans mes yeux.

A deux mois à peine de distance, trois écrivains, l'espérance et la gloire de notre moderne littérature, nous ont été enlevés : Méry, Roger de Beauvoir et Léon Gozlan.

Ma première douleur calmée, je m'empressai de reprendre l'article que j'avais consacré à celui qui avait emporté dans la tombe l'une des plus belles imaginations de cette belle Provence, l'un des plus beaux rayons de son soleil.

Je revis donc ce manuscrit écrit en 1856, à *Notre-Dame-de-Gare-le-Cou*, afin de m'assurer si cet article n'avait pas été dicté sous l'impression de fâcheux souvenirs.

J'ai relu ces feuillets avec une sévère attention.

J'en ai supprimé tout ce qui aurait pu blesser la susceptibilité si chatouilleuse de cet homme de lettres qui, vivant, aurait pu repousser des imputations quelquefois imprégnées d'une certaine dose d'amertume ; aujourd'hui je puis croire que si l'écrivain que je regrette vivait encore le jour où cet article sera publié, il me rendrait cette justice :

— « Oui, dirait-il, j'ai pu avoir quelques torts envers ce libraire, — mais tout ce qu'il rapporte est écrit avec la convenance la plus grande, la plus parfaite, — il n'a rien amplifié. »

« Il y a plus de mérite qu'on ne le pense généralement, ai-je dit dans mon *Portrait intime de Balzac*, à parler avec modération des choses dont on a été témoin, des hommes qu'on a connus.

« Il est si difficile de se dégager complétement des impressions qu'on a reçues, et de faire taire les sentiments qui en sont nés, qu'on devrait moins s'étonner de voir la partialité la plus révoltante assise au tribunal de la biographie ou de l'histoire. »

Au reste, il est de règle à peu près universelle aujourd'hui de déchirer ses adversaires, ses rivaux, ses ennemis, et de décerner à ses amis des éloges enthousiastes...

Je dis les faits, le lecteur jugera.

Et pourtant je suis sur un terrain glissant :

Mes rapports avec les hommes d'intelligence ont dû faire naître en moi bien des affections, bien des admirations même.

J'ai dû, autant qu'un autre, subir la double influence du talent et de l'esprit; — peut-être ces heureux rapports ont-ils été traversés par quelques ennuis.

Comment échapper complètement à ces souvenirs ?

C'est cependant ce que je me suis efforcé de faire. Et je répète :

RESPECT A LA MÉMOIRE DES MORTS !

Je m'incline donc, le cœur navré par un profond regret, sur la tombe de Léon Gozlan !

C'est se respecter déjà soi-même que de respecter la mémoire de ceux qui ne sont plus.

Ce n'est certes pas à mes soixante-dix-huit ans que je voudrais commencer à donner des entorses à la vérité.

Depuis le 15 septembre 1866, j'ai du reste *tout oublié*....

XIV

SUPRÊME ADIEU A CELUI QUI FUT UN DES RAYONS DE SOLEIL
DE LA POÉTIQUE PROVENCE.

Léon Gozlan était né à Marseille le 1er septembre 1803.

Le jour de sa mort il était donc âgé de soixante-trois ans et quatorze jours !

On le croyait généralement de la religion juive.

Deux ministres de cette religion furent appelés, et passèrent la nuit en prières auprès du corps du défunt.

Erreur. Gozlan était catholique; en voici une preuve irrécusable :

Après la mort de cet illustre écrivain, son gendre M. Duval découvrit dans ses papiers un acte de baptême, extrait de la paroisse de Sainte-Marie-Majeure, à Marseille. Il est signé par M^me Estelle *Provenzal*, mère de Léon; elle avait pris pour parrain *Jean-Pierre Martin* et pour marraine *Françoise Blanc*.

En conséquence de la découverte de cet acte, les deux ministres de la religion israélite durent se retirer.

Les obsèques furent célébrées avec les cérémonies de la religion catholique, à l'église Saint-Eugène.

Ce fut le curé de cette paroisse qui officia.

Le deuil fut conduit par M. Duval, gendre du défunt, et M. Mont-Rouge, son parent.

Les coins du poële furent portés par MM. Arsène Houssaye, Amédée Thierry, Ferdinand Langlé, et Albéric Second.

Après la cérémonie religieuse, le char funèbre se dirigea vers le cimetière Montmartre, où eut lieu l'inhumation.

Un cortége très-considérable d'hommes de lettres, d'artistes dramatiques et de simples artistes, rendit un dernier hommage à l'homme de talent qui a laissé dans la littérature française un vide regrettable.

M. Ferdinand Langlé, au nom de la Société des auteurs dramatiques; M. Albéric Second, au nom de la Société des gens de lettres; M. Georges Bell, au nom des littérateurs marseillais, exprimèrent sur la tombe de Léon Gozlan les sentiments de sympathiques regrets qui animaient tous les assistants.

Afin de terminer cette esquisse sur l'homme distingué que j'ai beaucoup aimé, je vais faire quelques emprunts à un article publié dans le *Petit Journal*, que dirigeait alors avec verve et talent l'une de nos plus fécondes et intarissables plumes, M. Léo Lespès.

On lisait dans ce journal, le 16 septembre 1866, ce qui suit :

« Une nouvelle lugubre s'est répandue ce matin dans Paris.

« L'un des plus charmants esprits de la littérature contemporaine, un compatriote de notre regretté Méry, Léon Gozlan, est mort.

« Il a rendu l'âme sans douleur, sans agonie, sans même que sa famille pût prévoir le malheur qui l'accable.

« Il souffrait d'une maladie rhumatismale depuis de longues années.

« Il avait eu une recrudescence de douleurs depuis quelque temps.

« Il avait été pris d'une suffocation il y a huit jours; mais quelques gouttes d'éther l'avaient soulagé.

« Ce matin, M^me Gozlan entra dans sa chambre, et, le voyant sans mouvement, ne voulut pas le réveiller.

« Elle revint quelques instants après, et, s'approchant de lui, elle s'aperçut, après quelques minutes, qu'il avait cessé de vivre.

« La mort avait eu lieu, probablement, par suite du rhumatisme qui aura gagné le cœur.

« On peut juger de la désolation de cette famille.

« Hier matin encore, il recevait ses amis, travaillait à une comédie destinée au Théâtre-Français, et prenait l'air sur la terrasse de son appartement, situé à Paris rue Bleue, n° 19.

« Il comptait sortir bientôt, car ses douleurs étaient passagères, et il avait l'intention d'aller au Comité des auteurs et compositeurs dramatiques, dont il était le président depuis six mois.

« M^me Gozlan, croyant d'abord à une syncope quand elle

le trouva immobile, envoya chercher en même temps le médecin et le prêtre.

« Tous deux arrivèrent trop tard !

« Une attaque l'avait étouffé pendant la nuit.

« Léon Gozlan était né d'une famille israélite et proche parent de M. Allegri le banquier.....

« Le frère de Léon Gozlan était un savant distingué ; Léon eut un jour une polémique à Marseille avec le révérend père Ravignan, sur des matières philosophiques, et on dit que le prédicateur catholique rencontra un rude adversaire.

« Quant à Gozlan, il était d'une grande tolérance en matière de liberté de conscience, et en même temps d'une moralité parfaite.

« — Pourquoi tourmenter Dieu par des demandes incessantes, répétait-il, quand il nous a fait dire une fois pour toutes qu'il n'était pas visible ?

« Une des dernières motions de Léon Gozlan à la Société des Gens de lettres, dont il était le président honoraire, tendait à réglementer le titre d'homme de lettres.

« Il se plaignait, avec cette calme raison qui s'alliait si bien au plus délicat esprit, — que tout homme n'ayant aucune profession prît le titre d'homme de lettres, sans justifier d'aucun droit.

« De telle façon que la corporation était souvent atteinte dans sa dignité par cette flagrante usurpation.

« Il cherchait à trouver un remède à cet abus.

« Et il demanda que cette question fût mise à l'étude, afin que les gens sans état, sans mission dans le monde, sans but, sans œuvres publiées, sans preuves faites, ne pussent pas se couvrir de la profession des lettres....., comme d'une enseigne menteuse. »

Voici ce que disait à son tour, d'après *la Chronique des*

*Gens de Lettres*, au nom de cette Société, l'un de ses vice-présidents, M. Albéric Second, sur la tombe de Gozlan :

« Messieurs,

« Dans ce Paris fiévreux et affairé, qu'on accuse volontiers d'être préoccupé uniquement de ses intérêts ou de ses plaisirs, il s'est manifesté une vraie stupeur à cette nouvelle si douloureuse et si imprévue :

« Léon Gozlan est mort ! »

« Ce sont les plus tristes messages qui ont le privilége de se transmettre le plus vite,

« A cette heure donc, ce n'est pas seulement Paris, c'est la France entière qui porte le deuil d'une de ses gloires littéraires les plus éclatantes et les plus pures.

« Si durement éprouvée par tant de pertes récentes, la Société des Gens de lettres était en droit d'espérer que, d'ici à longtemps, elle n'aurait pas la douleur de nouer un nouveau crêpe à son drapeau.

« Hélas ! Messieurs, vous le voyez : notre espoir a été cruellement déçu, et nous voici encore assemblés autour d'une fosse béante.

« Celui qui fut notre maître honoré, et notre inimitable modèle, celui qui dut plusieurs fois à vos suffrages l'honneur d'être élu président de notre comité, Léon Gozlan n'est plus !

« Ce coup inattendu est un des plus douloureux qui puissent frapper la grande famille des lettres.

« Il retentira longtemps dans nos cœurs affligés.

« Comment se séparer sans un déchirement profond de l'homme supérieur qu'on s'était habitué à aimer et à admirer depuis tant d'années ?

« Et, en effet, Léon Gozlan était un vétéran de la renommée et du succès.

« Pendant quarante ans romancier infatigable et divers, journaliste sans rival, il s'est tenu sur la brèche, toujours prêt à combattre, toujours sûr de vaincre.

« Quarante ans de travaux !

« A lire ses dernières pages tout imprégnées des parfums de l'esprit, de l'inspiration, de la grâce et de la jeunesse, eussiez-vous eu soupçon de son âge, ô vous tous qu'il tenait sous le charme ?

« Et c'est cet arbre puissant que la mort vient de foudroyer, lorsqu'il nous promettait encore d'abondantes récoltes de fleurs embaumées et de fruits délicieux !

« Vous n'attendez pas de moi, Messieurs, qu'en un tel moment et en un tel lieu, j'analyse et j'apprécie l'œuvre considérable de Léon Gozlan.

« Je n'ignore pas qu'en l'absence d'un orateur plus autorisé, je parle ici au nom de la Société des Gens de lettres; mais je sais aussi, je sais surtout que je parle sur la tombe d'un homme qui m'honora de sa constante amitié. Excusez-moi donc, je vous prie, si à la place d'un discours, je me borne à prononcer quelques paroles sincèrement émues.

« A quoi servirait, d'ailleurs, de vous rappeler les titres de ses romans ? *Le Notaire de Chantilly*, *le Médecin du Pecq*, *Washington Levert et Socrate Leblanc*, *Aristide Froissart*, et tant d'autres sont dans toutes les mémoires comme dans toutes les bibliothèques, et ils y resteront tant que nous serons amoureux en France du plus brillant esprit et du plus merveilleux style, unis étroitement au plus solide bon sens, à la plus haute raison.

« Il y a aujourd'hui même deux mois, Léon Gozlan adressait d'éloquents adieux à notre pauvre camarade Edouard Martin, et il prononça ces prophétiques paroles que j'ai pieusement recueillies :

« Notre grand poëte l'a dit :

« *Les jeunes vont devant.*

« Et ils vont d'autant plus vite qu'ils sont plus jeunes,
« et si vite qu'ils ne pensent ni au boulet qui va les frapper
« sur le champ de bataille, ni aux déceptions qui les atten-
« dent dans d'autres combats de la vie ; combats en appa-
« rence moins dangereux que ceux où l'on tire l'épée, en
« apparence seulement ! La vie est pleine de champs de
« bataille aussi réels que ceux que le canon laboure. Le
« travail des nuits, la réflexion toujours, le doute plus
« souvent encore, la crainte perpétuelle de décroître, la
« soif inextinguible de grandir. Quels combats ! quels
« ennemis ! Là-bas, c'est la balle de plomb ou de fer qui
« frappe un peu partout ; ici, c'est l'émotion, et l'émotion
« ne frappe qu'à une seule place : le cœur. Et pourquoi ?
« Pour arriver là !..... — Ah ! soyons plus cléments pour
« nous-mêmes. »

« J'ai qualifié ces paroles de prophétiques, Messieurs, et j'ai eu raison.

« L'événement ne l'a que trop prouvé.

« Léon Gozlan était resté le plus jeune de nous tous.... Et c'est pour cela qu'il a été frappé au cœur !.....

« Adieu, Léon Gozlan ! adieu, notre ami bien cher et notre maître illustre !

« Je ne me séparerai pas de toi sans évoquer encore une de tes dernières paroles. C'est Méry qui te l'a inspirée, mais elle te sied aussi bien qu'à ton glorieux ami :

« — *Aujourd'hui*, Messieurs, *nous inhumons un rayon de soleil !* »

# MAURICE ALHOY

1825 à 1845

## TABLE DES CHAPITRES

I. Une existence gâchée.
II. Naissance du journal reproducteur *le Voleur*.
III. Une vie très-originale.
IV. La Grande-Chartreuse.
V. Diplomatie attractive.
VI. Est-ce un homme ou une femme?
VII. L'Odyssée de Maurice Alhoy racontée par lui-même.

# MAURICE ALHOY

## L'UN DES ROIS DE LA BOHÊME

### 1825 A 1845

---

> Il était assis, au bord de la grande route, sur une borne. Près de lui reposait sur l'herbe au bout d'un bâton qu'il portait sur l'épaule, chemin faisant, un mouchoir vieux, usé, troué, noué par les quatre bouts, renfermant deux chemises grossières, déchirées, une blague à moitié pleine de mauvais tabac, une pipe de terre artistement culottée, une marotte, un chapelet, un sceau pulaire, un costume complet de paillasse et une robe de chartreux. Depuis plusieurs années il courait le monde à l'aventure, essayant de tous les métiers imaginables, en vrai bohémien qu'il était.
>
> QUEVEDO — *El gran tocano.*

## I

UNE EXISTENCE GACHÉE.

Maurice Alhoy est mort il y a quelques années, après avoir jeté dans le monde littéraire l'éclat d'un météore, se survivant, hélas ! à lui-même, et quand son nom, par hasard, était prononcé, ne recueillant de toutes les lèvres dédaigneuses que ce peu de mots : *Maurice Alhoy ! qu'est-ce que c'est que cela ?*

Oui, de tous les écrivains dans l'intimité desquels j'ai vécu pendant quinze ans, c'est, à mon avis, celui qui a le plus follement *gâché* la plus belle des existences.

Grand, brun, élancé, d'une figure avenante, de manières distinguées, pétillant de verve, d'entrain et d'esprit, possédant tout ce qu'il faut pour plaire et réussir, il s'était vu constamment empêché, par son caractère léger, frivole et inconstant, de mettre à profit les dons heureux dont la nature s'était plu à le combler.

Je l'ai tour à tour connu littérateur correct et élégant ; fondateur et créateur du premier *Figaro*, dans le passage du Commerce, au faubourg Saint-Germain, avec Étienne Jourdan, le graveur-chansonnier ; directeur des journaux *le Voleur* et *l'Ours* ; collaborateur du *Miroir*, de *la Pandore*, de *l'Opinion*, du *Diable boiteux*, du *Constitutionnel des Dames*, de *la Nouveauté*, du *Corsaire*, avec Jay, Jouy, Montigny, Cauchois-Lemaire, Monglave, Latouche, Ader, Fontan, Chalas, Moreau, Léonard Gallois, Ferdinand Langlé, de Forges, Adolphe de Leuven, Virmaître, Amédée de Bast, Marie Aycart, Étienne Arago, Hippolyte Rolle, Le Poittevin Saint-Elme, etc., etc.; chartreux dans les montagnes du Dauphiné ; bohème dans tous les quartiers de Paris ; puis, nouveau saint Vincent de Paul, parcourant les bagnes pour étudier les mœurs des forçats; capucin, je ne sais où ; directeur du *Théâtre Beaumarchais*, sur lequel il chevaucha quelque temps, et qui agonisa, tué sous lui ; auteur, plein de verve, d'innombrables drames, mélodrames, farces et fantasmagories ; prestidigitateur hors ligne dans son *Zig-zig*, qui fit courir tout Paris ; puis encore riche marchand de marrons du Luc, sur le quai de Marseille : que sais-je, enfin ?

Depuis vingt ans, on l'avait perdu de vue, et ses vieilles connaissances le croyaient passé à l'état de mythe.

Quand, peu de temps avant sa mort réelle, définitive et sans remise, il ressuscite tout à coup dans le *Figaro-*Villemessant, offrant aux abonnés de cette feuille, comme du fruit nouveau, ses *Bagnes*, le seul de ses ouvrages qui restera peut-être, quoique ce soit une triste célébrité, après tout, que d'être le chantre, l'Homère des Contrafatto, des Maingrat, des Collet, des comtes de Sainte-Hélène et de toutes ces illustrations du faux, du vol, du viol, de l'assassinat, du poison, du poignard et de l'incendie.

Peu d'hommes ont possédé une imagination aussi fertile que la sienne. Il en aurait revendu, sous ce rapport, au plus riche.

Il avait créé non-seulement *le Figaro*, *l'Ours* et *le Voleur*, mais une multitude d'autres journaux, de l'énumération desquels je crois devoir charitablement faire grâce au lecteur.

Il avait écrit *les Bagnes* ; il avait commencé *Sous le Froc*, roman que, à bout d'idées, il ne put conduire au dénoûment ; il avait fait paraître *les Prisons de Paris*, en collaboration avec Louis Lurine ; enfin, pendant dix ans, l'éditeur Ambroise Dupont avait annoncé de lui, comme devant paraître sans cesse, et ne paraissant jamais, *le Bachelier de Paris*, un fort joli titre, ma foi !

## II

NAISSANCE DU JOURNAL REPRODUCTEUR *le Voleur*.

L'idée première et la création du journal *le Voleur* appartiennent en propre à Maurice Alhoy seul, et non à M. Emile de Girardin, comme, à tort, on le croit généralement.

A tout seigneur, tout honneur ! *Suum cuique.*

C'est de Maurice lui-même, un jour qu'il était dans son bon sens, ce qui lui arrivait fort rarement d'ailleurs, que je tiens cette histoire véridique *de voleur* ou *du Voleur*, dont je laisse à son ombre toute la responsabilité.

« Une nuit que je rêvais dans mes draps, me dit-il, une idée lumineuse me traversa subitement l'esprit : il ne s'agissait de rien moins que de créer un journal reproducteur avec les meilleurs articles des feuilles le plus en vogue, avec les plus jolis contes, les plus attrayantes nouvelles, les meilleurs romans des écrivains en renom, sans avoir à leur payer le moindre *droit d'auteur*. Et à cette excellente idée, j'accolais un excellent titre, un article et un substantif, la résumant tout entière, *le Voleur*. Mais ce n'est pas tout que d'avoir une bonne idée, il faut avoir encore de l'argent pour la mettre à exécution.

« Or, je ne possédais que quarante francs pour toute fortune, et je ne pouvais espérer, dans ma position, obtenir du crédit, ni chez l'imprimeur, ni chez le marchand de papier.

« Que faire ? Je parlai de mon embarras à James Rousseau, mon ami, homme de lettres comme moi. Par grand extraordinaire il possédait, ce jour-là, soixante francs, qu'il mit à ma disposition, m'offrant de s'associer à moi dans l'exploitation nouvelle. J'acceptai avec empressement, mais il me fallait cent francs de plus, car un numéro du *Voleur* devait coûter 200 francs.

« Je ne perdis pas courage. J'allai voir mon camarade Émile Girardin, qui n'usait pas encore de la particule nobiliaire, et avait un emploi qui le mettait à même de faire des économies. Je lui demandai de me prêter cent francs.

« — Cent francs ! s'écria-t-il. Y pensez-vous ? Et pourquoi faire ?

> La fourmi n'est pas prêteuse;
> C'est là son moindre défaut.

« Je lui expliquai le plan de mon *Voleur* dont la réussite me paraissait infaillible. Il paraît que ce projet ne sourit pas moins à mon bailleur de fonds en expectative, puisque, bondissant sur son fauteuil, comme un homme frappé de la pile de Volta, il s'exclama :

« — Part à trois, Maurice ! je donne les cent francs.

« Il les donna, en effet, et d'autres encore ; l'entreprise réussit, et, plus tard, M. de Girardin devint seul propriétaire de ce recueil, dans lequel il fit des bénéfices considérables. »

Le sort de cette publication a été bizarre, étrange.

Après être montée fort haut comme instrument de vulgarisation et comme spéculation commerciale, elle s'est insensiblement affaissée sur elle-même. Mais M. de Girardin avait pris ses précautions : il s'était prudemment retiré lorsqu'il avait vu le succès décroître. Depuis sa retraite, *le Voleur*, descendant toujours, a passé par bien des mains.

A l'heure qu'il est, un homme pourtant habile s'il en fut, sue sang et eau pour faire en sorte de galvaniser le défunt, c'est du journal dont nous voulons parler. Peine inutile ! Annonces, réclames, fifres, tambours, clairons, trompettes et *tam-tam* n'y peuvent rien. Les conditions de publicité changent tous les dix ans. Le règne du *Voleur* est passé : on a beau abaisser ses prix, que voulez-vous qu'il fasse en présence de la presse populaire A UN SOU ? Certes, ni Maurice Alhoy, s'il était encore de ce monde, ni Émile de Girardin, qui vient de prouver qu'il en est en se remariant, ne songeraient aujourd'hui à essayer de remettre sur ses pattes leur vache à lait d'autrefois.

La première condition de tout succès est d'être de son temps et de venir à propos.

### III

#### UNE VIE TRÈS-ORIGINALE.

Fatigué des plaisirs bruyants de Paris, au désespoir de la fin prématurée d'une femme qu'il adorait, traqué aussi, il faut bien le dire, par des essaims de créanciers malappris, Maurice Alhoy prit son vol comme un oiseau qui s'échappe de sa cage ; il se fit bohême et résolut de parcourir la France.

« La Bohême littéraire, a dit de Balzac dans son *Prince de la Bohême*, est le dernier degré du mépris pour les usages reçus dans la société ; c'est l'extravagance d'une philosophie aux abois qui est bien près d'atteindre la folie. »

Mais, avant de vous exposer les fruits qu'il retira de sa vie errante, permettez-moi de vous raconter de lui deux faits assez excentriques, qui vous feront mieux connaître notre original que toutes les réflexions possibles.

Ami tendre et fidèle (chose rare pourtant que la fidélité

chez un homme de la trempe de Maurice), il prodigua les soins les plus empressés, les plus délicats à sa bien-aimée, qui expira dans ses bras en le bénissant.

A ce moment fatal, suivant son invariable habitude, il n'avait pas le sou; il ne possédait pas même (cela se conçoit, du reste) le moindre objet qu'il pût confier à cette grande administration, plus ou moins philanthropique, plus ou moins paternelle, gardienne des nippes du pauvre, et que le peuple parisien, dans sa folâtre humeur, appelle *sa tante*.

Enfin, il n'était pas assez fou pour songer à tenter le moindre emprunt : il savait par expérience que la capitale de la civilisation ne renfermait pas un seul être vivant qui consentît à lui prêter une obole. Que faire ?

Les restes inanimés de la défunte étaient là, sur un lit de sangle, réclamant en vain la faveur de la fosse commune dans un cimetière de Paris.

Une idée subite traverse, à leur aspect, le cerveau de Maurice.

La tête en feu, il s'assied devant son bureau, attire à lui d'un mouvement fiévreux une feuille de papier; puis l'inspiration débordant, il écrit une complainte bien triste, bien lugubre, sur la fin déplorable de sa maîtresse.

Sans se donner la peine de relire les douze couplets, qu'il vient de composer tout d'une haleine, il ferme la porte du logement où est déposée la jeune fille; il s'élance comme un trait dans la rue, sans habit, sans chapeau; on le prenait pour un fou et il l'était presque...

Il court enfin, il court toujours, jusqu'à l'échoppe d'un de ces éditeurs de bas étage qui ne publient que des ponts-neufs.

Par bonheur, celui-ci était un homme de goût; il compta cent francs à Maurice pour la propriété de l'œuvre, qui, quatre heures après, par l'organe des chanteurs et chanteuses médaillés de la police, retentissait sur toutes les places, dans toutes les rues, dans tous les carrefours de la capitale, avec accompagnement obligé d'orgues criardes de Barbarie.

Et c'est ainsi que Maurice a pu faire enterrer sa maîtresse.

Déjà, depuis longtemps, à cette époque, il devait plusieurs termes échus à son propriétaire, qui avait la bassesse de le poursuivre sans relâche de demandes d'argent intempestives, et qui poussait l'oubli des convenances les plus élémentaires jusqu'à lui donner congé. Maurice trouva que ce procédé dépassait d'autant plus les bornes, que le richard ne pouvait pas ignorer que son locataire était habituellement sans le sou.

Dès lors, sa fertile imagination n'eut pas de repos qu'elle ne lui eût suggéré un moyen fort simple et très-ingénieux de déménager, sans payer le propriétaire, en lui jouant encore, par dessus le marché, un des meilleurs tours de son sac à malices !

Un jour, cet homme malappris, venant, selon sa coutume, le fatiguer de ses demandes continuelles d'argent, sentit, par extraordinaire, en entrant dans le logement, l'odeur de bois qu'on brûle, et se dit à lui-même : « Puisqu'il trouve de quoi se chauffer, pourquoi ne découvrirait-il pas de quoi me solder tous mes termes échus ? »

Il poursuit sa route et, à la lueur d'un feu magnifique, il aperçoit Maurice qui se chauffe philosophiquement avec le dernier fragment de sa couchette.

Tout le reste de son mobilier y avait passé.

Je vous laisse à penser quelle fut l'exaspération du successeur de M. Vautour !

Ses vociférations firent trembler toutes les vitres du sixième étage. Mais notre écrivain, sans s'émouvoir : « Vous connaissez, Monsieur, lui dit-il, ce proverbe aussi vieux

que le monde : « Où il n'a rien, le roi perd ses droits. »
Vous êtes *fumé*, n'est-ce pas ? Mes meubles n'existent plus
qu'en souvenir, mais ils m'ont bien chauffé. De votre côté,
vous ne perdrez pas tout ce que je vous dois : je vous
laisse les cendres. »

Le propriétaire, stupéfait d'un pareil aplomb, ne se sentit plus même la force de tempêter. Il resta muet devant ce stoïcisme, et Maurice déménagea, sans obstacle, sa mince garde-robe et ses quelques livres.

## IV

### LA GRANDE-CHARTREUSE.

Quelques jours après, on le retrouve, descendant la carte de France du Septentrion au Midi, fort léger d'argent et pauvre bohême, bien embarrassé, je vous assure, si quelqu'un se fût avisé de lui demander où il allait.

Le hasard, qui se mêle plus souvent qu'on ne pense des choses de ce monde, conduisit, un beau soir, notre voyageur, qui s'en allait pédestrement, à la Grande-Chartreuse, fondée par saint Bruno, à deux kilomètres du village de Saint-Pierre-de-Chartreuse, Chartrouse ou Chartroux dont il tire son nom, village situé dans le département de l'Isère, à seize kilomètres de Grenoble.

Le monastère, entouré de montagnes dont les pointes se perdent souvent dans les nues, ne s'aperçoit, à cette heure surtout, qu'au moment où l'on y arrive. On y monte par un chemin qui côtoie toujours des précipices ou des monts, dont les rocs semblent près de s'écrouler ; un torrent, le Guier - Mort, se précipite en murmurant à travers les blocs de rochers tombés des cîmes qui bordent la vallée où il coule.

Maurice frappe à la porte du pieux asile; il demande l'hospitalité, que lui accorde avec empressement le frère portier, dans lequel il reconnaît tout d'abord un de ses vieux camarades de Paris.

Le cloître, avec ses cellules, s'étend dans un espace de deux cents mètres de long; il y a au moins cent cellules, près desquelles s'épanche une eau limpide et glacée.

C'est à un kilomètre de là qu'on voit la cellule de saint Bruno.

Du fond de la grotte sort une fontaine auprès de laquelle le pieux fondateur s'établit avec ses premiers disciples; mais, comme campés trop près du pied des montagnes, ils étaient souvent menacés par la fonte des neiges et l'éboulement des rochers, leurs successeurs prirent le parti de se fixer au milieu du désert.

L'aspect général de la Grande-Chartreuse est sombre et sévère.

Avant l'établissement des religieux, ce désert était stérile et inhabitable. Le travail des Chartreux fut de le féconder de manière à pouvoir y ensemencer des grains, y entretenir des prairies, y nourrir de nombreux troupeaux. Les efforts qu'il a fallu faire pour atteindre ce but sont incalculables : rompre et briser les rochers, soutenir les terres, changer le cours des torrents. Partout on a été obligé de lutter contre une nature ingrate. De plus, huit fois la Grande-Chartreuse a été incendiée, et huit fois rebâtie par les infatigables enfants de saint Bruno.

Les bâtiments qui reçurent notre bohème dataient de 1676. Les religieux avaient été dispersés en 1789. Depuis 1816, il en était venu de nouveaux; mais autrefois trois cents personnes, moines, frères convers et domestiques, y vivaient en commun, et, en ce moment, on n'en comptait plus guère qu'une trentaine.

Maurice y fut cordialement accueilli ; le calme de cette solitude le charma tellement, que, la grâce aidant, il se promit bien de ne plus quitter ces lieux...

D'abord novice, il eut le bonheur de devenir en peu de temps un chartreux accompli.

Les principaux traits de la discipline du monastère étaient la récitation de l'office en commun aux heures déterminées par les statuts de l'ordre, et le silence, qu'il n'était permis aux reclus de rompre que dans des circontances fort rares. Ils prenaient leurs repas en particulier, sauf dans quelques cas exceptionnels, observant des jeûnes fréquents et une sévère abstinence. De ces coutumes et de beaucoup d'autres encore que nous croyons devoir omettre, la plus singulière était de faire saigner les Chartreux cinq fois par an, et les frères convers quatre. Maurice s'y soumit sans murmurer, et l'articulation du bras qu'il nous montra à son retour nous prouva, par les coups de lancette qu'on y voyait, qu'il n'avait jamais balancé à remplir son devoir jusqu'au bout. L'abstinence de viande était complète dans le couvent. Il n'était même pas permis d'en manger dans les maladies les plus graves.

Le symbole de l'ordre est une croix dressée sur un globe, avec cette devise : *Stat crux dum volvitur orbis*. L'habillement des religieux consiste en une robe de drap blanc, serrée par une ceinture de cuir blanc, ou par une corde de chanvre, avec une petite cuculle, ou un scapulaire, auquel est attaché un capuchon, également de drap blanc. Ils portent au chœur une cuculle plus grande qui descend jusqu'à terre.

Comme ses frères, dom Maurice formula ses vœux de la manière suivante : « Je promets stabilité, obéissance et « conversion de mes mœurs, devant Dieu et ses saints,

« et devant les reliques de cet ermitage, qui est bâti en
« l'honneur de Dieu, de la bienheureuse Vierge Marie et
« de saint Jean-Baptiste, et en présence de dom N...,
« notre prieur. »

V

DIPLOMATIE ATTRACTIVE.

Frère Maurice était heureux dans cette paisible retraite qu'un moment de désespoir lui avait fait choisir, comme un lieu de refuge contre les douleurs de l'âme.

Presque constamment prosterné au pied des autels, il priait Dieu avec ardeur ; il le remerciait surtout du fond de l'âme, de ses bienfaits, pour l'avoir délivré des soins journaliers de pourvoir à sa subsistance, de n'avoir plus de *termes* à payer à un malotru de propriétaire pour ses loyers échus.

Il possédait une modeste cellule ; elle lui suffisait, puisqu'il s'était séparé du luxe mondain du superflu ; son lit, en forme de coffre, lui brisait bien les reins, il est vrai, mais le sommeil que procure une âme pure le lui faisait paraître plus doux, plus moelleux que ceux dans lesquels il couchait d'habitude lorsqu'il habitait à Paris, sur le sommet enchanteur de Bréda-Hill.

Donc notre ami était heureux.

Il n'avait plus qu'à se laisser vivre béatement : flâner, sa passion favorite, accomplir quelques pratiques de religion, imposées par la règle du couvent à ses pieux fainéants.

Ce genre de vie tout extatique lui convint pendant

quelque temps ; mais l'ennui naquit un jour de l'uniformité, a dit le poëte.

Maurice était inconstant, frivole et léger à l'excès ; bien qu'il se trouvât heureux, ce bonheur finit à la longue par le fatiguer ; d'abord quelque peu, puis horriblement par la suite.

Mais à quoi tiennent les destinées de l'homme ?

A un rien le plus souvent, ou presque rien !

Un grain de sable ou de poussière imperceptible à l'œil suffit pour faire crouler comme par enchantement ses châteaux de cartes, ses rêves les plus chimériques, fruit le plus souvent d'une imagination en délire.

Le nouveau converti à la foi, ou plutôt à la paresse et à l'indolence, était, je l'ai dit, volage, frivole à l'excès ; sous ce dernier rapport, il tenait de la plus belle moitié du genre humain, la femme, disent quelques-uns de ses adorateurs ; on pouvait donc jusqu'à un certain point lui appliquer les vers d'un poëte latin, détracteur des vertus féminines :

> *Quid levior aere ? Pulvis.*
> *Quid pulvere ? Pluma.*
> *Quid plumâ ? Mulier.*

L'insolent ! l'injuste ! vouloir prouver que la femme est plus légère que l'air, que la poussière, que la plume ! Quelle horreur ! ! !

Le bonheur paisible, mais prosaïquement fatigant et monotone pour un homme d'imagination, avec accompagnement obligé de jeûnes, d'abstinences, de macérations journalières, de saignées, de promenades solitaires sous les tristes et sombres arcades du cloître, les rares paroles, toujours mystiques, échangées quelquefois, et pour ainsi dire furtivement, à voix basse, avec quelques reclus; tout cela finit par lui devenir insupportable.

Le *spleen* commença en lui son œuvre habituelle, destructive de toute organisation incomplète ; il fut tourmenté par des désirs vagues, impossibles à réaliser ; la nostalgie se mit, à son tour, de la partie ; elle lui fit amèrement regretter sa liberté, sa vie dissipée de Paris, ses luttes et ses travaux littéraires, ses amis, et, ajoutons-le, ses folles et joyeuses amies du demi-monde.

Quiconque a connu ce pauvre et bon Maurice, conviendra sans peine qu'alors que sa béatitude s'était évanouie comme un songe enchanteur, il ne devait plus lui rester au fond de l'âme que d'amers regrets, entre autres, celui d'avoir abandonné sa bohême favorite, la liberté !

Maurice s'ennuyait donc.

Dans ses amères réflexions sur le genre de vie qu'il menait, sa pensée se reportait constamment sur le sens de ces vers d'un poëte anglais, qu'il s'appliquait :

.... To die,.... to sleep,
To sleep ! pertrance to dream !

C'était à coup sûr, pour une âme aussi ardente que celle de notre reclus volontaire, une triste perspective.

Cette vie monacale le fit réfléchir, ce qui, du reste, il faut lui rendre cette justice, ne lui arrivait jamais, ou du moins très-rarement, ma foi !

Et voici ce qu'il se dit :

« Je suis à la fleur de l'âge, je possède un certain talent d'écrivain, j'ai beaucoup d'imagination, je connais toutes les *ficelles* de l'art théâtral et de l'art littéraire, j'ai de l'expérience, du savoir-vivre.

« Comme un fou, je l'étais alors, je suis venu, tout vivant, m'enterrer dans cette chartreuse où l'on cherche à m'*hébéter* systématiquement par des pratiques absurdes, dites de dévotion, pour macérer le corps et purifier l'âme. Allons donc !

« Il faut que je fuie cette horrible prison, plus horrible qu'un *in pace*, pour quiconque n'est pas un crétin ; il faut que je franchisse ces murs inhospitaliers à la pensée, et que je rentre dans la société que je n'aurais jamais dû quitter. Il faut fuir.....

« Mais comment quitter ce lieu maudit sans argent ? »

A cette réflexion, le chartreux découragé se frappa le front.

« *Eureka !* s'écria-t-il tout à coup, après un moment de méditation, j'ai trouvé le moyen de me procurer cet argent qui est indispensable à l'accomplissement de mon projet. »

Minerve, dit la fable, sortit un jour armée de pied en cap du cerveau de Jupiter, ce maître des dieux et des hommes.

Une idée sortit aussi de celle de Maurice, ce fertile créateur de tant de journaux éphémères comme ses pensées.

Et voici le raisonnement qu'il se fit :

« Franchir les murs de ce couvent et m'enfuir, c'est chose des plus faciles; mais hors d'ici, il me faudra de l'argent ; à qui en demander ? je dois à tant de monde ! à Ambroise Dupont, surtout, pour *le Bachelier de Paris*, roman dont je lui promets le manuscrit depuis tantôt dix années, et dont j'ai reçu le prix il y a longtemps.

« Écrivons à son rival, l'éditeur de Balzac. Ce libraire a le cœur chaud, il est généreux, il sera enchanté de m'enlever à Dupont, dans l'espoir de se venger de lui, parce qu'il lui a soufflé *Chavernay* de Charles Didier, qu'il désirait publier. Écrivons-lui donc, et je suis certain de réussir. »

Ce qui fut pensé fut exécuté.

Par l'intermédiaire de son ami, le frère portier du couvent, l'un des anciens compagnons, je l'ai dit, de sa folle existence de Paris, Maurice m'adressa une lettre, dont voici à peu près la substance :

Il me dépeignait en termes très-pathétiques, très-chaleureux, sa cruelle position, le chagrin qu'il éprouvait de s'être cloîtré, alors qu'il était plein de séve et de talent ; il me déroulait le tableau navrant de ses privations de tous genres, sans oublier ses macérations quotidiennes et ses saignées.

Cette lettre se terminait ainsi :

« Il n'y a que vous au monde dont le cœur généreux puisse me venir en aide. Retirez-moi de cet enfer anticipé ; ce sera une bonne œuvre pour vous que d'avoir arraché à une mort violente un homme de lettres qui vous devra plus que la vie, la liberté ! En retour, je vous jure que je ne travaillerai désormais que pour vous seul (le mot seul était écrit en grosses capitales).

« Dans un ouvrage que j'écrirai dès que vous m'aurez rendu à la liberté, à la vie, sous le titre général de *Sous le froc*, je raconterai en traits de feu la vie monacale du couvent de la Grande-Chartreuse de Grenoble ; les habitudes, les règles, le régime et le genre de vie des reclus, leurs pratiques de dévotion, etc. ; je dirai ensuite la manière dont les pères fabriquent ce breuvage délicieux, connu dans l'univers entier, par les gourmets, sous le nom d'*élixir de la Grande-Chartreuse* ; l'immense commerce qu'ils en font, etc., etc.

« Si vous acceptez ma proposition, adressez-moi, par le retour du courrier, votre réponse à Grenoble, poste restante, à l'adresse de M. Brown, avec une somme d'argent suffisante pour que je puisse acheter des vêtements. Ces emplettes faites, je me rendrai immédiatement à Paris, afin de me mettre à votre disposition, dans tel lieu qu'il vous plaira de m'indiquer. »

Cette lettre était accompagnée de ce *post scriptum* :

« Je connais votre passion pour les vieux bouquins et tout ce qui se rapporte à leur histoire.

« Je suis donc heureux de vous envoyer copie d'une note d'un de nos chartreux que j'ai découverte sur la garde, encore blanche, d'un des vieux livres qui ornent la bibliothèque du couvent.

« Derechef à vous.

« MAURICE ALHOY. »

« *Note manuscrite de dom Nicolas, chartreux de Paris, du 10 avril 1727.*

« Notre imprimerie de la Grande-Chartreuse est d'institution assez récente. Elle n'a été établie que vers 1680 par le révérend père dom Le Masson, un de nos généraux, à l'occasion de quelques changements qu'il fit dans l'ordre, et qui donnèrent lieu à une nouvelle édition de nos *statuts*, de notre *missel*, du *psautier* distribué à notre usage, et de quelques autres ouvrages (1).

« Depuis l'invention de l'imprimerie jusqu'à ce moment, nous nous étions toujours servis des presses séculières.

« Par exemple : en 1510, nous fîmes paraître à Bâle nos *Statuts* et nos *Priviléges* en caractères gothiques ; et c'est, assure-t-on, la première fois qu'on fit imprimer quelque chose à notre usage ; jusque-là, nous ne nous étions servis que de manuscrits.

« Il y eut en 1510 une édition de notre *Missel*, à Paris, une autre du même, en 1541, gothique ; en 1522, il y eut aussi à Paris une édition de nos *Statuts*.

« En 1585, l'unique édition de nos *Homéliaires*, à Lyon,

---

(1) Ces éditions portent pour suscription : *Correri* (bâtiment dépendant de la Grande-Chartreuse), *per Laurentium Gilibert, typographum juratum apud Grassanopelium.*

édition qui n'est pas encore épuisée (1727). En 1588, une édition des *Hymnes* à notre usage, à Grenoble; en 1603, nouvelle édition du *Missel*, à Paris; une autre à Lyon, en 1627.

« En 1612, l'unique édition de notre *Antiphonica* pour les *Matines*, à Pavie; et comme cette édition est épuisée, pour y suppléer, nous sommes obligés de l'imprimer à la main avec des plaques de cuivre.

« En 1674, édition de notre *Graduel*, à Lyon; il y en a une autre édition gothique, que je n'ai pu retrouver pour en prendre la date. »

Je l'avoue, la position de ce pauvre Maurice me parut affreuse et intolérable.

J'avais déjà eu de fréquents rapports avec lui. En 1831, je publiai, sous le patronage de M<sup>me</sup> veuve Charles Rechel, qui m'avait confié la direction commerciale de sa maison, un ouvrage important, sous le titre de : *Paris au xiv<sup>e</sup> siècle*, par l'élite des écrivains modernes.

Et c'est grâce à cette publication que je fus mis en rapport avec cette jeune génération d'hommes de lettres qui fait encore aujourd'hui la gloire et l'honneur de la France, et à la tête de laquelle se signalaient MM. Paul Lacroix et Louis Reybaud. Avec de tels guides, je ne pouvais qu'être heureux dans mon choix.

Je fus séduit, en outre, par deux choses : d'abord par la perspective d'enlever à mon rival, Ambroise Dupont, la plume facile et élégante d'un écrivain dont j'avais pu apprécier le talent; ensuite, par l'espoir de publier *Sous le froc*, qui semblait me promettre tant de révélations curieuses et inattendues.

J'écrivis donc à Maurice que j'acceptais ses offres, et lui adressai un mandat de 500 francs à vue, sur un banquier de Grenoble.

'Jamais je n'ai pu savoir comment il avait réussi à franchir, inaperçu, les murs du couvent. J'ai toujours soupçonné que le frère portier y avait donné la main; mais ce que je sais mieux, c'est l'emploi que fit de mes 500 francs le chartreux défroqué.....

## VI

### EST-CE UN HOMME OU UNE FEMME ?

Après l'envoi de mes 500 francs à celui que je croyais dans la simplicité de mon âme, avoir arraché à un suicide certain, j'éprouvai, je le répète, deux grandes satisfactions : la première, d'enlever à mon habile rival Ambroise Dupont l'une de ses meilleures plumes; la seconde, de compter publier dans quelques mois une série d'études sur la vie intime des cloîtres des deux sexes, sous le titre général : *Sous le froc.*

J'avais déjà traité d'un ouvrage dans le même genre, *le Cloître au XIXe siècle*, avec Mme Adèle Daminois, dame des plus aimables, *bas-bleu* par passe-temps, l'une des adoratrices du grand Llama littéraire des femmes de trente ans, moins le temps de l'éducation.

*Sous le froc* de Maurice Alhoy devait, selon moi, compléter le curieux tableau des révélations intimes et curieuses sur la vie et les mœurs monacales des hommes et des femmes.

Je me hâte de le confesser, l'un et l'autre de ces ouvrages obtinrent le même succès, un *fiasco* complet.

Mais revenons à notre défroqué.

Il m'adressa une lettre datée de Voiron, dans laquelle il me disait qu'il s'acheminait vers Paris, à pied, à petites journées, afin, assurait-il, de charger sa palette de couleurs localos, et sa mémoire d'une abondante moisson d'études et d'observations sur les mœurs des habitants dont il allait avoir à traverser le pays.

Près de deux années s'écoulèrent sans que le voyageur me donnât le plus léger signe de vie.

J'avais fini par porter le deuil de mes petits écus, non pas que je doutasse de la probité de Maurice, mais je le croyais mort.

Vers le mois d'avril 1836, je reçus un matin une singulière visite, qui me surprit beaucoup.

C'était M. P***, réfugié polonais, que je savais être un des meilleurs amis de Maurice Alhoy.

M. P*** s'occupait alors de parcourir les sentiers fleuris de la littérature *légère* : il venait, me dit-il, de la part d'un homme de lettres, l'un de mes bons amis ( il refusa obstinément de me dire le nom ), me prier d'aller le lendemain à midi, rue Bellefond, partager le modeste déjeuner de la personne dont il était l'envoyé.

Cette mystérieuse invitation m'intrigua. Je crus y entrevoir du Maurice : je promis.

Le lendemain, je fus exact au rendez-vous.

C'était, ai-je dit, rue Bellefond, dans un gîte d'équivoque apparence, sur la porte duquel on lisait en grosses lettres noires, sur un fond grisâtre : *Maison garnie. — Pension bourgeoise.*

Tout ce qui suit va paraître au lecteur un conte fantastique inventé à plaisir ; non, non, c'est de l'*histoire*, de l'histoire véritable.

Je poursuis donc.

Arrivé à la porte de cette demeure inconnue, je n'eus pas besoin de frapper ; une main invisible m'ouvrit ; il paraît que j'étais guetté de longue main, et mon signalement donné d'avance.

Une grosse femme, ou un gros homme, je ne sais, —

l'habit ne fait pas le moine, dit un proverbe, — sortit d'une pièce du rez-de-chaussée, une sorte de salle à manger, à ce qu'il me parut, et me dit à brûle-pourpoint d'un son de voix mâle ou femelle, *ad libitum*, mais parfaitement alcoolisée : « Suivez-moi, Monsieur, vous êtes attendu. »

Silencieux, nous gravissons deux étages : là règne un palier auquel aboutissent trois portes.

Au simple toucher de la personne qui m'introduit, une de ces portes, celle du milieu, s'ouvre et se referme sans bruit sur mes talons ; mon guide avait disparu. J'étais seul.

Je me trouve dans une vaste antichambre très-obscure. Je distingue à peine une porte fermée située en face de moi ; mais c'est en vain que je cherche à l'ouvrir ; il n'y a ni bouton, ni clef, ni cordon de sonnette. Absence complète.

Je suis prisonnier ; que faire ? Comment sortir de cet étrange traquenard ?

Appeler à mon aide l'être singulier qui se jouait ainsi de ma liberté me parut une absurdité qui eût pu passer pour un sentiment de peur.

Puis, je l'avouerai, cette personne avait fait naître chez moi une répulsion instinctive que je ne pouvais définir ; je me disais : Est-ce une femme, est-ce un homme qui m'a conduit en ce lieu ?

La voix de cette personne était celle d'un homme *incomplet* ; ses vêtements, très-propres du reste, étaient ceux d'une femme.

Il me répugnait de l'appeler.

J'appris plus tard que ce guide d'un nouveau genre tenait, par ses fonctions, aux deux sexes.

Le jour, sous des habits de femme, maîtresse de la maison garnie et de la table d'hôte, elle présidait aux soins du ménage. Le soir, métamorphosée en homme, on pouvait *le* ou *la* rencontrer, placé ou placée, à volonté, au parterre, sous le lustre d'un de nos grands théâtres de boulevard, et là, de même qu'Éole :

>.... *Celsâ sede Œolus*
>*Sceptra tenens....*

présider aux applaudissements ou aux sifflets des *Horaces* et des *Curiaces* modernes.

En me débattant dans cette souricière, je fis un certain bruit, à ce qu'il paraît, car une voix d'homme, mais celle d'un véritable homme, cette fois, cria avec force : « Poussez la porte qui vous fait face ! »

Je pousse fiévreusement la porte indiquée, elle cède ; me voilà introduit, pour le coup, dans une grande pièce ; des rideaux bruns épais garnissent l'unique fenêtre qui laisse pénétrer l'air et la lumière dans cette chambre plongée dans la plus dense obscurité.

J'étais demeuré silencieux et comme pétrifié sur le seuil, ne sachant de quel côté tourner mes pas, lorsque la même voix mâle vint encore à mon secours en me criant :

— Mais avancez donc tout droit devant vous !

— Non, répondis-je, je n'avancerai pas ; donnez-moi du jour et de l'air ! Assez de colin-maillard comme cela. Que signifie cette absurde plaisanterie ?

La lumière succéda immédiatement à cette épaisse pénombre.

Je vivrais jusqu'à la fin des siècles, que j'aurais toujours présent à l'esprit l'étrange spectacle qui s'offrit alors à mes regards.

J'ai dit que j'étais resté sur le seuil de la porte, qui s'était refermée dès mon entrée.

Vers moi s'avançait une forme humaine, vêtue d'une grande robe blanche, le chef enveloppé d'un vaste capuchon de même couleur, faisant partie de la robe; les pieds chaussés de grossières sandales; le corps ceint d'une corde qui me paraissait d'un blanc douteux, à laquelle pendait un énorme chapelet en noix de coco avec des têtes de morts en os; un rosaire, des scapulaires, des médailles, et tout cet attirail produisait, quand le spectre marchait, un bruit assez semblable à celui du serpent boa qui se sent en liesse.

Au fond de cette chambre, je remarquai un coffre en bois brut qui devait servir de lit à cet étrange personnage. L'unique fenêtre, à droite, aux épais rideaux bruns, interceptait la lumière du jour. Au mur opposé était appendue une panoplie de tibias et autres ossements humains, disposés en forme de croix et couronnés d'une tête de mort. Sur une table appuyée contre la cloison, apparaissait un petit déjeuner tout dressé, deux assiettes de terre brune, en face l'une de l'autre, avec les accessoires obligés de couteaux et de fourchettes en métal, deux gobelets en fer-blanc, un pain bis, du beurre, des radis, du sel; un pot brun rempli d'eau; enfin, à leurs places respectives, deux chaises foncées en paille pour les convives.

A ce spectacle burlesque et inattendu, je fus saisi d'un fou rire.

— Ah! pour le coup, m'écriai-je, je vous ai reconnu, beau masque.... Maurice Alhoy, à bas le froc! vous seul avez pu avoir recours à une telle plaisanterie, afin de m'annoncer votre retour. Soyez le bienvenu! mais si vous voulez que je vous pardonne votre longue absence et cette fantasmagorie vraiment digne des Funambules, il faut que vous me racontiez votre vie, depuis le jour où vous avez reçu mon argent.

— Très-volontiers, mon cher! mais, avant tout, déjeunons. J'ai un appétit d'enfer. A table donc! le couvert est mis d'avance, vous voyez.

— Merci! Maurice, *je sors d'en prendre.*

— J'ai voulu seulement vous donner une idée, à peu près exacte, du *carcere duro* auquel j'ai été condamné pendant mon séjour à la Grande-Chartreuse, y compris l'exhibition des atours de ma toilette de reclus. Tous ces fantastiques oripeaux, je suis parvenu à les emporter avec moi le jour de ma fuite; je les conserverai comme de précieux souvenirs.

— Ah! reprit-il gaiement, ce frugal repas ne vous convient pas.... je le savais d'avance; vous êtes un sybarite, vous, un vrai gourmet de café à la crème; j'ai tout prévu. Vous allez être servi à votre goût.

Il tira un cordon de sonnette; je fus agréablement surpris de voir apparaître, au lieu de l'être amphibie qui m'avait introduit, le gros et joyeux polonais P*** qui, en un tour de main, eut fait disparaître ce triste spécimen de la frugalité monacale, pour y substituer, pour moi, d'excellent café, et pour Maurice et lui, des reliefs plus confortables.

— A table, cher éditeur! s'écria alors Maurice, je meurs de faim, et *inter pocula*, je vous conterai ma vie, depuis deux ans, et des aventures qui vous paraîtront fantastiques, mais qui cependant seront de la plus exacte vérité, car vous devez le savoir : Un mensonge jamais n'effleura jusqu'ici mes lèvres vertueuses.

Et gaiement, nous nous mîmes à table.

## VII

L'ODYSSÉE DE MAURICE ALHOY RACONTÉE PAR LUI-MÊME.

Ici, encore une fois, ma narration va paraître incroyable ; tout ce que j'ai à vous dire du bohème Maurice Alhoy vous semblera excentrique et fabuleux ; c'est pourtant de l'histoire et de la très-véritable histoire, vous répéterai-je ; histoire que me raconta, en déjeunant, le héros de cette aventure, lorsqu'il jugea à propos de me faire savoir qu'il était de retour à Paris, et qu'il se mettait honnêtement à ma disposition parce qu'il n'avait plus le sou.

C'est Maurice qui va parler par ma plume.

Oyez donc, ô bienveillant lecteur !

« Je vous l'ai déjà écrit de Voiron, j'étais parti pour Paris, à pied, ne marchant qu'à petites journées, m'arrêtant, flânant, et buvant partout le meilleur vin de la contrée, sans souci, ayant, grâce à vous, le gousset assez bien garni ; vêtu à la façon des paysans du Dauphiné, sur mes épaules ma besace ; à la main, un gourdin solide, ayant l'air d'un campagnard aisé du pays. Chaque soir, je m'arrêtais dans la meilleure auberge, celle surtout, je le répète, où le vin était le meilleur, et c'est ainsi que j'avais déjà parcouru les sites les plus remarquables du département de l'Isère, et qu'insensiblement, j'avais pénétré dans celui du Var.

« Un soir, vers le déclin d'une belle et chaude journée de juin, je m'arrêtai pour souper et coucher au *Luc*, bourg très-gros et très-beau, ma foi !

« Il est bon de vous dire, si vous ne le savez déjà, que le territoire du Luc est encore très-fertile, et produit en très-grande abondance ces délicieux et savoureux marrons, que l'on vend à Paris sous le nom de *marrons de Lyon.*

« Orgueilleux Parisiens, comme les provinciaux vous dupent le plus souvent! mais il faut être juste, vous le leur rendez avec usure.

« Le Luc, dont l'image ne s'effacera jamais des plus doux souvenirs de cette vie de bohême que j'adore, le Luc, où devait m'arriver la plus excentrique de mes *impressions de voyage*, que j'écrirai un jour, ainsi, mais moins bien, certainement, que mon vieil ami, Alexandre Dumas a écrit les siennes.

« J'arrivai donc à la nuit tombante dans ce bourg.

« Selon ma louable habitude, je m'informai à un passant du nom de la meilleure auberge, de celle surtout où l'on buvait du meilleur vin.

« — Là, là, au coin, me fut-il répondu, d'une voix unanime, chez M. La Trogne, notre maire et aubergiste (nom significatif et très-bien porté, si jamais il en fut), à l'enseigne du *Gros marron rôti*, vous serez servi à souhait.

« Je me dirige donc vers l'endroit indiqué, en fredonnant ce refrain d'un air de nos vieux opéras-comiques :

*Qu'on est heureux de trouver en voyage*
*Un bon souper et un bon lit;*

quand, pour compléter ma pensée, un gros bonhomme, à la face joviale, et même quelque peu avinée, assis devant la porte de son établissement, se prit à m'accompagner gaiement, de cette agréable variante :

*Un bon souper arrosé d'un bon vin....*

« C'était le père La Trogne en personne, le propriétaire de l'auberge du *Gros marron rôti*, et le maire de la localité.

« Surpris de la juste et joyeuse improvisation du bonhomme, je marche droit à lui et je m'arrête en sa présence.

« Il se lève de son côté sans façon de son siége, et le bonnet à la main :

« — Entrez, Monsieur, me dit-il poliment, que faut-il vous servir ?

« — Un bon gîte, un bon souper, et surtout du bon vin.

« — Vous trouverez tout cela réuni chez moi ; je puis m'en vanter sans orgueil, ma maison est réputée la meilleure à dix lieues à la ronde ; de mon bon vin principalement, la réputation est depuis longtemps faite dans le pays.

« — Soit, lui répondis-je, je m'arrête chez vous ; si je suis content de ce que vous m'offrirez, si surtout votre vin est aussi bon que vous me l'assurez, comme depuis trois jours je n'en ai bu que de détestable, je suis capable de me reposer au moins une semaine ici.

« Ainsi fut faite ma connaissance avec le joyeux père La Trogne.

« Une heure plus tard, il me servait un repas fin, substantiel et délicat tout à la fois, arrosé d'un vin excellent. Je fis honneur à tout.

« La soirée était délicieuse, j'éprouvai, après le succulent et solide repas que je venais de faire, le besoin de me promener, afin de faciliter ma digestion.

« J'allume ma pipe, ma compagne obligée, et me voilà, fumant, le nez en l'air, me dirigeant, à l'aventure, vers l'extrémité opposée du bourg. Je le dépasse bientôt, et me voilà en rase campagne ; je continue à marcher et à fumer : j'arrive enfin à un carrefour, entouré de grands arbres, auquel aboutissent plusieurs sentiers ; la nuit est venue ; la lune brille à peine ; elle éclaire d'un faible rayon argenté les lieux environnants.

« Je m'assieds au pied d'un arbre ; je respire à pleins poumons l'air frais et balsamique de ce séjour alpestre.

« Tout à coup mon attention presque engourdie se réveille, je crois apercevoir des hommes qui descendent en silence des divers sentiers du bois où le hasard m'a jeté.

« Il me semble, en outre, que chacun d'eux se dirige vers un point lumineux, caché au milieu des arbres.

« C'était, je m'en convainquis plus tard, une sorte de vaste grange, inaperçue aux rares passants, dans ces lieux solitaires.

« Il me paraissait étrange de voir à cette heure avancée de la soirée, dans un endroit aussi éloigné que désert, tous ces hommes passer près de moi, se dirigeant vers le même point.

« Je me lève, et à la faveur de l'abondante végétation qui dissimule ma présence, d'arbre en arbre, je me glisse ou je rampe en silence.

« Je parviens ainsi jusqu'à la grange ; je la trouve encombrée d'une foule compacte de paysans : j'y entre sans façon.

« Je suis frappé de l'étrange spectacle qui s'offre à mes regards. La salle est éclairée par des chandelles fichées de distance en distance, sur une grande table ronde qui occupe le centre de cette vaste pièce.

« Trois hommes seuls sont assis : j'apprends bientôt que j'ai devant moi le président de cette étrange assemblée, avec un juge à sa droite, et à sa gauche, un secrétaire, qui me paraît écrire alternativement sur deux registres, ce que lui prescrit le président ; en face de ces trois personnages importants, sont symétriquement rangés des petits tas de marrons, dont chacun porte une marque particulière distincte.

« Chaque spectateur, debout autour de la table, a devant lui de semblables tas de marrons, portant les mêmes marques que ceux qu'on aperçoit sous la main du président et de ses acolytes.

« Il paraît qu'une grave discussion vient de surgir subitement dans cette assemblée, car ces hommes crient tous à la fois, prêts à se donner des gourmades.

« Je devine que le sort m'a conduit dans une maison de jeu en plein vent, ou peu s'en faut.

« Mais quel jeu y joue-t-on ? Et quel en est l'enjeu ?

« Je ne peux le deviner, tant tout cela me paraît obscur et bizarre.

« Mes *jaunets*, ou les vôtres, n'en dansent pas moins de joie au fond de mon gousset, persuadé que je suis que, dans notre intérêt commun, il va bientôt m'être permis, ainsi qu'aux autres, de prendre part à la partie.

« Intrigué au dernier point, je me décide enfin à demander au paysan le plus près de moi : Eh! mon ami! Que fait-on en ce lieu ?

« A cette question, mon homme se retourne vivement d'un air tout effaré ; il me toise de la tête aux pieds et me répond : — Vous n'êtes donc pas du pays, Monsieur?

« — Non, certes, le hasard seul m'a conduit ici : je suis Anglais ; je voyage à pied, par plaisir, afin d'étudier les mœurs et les caractères des habitants de cette magnifique contrée ; je suis logé au Luc, au *Gros marron rôti*, chez le père La Trogne.

« A propos! n'est-ce pas lui que j'aperçois là-bas, en face du président de cette assemblée?

« — Si, en vérité, Monsieur, dit le paysan, et puisque vous êtes logé chez notre *grand marronnier*, ainsi nous l'appelons tous, parce qu'il en fait un grand négoce, je vais lui parler de vous. Ne bronchez pas avant que je ne revienne, sinon.....

« L'information ne fut pas longue à ce qu'il paraît, car mon homme revint peu de minutes après, et en m'abordant il me dit :

« — M. La Trogne répond de votre discrétion, et...

« Il s'interrompit encore pour me faire remarquer que le président me saluait gracieusement, non pas de la main, selon son habitude, mais en ôtant son chapeau.

« — Enfin, lui dis-je, répondez donc à ma question ! Que fait-on en ce lieu ?

« — Puisque notre président se porte garant de vous, je vous déclarerai que nous jouons gros jeu, chaque soir, non pas avec de l'argent, qui est fort rare dans le pays, mais avec des sacs de marrons, qui sont très-abondants dans notre contrée. Une chose seulement m'étonne ; comment avez-vous pu pénétrer jusque dans cet endroit, sans avoir été arrêté et interrogé par nos nombreuses sentinelles, placées tout à l'entour de cette grange, où nous sommes à l'abri des recherches de la police ?

« Je le satisfis, comme je pus, sur ce point.

« — Mais, ajoutai-je, est-ce que je ne pourrais pas jouer, moi aussi ?

« — Oui, certes, si monsieur possède des sacs de marrons.

« — Rien de plus facile : à qui en achète-t-on ?

« — A M. La Trogne, notre président.

« Puis le brave homme m'expliqua le jeu. La perte ou le gain d'un marron placé devant chaque personne (on pouvait en aventurer d'un seul coup le nombre qui convenait), représentait la valeur du sac.

« J'étais suffisamment instruit ; je regardai attentivement jouer ; il ne me fut pas difficile de comprendre qu'on se livrait à une sorte de *roulette*.

« Le lendemain, j'achetai à mon hôte cinquante sacs de marrons, que je lui payai en belles pièces d'or.

« —Vous me paraissez, me dit à cette vue le père La Trogne, un véritable *lord*, et il se mit à rire de son jeu de mots.

« Je pris sur moi vingt marrons, que je distinguai par une marque particulière, et je fis porter mes sacs dans la grange du jovial aubergiste.

« Le soir venu, je me rendis à la salle de jeu.

« Je fis passer au président dix de mes marrons et je plaçai les dix autres devant moi, comme représentant mon enjeu de dix sacs.

« Je perdis ce soir-là dix sacs; autant le lendemain; autant le jour suivant. J'étais dépité de ma mauvaise fortune.

« La quatrième soirée me fut favorable; je gagnai cinquante sacs.

« J'étais devenu compère et compagnon avec ces paysans; ma bonne humeur apparente, lorsque je perdais, les enchantait.

« Un soir enfin, je possédais déjà près de trois cents sacs de marrons; je dis à l'assistance que c'était un jeu d'enfant que nous pratiquions, un jeu beaucoup trop long, beaucoup trop compliqué; que j'en connaissais un qu'on jouait à Paris, en certain lieu, un jeu prompt, rapide, dans lequel on s'enrichissait ou se ruinait en une seule soirée.

« Émerveillés, les villageois m'invitèrent à le leur enseigner.

« Je ne demandais pas mieux; j'avais mon plan arrêté. J'en fis plusieurs expériences; elles furent comprises, et il fut convenu que le lendemain on jouerait le jeu appelé: *le chemin de fer*.

« Pendant plusieurs séances, je m'abstins de gagner, et mes sacs de diminuer. Aussi les joueurs riaient-ils à mes dépens.

« Lorsque je fus las de perdre volontairement, je me mis à gagner presque à chaque coup : je connaissais la manière de me rendre la fortune favorable.

« Je possédais déjà d'énormes quantités de sacs de marrons ; j'étais, sous ce rapport, plus riche que le père La Trogne lui-même.

« Lorsque je jugeai le moment favorable à mes projets, je m'abstins d'assister au jeu. Cette absence dura trois jours, que j'employai à me rendre à Saint-Tropez.

« Dans le port se trouvaient, heureusement pour moi, six tartanes génoises, qui attendaient des chargements.

« Je les frétai pour me diriger vers Marseille, avec mes sacs de marrons.

« J'organisai ensuite deux brigades de rouliers : chacune devait arriver à minuit au Luc, charger et porter mes sacs à bord de mes barques.

« Tout cela s'exécuta tellement en cachette, que personne n'en soupçonna rien, ayant eu, moi-même, la bonne précaution de louer un vaste magasin, hors de la ville, sur la route de Saint-Tropez.

« Lorsque mes dernières voitures furent parties, je m'enfuis, la nuit, du Luc ; j'avais pris l'habitude de payer tous les soirs ma dépense au *Gros marronnier*. Je ne suivis pas, cette fois, la grande route ; je pris des chemins de traverse que je connaissais. J'arrivai en même temps que ma dernière voiture ; mes derniers sacs furent chargés ; et vers midi, ma flottille avait mis le cap sur Marseille, où elle arrivait heureusement le lendemain dans l'après-midi.

« J'ai appris plus tard que, la nuit même de ma fuite, une insurrection de femmes avait éclaté ; elles s'étaient portées en masse, comme des furies, au *Gros marron*, disant que j'étais le diable en personne, ou pour le moins un voleur, et qu'il fallait me mettre en pièces. Le gai La

Trogne, le gros marronnier, leur avait annoncé ma fuite du côté de Saint-Tropez, et elles s'étaient mises à ma poursuite, par la grande route, mais je leur avais échappé comme je vous l'ai dit.

« Mes six tartanes amarrées au port de Marseille, je descendis sur les quais.

« Je me fis arranger les cheveux et la barbe, je me procurai les vêtements d'un riche matelot génois et je revins à bord, un bonnet rouge de circonstance crânement posé sur l'oreille droite, le teint bistré, la barbe noire, longue, bien fournie; mon allure dégagée, mes lazzis, mes quolibets en patois génois (je le parle heureusement avec une grande facilité), attirèrent vers mes tartanes cet essaim de Phocéennes qui s'adonne au commerce de marrons du Luc.

« Je fis si bel et si bien, qu'en trois jours, je réalisai en beaux écus le chargement de mes six navires, et, la fortune continuant à me sourire, les marrons étant en hausse à la Bourse, je les vendis presque le double de leur valeur.

« Que vous dirai-je de plus, mon ami?

« Au lieu de retourner, comme je le devais, à Paris, avec la somme énorme que je possédais en billets de banque, ne m'avisai-je pas de jouer le grand seigneur? Je parcourus tout le midi de la France, m'arrêtant dans chaque localité qui me plaisait, menant la vie à grandes guides, bonne chère et bon vin; si bien que mon magot s'épuisa et se tarit bientôt à tel point, qu'un beau jour il me fallut songer à vous, mon excellent ami, et à ma solennelle promesse. Me voilà donc de retour et à votre entière disposition. Il ne me reste que ma défroque de chartreux; je la conserve religieusement; à vous, le premier, j'en ai voulu faire l'exhibition; cela vous était bien dû, n'est-ce pas, cher éditeur? »

Enfin, après m'avoir raconté sa longue histoire, avec un *brio* des plus comiques, des plus chaleureux et qu'il m'est impossible de reproduire, même à peu près, Maurice me dit :

« J'ai fait, vous le voyez, des folies ; mais tout est fini maintenant ; je vais pour vous me remettre à l'ouvrage. Seulement il est urgent que vous me veniez à l'aide, car je n'ai plus le sou et je dois déjà ici. »

Un mois après, je recevais les six premiers chapitres de *Sous le froc*.

Trois mois ensuite, je parvenais à arracher à mon auteur quelques autres lambeaux de copie. Mais six mois plus tard, n'en pouvant absolument rien tirer, je me voyais obligé de faire terminer l'ouvrage par Jacques de Chaudes-Aigues.

Comme je l'ai déjà dit, ce livre n'eut aucun succès ; je ne couvris pas même mes frais.

Depuis cette époque, j'ai cessé de voir Maurice Alhoy, qui est mort, à Paris, dans la misère, m'assure-t-on, le 27 avril 1856, dit M. Gustave Vapereau dans son *Dictionnaire universel des Contemporains*.

Maurice Alhoy gâcha, par son excessive légèreté, sa flânerie et sa vie de bohémien, les dons heureux dont la nature s'était plu à le combler.

# GODEFROY CAVAIGNAC

## 1812 à 1843

# TABLE DES CHAPITRES

I. Souvenirs de ma jeunesse.
II. Comment j'entrai à l'institution Sainte-Barbe.
III. Un père trop exigeant.
IV. Ma camaraderie avec Godefroy Cavaignac.
V. Fierté et orgueil d'un maître d'études avocat stagiaire.
VI. Les deux Sainte-Barbe : l'une rue de Reims, l'autre rue des Postes.
VII. Vive l'empereur! vive le roi! Eh bien, messieurs!
VIII. Les artilleurs en herbe; formidable insurrection de quelques élèves.
IX. Godefroy Cavaignac littérateur. Souvenir précieux qu'il me donna.

# GODEFROY CAVAIGNAC

> « J'assume sur ma tête toutes les con-
> « séquences de notre insubordination. —
> « Seul j'ai été le chef de cette révolte;
> « j'ai entraîné mes camarades. — Indul-
> « gence donc pour eux. — Quant à moi,
> « je me soumets entièrement à votre juste
> « sévérité. »
> (*Lettre de Godefroy Cavaignac à
> M. de Lanneau.*)

> « Godefroy Cavaignac avait l'âme d'un
> « chevalier et le tempérament d'un martyr. »
> (*Émile Barrault.*)

## I

SOUVENIRS DE MA JEUNESSE (1810 A 1818).

Je ne puis me défendre d'un bien vif sentiment de bonheur en reportant aujourd'hui mes souvenirs (après que cinquante-huit hivers ont blanchi ma tête) sur l'époque où je n'avais que dix-neuf ans.

Je suis heureux encore lorsque je songe à ces premières années de ma jeunesse, passées au milieu d'un vaste parallélogramme que formaient, de deux côtés, de hautes murailles, l'une à l'ouest, l'autre au midi de la prison de Montaigu ; des deux autres côtés, deux rangées de vieilles et hautes maisons, l'une au nord, l'autre au sud, le tout séparé au milieu par un immense bâtiment à cinq étages, ayant vue ainsi sur deux grandes cours. L'édifice renfermait le cabinet du directeur, et la comptabilité au rez-de-chaussée; l'appartement de la famille de Lanneau et l'infirmerie, au premier; au-dessus, de vastes pièces servant de dortoirs aux élèves de rhétorique, de philosophie et de mathématiques.

Dans cette vaste enceinte, tour à tour paisible, studieuse et bruyante, où ils se renouvelaient partiellement chaque année, ont passé des enfants venus de toutes les parties du globe, dont plusieurs sont devenus des hommes célèbres; les uns ont conquis d'honorables positions dans la diplomatie, le barreau, la magistrature; d'autres, dans les belles-lettres, les sciences, les arts, l'industrie; et partout et toujours ils se sont montrés les dignes enfants du *Collége de Sainte-Barbe.*

Oui ! j'étais heureux alors avec mes dix-neuf ans, sans souci du jour ni du lendemain, mes regards n'embrassant jamais rien au delà du présent, et pour moi l'avenir étant un mot vide de sens. Je n'avais, à cette époque, ni désirs, ni passions ; j'étais constammant vif et alerte ; de mes jarrets d'acier, je franchissais, plusieurs fois par jour, en chantant, les cent vingt marches qui séparaient du sol ma modeste chambrette, située au cinquième étage, au-dessus des cuisines et des réfectoires; un vrai nid d'étudiant, perché sous les combles, et dont l'ameublement primitif se composait d'un lit très-dur il est vrai, mais sur lequel je dormais du sommeil des justes, d'une petite table en sapin, peinte en noir, de deux vieilles chaises dépareillées et de trois tablettes en planches abruptes, clouées contre le mur dénué de tapisserie, supportant de fidèles amis, quelques volumes de mes bons vieux auteurs. De mon unique fenêtre, s'ouvrant au-dessus des toits, sur la rue de Reims, mon œil plongeait dans les cours et les bâtiments du Lycée Impérial.

Cette chambrette était pour moi un véritable *eldorado!*

Cœur chaud, ardent, généreux, enthousiaste; imagination vive et prompte à s'enflammer ; redoutant les reproches, susceptible à l'excès, je sentais un sang par trop méridional brûler assez fréquemment mes veines ; mais je goûtais, j'appréciais d'autant plus ma modeste félicité, que mon enfance s'était écoulée dans les privations, les chagrins et les larmes !

Ce bonheur, pur et sans mélange, dura deux ans !

Chaque mois de travail me rapportait soixante-deux francs cinquante centimes, plus une vingtaine de francs provenant de la vente des vieux papiers barbouillés par les élèves. J'étais confortablement nourri à la table particulière des professeurs, blanchi, logé, éclairé, chauffé.....

De tels avantages, on en conviendra, étaient immenses pour un jeune homme. Eh! bien, je le confesse, je ne pouvais, malgré tous mes efforts, réussir jamais à donner asile à la fois dans ma bourse à la valeur d'une modeste pièce de cinq francs.

Mais, va-t-on me dire, vous aviez donc des goûts bien dispendieux ou des vices bien cachés, pour engloutir ainsi tout votre argent?

Pas le moins du monde ! Ma toilette était des plus simples. Je n'avais, grâce à Dieu, aucun vice caché..... Plus tard, j'expliquerai ce mystère qui vous semble incompréhensible.

Quoi qu'il en soit, malgré mes humbles vêtements, et bien que je n'eusse jamais le sou, j'étais heureux, je le répète, très-heureux, même !

Un jeune maître d'études, qui était à peu près de mon âge, M. Lachaud, avocat stagiaire, vint mettre malheureusement un terme à ma félicité.

Un jour, cette illustration future du barreau me proposa de l'accompagner chez son maître de danse, qui donnait un bal à ses élèves.

Tout d'abord je repoussai cette offre toute obligeante avec effroi ; mais le cher démon tentateur me dit en riant :

— Venez donc, innocent que vous êtes ! Vous verrez, ce soir, de jolies fillettes ; une d'elles pourra vous plaire et vous dégourdir, vous en avez bien besoin...

Parler de fillettes à un novice de vingt et un ans ! C'était jeter de l'huile sur un brasier ardent...

Je suivis mon ami au bal...

J'allais jouer de sang-froid mon bonheur si pur et sans mélange !

Deux jolis yeux, appartenant au plus frais minois chiffonné, me fascinèrent ! Depuis lors, adieu mes songes d'or ! Adieu mes paisibles rêves !

## II

### COMMENT J'ENTRAI A L'INSTITUTION SAINTE-BARBE.

A peine échappé des serres de la conscription, j'étais arrivé de Bordeaux, ma ville natale, vers la fin de novembre 1811.

Je venais, comme tant d'autres, chercher fortune à Paris.

J'étais sans argent, sans ressources, sans amis. Mon instruction laissait beaucoup à désirer ; je n'avais pu faire que d'incomplètes études au lycée du département de la Gironde.

Je ne possédais, comme Alexandre Dumas, pour tout espoir d'avenir, qu'une *belle plume*, sur laquelle je comptais pour me procurer un emploi quelconque qui me permît de vivre du fruit de mon travail.

A quatorze ans, je donnais déjà des leçons de calligraphie, dont je n'encaissais pas le prix ; à seize, cette magnifique plume me valut l'honneur d'être adjoint, au lycée de Bordeaux, à mon père, maître d'écriture en titre.

Dès lors, je fus ainsi tour à tour, dans cet établissement, élève et sous-maître. C'est-à-dire que je suivais les classes de latin tout en enseignant à écrire à une soixantaine de moutards.

Mon père était cet éminent et célèbre artiste en calligraphie, qui a laissé dans cette spécialité une réputation justement acquise.

A l'école normale de Paris, il a formé un très-grand nombre d'instituteurs primaires qui, par ses leçons et ses conseils, sont devenus d'excellents maîtres d'écriture. Il était le *primus inter pares*, il distançait tous les professeurs de calligraphie de France. A Paris, les Brard, les Saint-Omer, baissaient pavillon devant cette plume élégante, légère, brillante et hardie.

Mais, venons-en à moi! et que je vous explique comment vous me trouvez, à cette heure, au collége de Sainte-Barbe!

Un jour du mois de février 1812, le hasard ou plutôt ma bonne étoile me fit entrer rue Saint-Jacques, près de la place Cambrai, dans la boutique d'un barbier, désireux que j'étais de confier à son rasoir le soin de dépouiller mon menton de quelques rudiments de poil follet qui commençaient à y poindre.

Tout en procédant à cette besogne, le digne *frater*, qu'on pouvait raisonnablement gratifier d'une bonne soixantaine d'années, encouragé sans doute par l'apparence modeste de ma personne, se mit à causer plus familièrement avec moi qu'avec tout autre chaland, et s'interrompant tout d'un coup:

— Monsieur me paraît étranger? me demanda-t-il.

— Oui, lui répondis-je franchement, un naturel de la Gironde n'étant pas, à cette époque, un Français, surtout de la rue Saint-Jacques.

Et, confiant et naïf jeune homme, je me mis à conter à ce vieillard, dont la douce physionomie respirait la bonté, mon histoire, qui était fort simple. Je lui dis que, depuis près de trois mois, je poursuivais infructueusement un emploi quelconque et que, bien que cela ne dût pas me surprendre beaucoup, puisque je ne connaissais personne à Paris qui pût m'être utile, il n'en était pas moins certain que de jour en jour ma position devenait plus pénible, car je m'apercevais bien que pour mon père j'étais un fardeau.....

Mon bienveillant questionneur qui, les bras croisés, m'écoutait en silence, m'arrêta brusquement à ces mots :

— Ah! monsieur, me dit-il, est donc chez monsieur son père ?

— Oui, lui répondis-je.

— Et, sans trop d'indiscrétion, pourrais-je demander à monsieur, ce que fait monsieur son père ?

— Mais, mon père, monsieur, est le plus célèbre maître d'écriture de nos jours.

— Bah! vraiment! Excusez-moi si je vais vous parler latin ; mais depuis trente ans que je rase des professeurs du quartier, j'ai réussi à manier cette langue à la façon des médecins de Molière, je vous dirai donc : *talis pater, talis filius ?*

Je me mis à rire de bon cœur...

— Comme lui, répliquai-je, on prétend que je possède une assez belle plume ; au lycée de Bordeaux, je donnais des leçons d'écriture.

— A merveille ! Connaissez-vous à Paris quelqu'un, enfin ?

— Non, mais mon père a pour amis intimes MM. Davignon, Dizambourg, de Villeneuve, artistes graveurs.

— De mieux en mieux ! Les artistes que vous me citez là sont tout justement mes voisins et mes clients !

Et après une pause le bonhomme reprit :

— Et si je vous procurais, moi, une bonne place, hein ! qu'en diriez-vous, jeune homme ?

— J'en serais enchanté, et ma reconnaissance...

— Ne parlons pas de reconnaissance, s'il vous plaît ! Agissons ! ça vaut mieux.

— Eh ! quoi, monsieur, sans me connaître, vous voudriez...

— Les artistes que vous venez de me nommer me suffisent, je les verrai; soyez tranquille ! je réussirai à vous caser ; revenez demain matin, à dix heures précises !

Plein de joie et d'espérance, je quittai la modeste boutique de l'obligeant barbier, et ce fut en me retournant que je lus sur son enseigne : *Gentet, perruquier.*

Le lendemain, comme on doit le croire, j'étais exact au rendez-vous ; à dix heures j'entrais dans l'établissement de mon protecteur.

— Arrivez donc, jeune homme ! s'écria joyeusement mons Gentet; je vous attendais avec impatience ; j'ai à vous annoncer une bonne nouvelle ; j'ai réussi pour vous, vous aurez un excellent emploi : de ce pas, je vais vous présenter à l'une de mes plus anciennes pratiques, que je rase depuis vingt-cinq ans au moins, à M. de Lanneau, directeur du collége Sainte-Barbe. Sur ma recommandation il vous accepte.

Comme j'allais lui exprimer ma gratitude, ce bon Gentet se hâta d'ajouter :

— C'est bon ! c'est bon ! partons ! l'heure presse...

En effet, ce jour-là, 16 février 1812, M. de Lanneau m'agréa comme maître d'écriture, comme comptable adjoint et comme sous-économe, aux appointements de sept cent cinquante francs par an, logé, nourri, blanchi, ayant de plus comme profits personnels tous les vieux papiers des élèves.

Jugez de ma joie !

Tel fut, à vingt ans, mon début dans la vie.

Cette belle position, je la dus à cet excellent Gentet, qui, pendant quarante ans, a rasé et tondu, à raison de six francs par an, plusieurs générations d'élèves !

### III

#### UN PÈRE TROP EXIGEANT.

Avant d'aller plus loin, avant même que j'arrive à GODEFROY CAVAIGNAC, qui fait le sujet principal de ce précis, il est bon que j'explique comment il pouvait se faire que recevant chaque mois soixante-deux francs cinquante centimes pour mes honoraires, plus une vingtaine de francs pour les vieux papiers vendus, je fusse constamment sans le sou.

Pendant mes deux seules années de bonheur, mon respectable père qui savait, par expérience, que l'argent chez les jeunes gens est chose fort dangereuse, me contraignit à lui remettre très-exactement, chaque mois, une somme de soixante francs sur mes appointements. Ce digne ami consentait à laisser à ma disposition, pour mon entretien et mes plaisirs, les deux francs cinquante centimes qui me restaient, et le produit de la vente des vieux papiers.

Mais revenons à l'histoire de ma vie où je l'ai laissée.

J'étais allé, comme je l'ai dit, avec mon ami Lachaud, chez le maître de danse... J'y étais même revenu sous le prétexte de prendre des leçons ; mais ces visites m'ouvraient de plus en plus les yeux et me dégourdissaient si bien, que je finis par comparer ma toilette et ma bourse à celles des jeunes gens que je voyais... Ma bourse n'était qu'un mythe, et ma toilette...

Je résolus donc de mettre un terme à cet état de servitude filiale en m'affranchissant de la lourde férule de mon père.

Là était le point difficile et scabreux. Comment m'y prendre ? *There was the question ?*

Un samedi soir, que j'avais reçu dans la journée mes soixante-deux francs cinquante centimes,

> J'allais, suivant l'usage antique et solennel,
> Déposer mes écus sur l'autel paternel.

Cette fois, j'avais en tête une résolution énergique.

En offrant à l'auteur de mes jours mon rouleau d'écus, je me hasardai à lui dire timidement, car je le craignais et pour cause :

— Père ! ne penses-tu pas, comme moi, que ma toilette est dans un délabrement pitoyable ? Vois mon chapeau ! il n'a plus de forme ; il est si vieux, si vieux, il a été tant et tant brossé, qu'il brille au soleil ; mes souliers sont éculés ; cet habit, jadis bleu, est devenu rouge par places ; mon pantalon est trop court, à peine s'il me descend jusqu'à la cheville, car j'ai grandi ; quant à mon linge, regarde donc un peu ! Ne penses-tu pas, mon cher père, que pour cette fois, je devrais employer cet argent dont tu n'as nul besoin, à m'acheter les objets qui me sont le plus indispensables ?

Prenant mon cœur à deux mains, j'avais débité tout d'une haleine cette belle tirade.

De ma vie, il ne m'était arrivé de parler aussi longuement à l'auguste auteur de mes jours....

Ce que j'avais prévu était arrivé.

J'avais soulevé une horrible tempête.

Mais, en tacticien habile, connaissant, de longue date,

la vigueur de son bras et la rapidité de ses mouvements, je m'étais tenu prudemment à distance, tout près de la porte, laissant ma bonne sœur Marie entre mon père et moi.

C'était bien, au fond, le meilleur des hommes; le plus doux, le meilleur enfant; mais, en revanche, il était aussi le plus emporté, le plus colère.

— Quoi! prodigue que tu es; quoi, malheureux! s'écriat-il, étouffé par sa fureur et rouge comme un homard, tu oses me tenir un pareil langage! Tu trouves que tu n'es pas assez bien mis? Mais, drôle, à quoi emploies-tu donc les deux francs cinquante centimes que j'ai eu la faiblesse de t'abandonner jusqu'à ce jour pour ton entretien? Que fais-tu du produit des vieux papiers? Tu devrais être mis comme un prince, tu devrais même avoir des économies... Ah! tu oses te plaindre! Ne faudrait-il donc pas que monsieur fût de noir tout habillé, comme un avocat? Va-t'en à tous les diables! Non! tu n'auras rien!...

— Cela suffit, père..., et de ce pas je vais aller au diable...; c'est ce que je désirais...

Je me dirigeai alors vers la porte...

— Tu t'en vas, mauvaise tête? s'écria-t-il; mais écoute donc? Demain, à trois heures précises, viens me trouver chez Desnoyers, à la barrière du Maine, j'y donne à dîner à quelques amis, je t'invite..., sois exact!

— Je n'irai pas, lui répondis-je d'une voix étranglée, que suffoquait l'indignation...

— Quoi! tu me désobéis?...

Et prompt comme l'éclair, l'excellent homme me caressa brusquement la joue.

Ma sœur, ma bonne sœur, qui pleurait en entendant ces paroles, me jeta un regard suppliant.

Je me hâtai alors de répondre :

— Puisque cela te plaît, père, j'irai.

— A la bonne heure! j'aime mieux cela... Viens donc m'embrasser, enfant!

Oui, je le répète, mon père avait un cœur d'or, mais il était aussi d'une irritabilité extrême!

Je me retirai, mais j'avais l'âme brisée.

Le lendemain dimanche, c'était vers la fin de juin, je commençai à contracter des dettes.

Tous les fournisseurs du collége offrirent à mon choix ce qu'ils avaient de mieux. Trois heures après, je possédais une petite garde-robe très-confortable; rien n'y manquait; j'avais même dans ma bourse quelques pièces de cinq francs...

Pour la première fois, un habile coiffeur avait accommodé à la dernière mode mes cheveux incultes.

A trois heures précises, frisé, pommadé, parfumé, vêtu en *dandy* de l'époque, une jolie canne à pomme d'or dans ma main aristocratiquement gantée, je fis mon entrée triomphale chez Desnoyers.

Dans la grande cour, ombragée de marronniers, que remplace aujourd'hui une immense construction qui, au besoin, pourrait servir de caserne à tout un régiment et porte les numéros 36, 38 et 40 de la Chaussée du Maine, au fond d'un cabinet de verdure, autour d'une table toute dressée, je trouvai assis mon père, ma sœur, et ses amis inséparables : Dizambourg, Dejernon et Davignon, artistes graveurs.

Coup de théâtre!

A ma vue s'élance, légère comme une gazelle, ma bonne sœur, qui se jette dans mes bras, et toute joyeuse me dit :

— Oh! que tu as donc bien fait!

Mon père, lui, se lève aussi, mais stupéfait, mais anéanti; il veut parler, sa voix expire dans son gosier; enfin, par un suprême effort, il parvient à s'écrier : *Comme tu es beau, Parpaillot!*

— Oui, père, je suis beau ; mais permets-moi de te dire

que c'est toi qui m'as contraint à faire ce que j'ai fait, des dettes ; tu comprends et tu sais à merveille *que serrer trop l'anguille, c'est s'exposer à la perdre.*

A cette déclaration, lancée d'un ton calme et respectueux, les amis partent d'un grand éclat de rire et le père fait *chorus*, mais du bout des dents. Puis il reprend d'une voix sardonique, moqueuse et railleuse :

— Tu n'as pas dîné, mon cœur ? assieds-toi donc là.

Et il m'indique une place près de lui, mais au moment où je m'y assieds, il m'adresse brusquement un nouveau souvenir, que Davignon reçoit en plein nez... Il avait deviné, le digne homme, que j'allais être battu et il s'était dévoué pour moi !

Pauvre cher père, ton sang méridional était plus soudainement explosible encore que le *pyroxyle* (coton poudre) de du Bouchet ou de d'Hirtemberg, et une longue pratique m'empêchera d'oublier jamais que tu fus constamment à mon égard un rude et irascible *esprit frappeur*, dont je conserverai éternellement la mémoire.

Le soir, en nous retirant, ma sœur me donnait le bras, et, comme de grands enfants, nous riions de bon cœur de mon escapade...

Notre amphitryon, qui causait avec ses amis, à quelque distance, entendit nos joyeux éclats, et quittant sa société, il s'approcha de nous.

— De quoi riez-vous donc, enfants ? nous demanda-t-il.

— Nous rions, lui répondit joyeusement ma sœur, de l'excellent tour qu'Edmond t'a joué.

— Ma foi ! il a bien fait ! J'en aurais fait tout autant à sa place, répliqua l'excellent homme.

Je fus complètement amnistié.

J'étais beau de toilette, il est vrai, mais j'avais des dettes ! et, dès ce jour-là, je fis deux parts de mes honoraires ; j'étais émancipé.

## IV

MA CAMARADERIE AVEC GODEFROY CAVAIGNAC.

Dans mes attributions diverses, j'avais, entre autres, la charge celle de distribuer, chaque jeudi, leurs *menus plaisirs* aux élèves.

Les *menus plaisirs* étaient de petites sommes, de trente centimes à un franc cinquante, que les familles mettaient à la disposition de leurs enfants pour s'amuser.

C'est ainsi que, pendant trois ans, je remis toutes les semaines, à chacun des frères Cavaignac, la somme exorbitante d'un franc cinquante centimes.

Très-jeune encore moi-même, je vivais avec mes barbistes dans une douce et franche cordialité, notamment avec ceux de la première division, qui embrassait toutes les classes supérieures depuis la quatrième.

Ma fidèle mémoire se souvient encore des noms de MM. *d'Esparbès de Lussan, Compans, Clariol, Paravey, Coubard, de Bussières, Labrousse, Quicherat, Davoust, Kellermann, Léon Vallée, Joachim Clary, Tascher de la Pagerie, de Quelen, Félix Vigier, Quinette, Baptiste,* fils de l'acteur de la Comédie-Française, *Adolphe Nourrit* et son frère, les frères *Hyacinthe* et *Frédéric-Firmin Didot, Labrouste,* et une foule d'autres encore qu'il serait trop long de citer.

C'était (comme on le voit par ces quelques exemples) la fleur de la jeunesse dorée de l'époque.

Au milieu de cette brillante population, ma vie s'écoulait paisible.

L'élève que j'affectionnais le plus, et qui avait toutes mes sympathies, c'était Godefroy Cavaignac : sa franchise et sa loyauté me convenaient; j'avais quelques années de plus que lui, il est vrai ; mais cette différence d'âge était peu sensible, et certains rapports de caractère avaient cimenté entre nous une de ces affections réciproques qui survivent à la vie de collége.

Il était au reste très-estimé de ses maîtres, qui le signalaient comme un *rude piocheur*, un esprit solide et brillant, au travail prompt et facile. Il était également adoré de tous ses camarades, à cause de son caractère franc, loyal, chevaleresque, enthousiaste ; c'était par excellence *le bon enfant* de Sainte-Barbe ; il avait le cœur sur la main, ne possédant rien en propre, partageant avec ses amis tout ce qu'il avait, inspirant par conséquent à tout le monde, professeurs, employés et élèves, une cordiale sympathie.

Il n'en était pas de même de son frère Eugène.

C'était aussi un *rude piocheur ;* mais il avait le travail long et difficile ; faible élève dans ses études ; d'un caractère froid, rogue, même un peu fier et pas mal orgueilleux, il éloignait de lui l'intimité dont jouissait Godefroy.

Les deux frères offraient donc à l'œil de l'observateur le plus étrange contraste.

Godefroy était né en 1801, Eugène en 1802 ; ils étaient fils de Jean-Baptiste Cavaignac, le célèbre conventionnel, qui vota, sans sursis, la mort de Louis XVI. C'est à lui que l'inexorable histoire a reproché, à tort peut-être, l'hécatombe de Verdun.

Après la prise de Longwy, celle de Verdun pouvait avoir une grande importance.

L'ennemi allait franchir la Meuse et pénétrer dans la Champagne.

Aussi, lorsque le conseil municipal proposa de livrer Verdun qu'il jugeait incapable de soutenir une longue défense, Beaurepaire, qui commandait la place, fut-il d'un avis contraire, tâchant de faire comprendre les suites d'un tel acte.

Tous ses efforts ayant échoué, le brave gouverneur se fit sauter la cervelle plutôt que de se rendre à l'ennemi.

Il était chef du 1er bataillon de Maine-et-Loire.

La Convention lui décerna les honneurs du Panthéon, et donna son nom à une des rues de Paris.

Cavaignac, chargé, en 1792, de faire à l'Assemblée nationale un rapport sur ce qui s'était passé lors de la capitulation de Verdun, en appela au tribunal révolutionnaire, et requit toute la sévérité des lois contre des jeunes filles et des jeunes femmes, coupables de s'être trouvées à un bal, où assistait *incognito* le roi de Prusse,... et d'avoir offert des dragées à ce monarque.

Le tribunal révolutionnaire les condamna toutes à avoir la tête tranchée, sujet fécond d'élégies pour les poètes de la Restauration, qui s'efforcèrent d'immortaliser ces victimes sous le titre de *Vierges de Verdun!*

En 1806, Murat, le roi chevaleresque des Deux-Siciles, institua en faveur de Jean-Baptiste Cavaignac un majorat avec le titre de *comte*.

Le farouche proconsul, en témoignage de sa conversion complète, comme celle de tant d'autres, au régime impérial, sollicita, pour ses fils, Godefroy et Eugène, l'honneur de faire partie des pages de Sa Majesté le roi Joachim; requête à laquelle il fut fait droit de la manière la plus gracieuse : plus tard, il fut nommé par son nouveau patron, conseiller d'État et commandeur de l'ordre des Deux-Siciles.

Enfin, pendant les Cent-Jours, il sollicita et obtint de l'Empereur Napoléon Ier la préfecture de la Somme.

La seconde rentrée des Bourbons le força à abandonner son poste, pour passer à Bruxelles, où il mourut bientôt.

Ainsi l'histoire nous enseigne que si quelque jour un descendant de Joachim Murat remontait sur le trône des *Deux-Siciles*, l'aîné des fils d'Eugène Cavaignac pourrait, s'il en avait la fantaisie, reprendre l'écusson et le titre de comte, dont son père avait hérité à la mort de son frère Godefroy !

Un blason a toujours du charme, même pour un républicain ! J.-B. Cavaignac père l'a prouvé.

Mais revenons à Sainte-Barbe.

Chaque jour de la semaine, à l'exception du jeudi et du dimanche, je me levais à *la diane*, comme les élèves. A cinq heures un quart précises, j'étais à mon bureau, situé au rez-de-chaussée du grand bâtiment qui séparait les deux cours. La porte de mon gîte, qui contenait la librairie et tous les objets indispensables aux études, s'ouvrait en face de celle du secrétariat, par lequel on arrivait au cabinet du directeur.

Jusqu'à six heures et demie j'étais très-occupé à distribuer aux barbistes, sur les bons des maîtres d'études, des inspecteurs ou du directeur, tout ce que nécessitaient les classes, papier, plumes, livres, etc.

Chaque matin, vers six heures et demie, je voyais accourir de la salle d'étude, un fugitif, Godefroy Cavaignac, qui venait dans ma retraite travailler à ses devoirs ; puis, sa besogne achevée, si j'avais du temps à perdre (ce qui ne m'arrivait pas souvent, astreint que j'étais à donner, jusqu'à huit heures, des leçons particulières d'écriture), nous nous livrions à des causeries sans fin, mais pour nous si pleines de charme que nous ne les trouvions jamais trop longues.

M. de Lanneau n'ignorait pas ces escapades de mon

ami ; cependant il les tolérait, parce qu'il me jugeait très-favorablement.

Quelquefois, il arrivait que deux ou trois autres élèves, de mes intimes, fuyaient, eux aussi, l'étude, sous un prétexte quelconque, pour venir rejoindre dans ma retraite leur camarade de prédilection.

C'est ainsi que prit naissance et se fortifia de plus en plus, entre Godefroy et moi, cette liaison de collège qui dura trois ans.

## V

FIERTÉ ET ORGUEIL D'UN JEUNE MAITRE D'ÉTUDES, AVOCAT STAGIAIRE.

Au commencement de ce récit, j'ai parlé d'un jeune maître d'études, avocat stagiaire, M<sup>e</sup> Lachaud, destiné à devenir plus tard un avocat célèbre.

Il est bon que je consigne également ici le souvenir d'un autre de ces martyrs de la pensée, qui devait être un jour une des gloires de la France.

Je suis heureux de me rappeler, de ce jeune répétiteur de sixième, M. Delangle, que je n'ai revu depuis ma sortie de Sainte-Barbe que dans ces dernières années, un trait de caractère bien rare à son âge, et qui lui est certainement sorti de la mémoire.

Il arriva qu'un matin, ce jeune homme très-laborieux, qui passait une grande partie de ses nuits à étudier et écrire dans sa chambre, me fit remettre, par un élève, un petit carré de papier, contenant cette phrase : *bon pour une livre de chandelles !*

Je plaçai ce bon avec d'autres, dans un carton de pièces à soumettre à la signature du directeur ; car je ne pouvais rien délivrer sans son *visa*. Le lendemain la boîte me revint ; sur l'une des autorisations à requérir, M. de Lanneau avait tracé de sa main ces deux mots : *Qui estis?*

Le solliciteur avait oublié tout bonnement de signer sa demande. Je reconnus l'écriture, je me rendis à la seconde division, et je montai à la salle d'étude de sixième. Là je mis le papier en question sous les yeux de l'ardent piocheur, qui le lut et relut sans hésiter ni sourciller. Après quoi, il y ajouta, en traits fins, mais vigoureux, cette sentence de l'Écriture : *Ego sum qui sum,* et signa cette fois son nom en toutes lettres.

Le jeune maître d'études dont il s'agit suivait assidûment les cours publics, grâce à ses cinquante francs d'honoraires, et de plus, il achetait les livres dont il avait besoin. Il s'était cru obligé de répondre fièrement à la question peu courtoise du directeur, toujours très-chatouilleux sur son autorité ; M. Delangle s'exposait ainsi à perdre immédiatement, par son audacieuse réplique, sa modeste position, et peut-être son avenir.

Ce courageux collègue est devenu l'une des gloires de la France.

Le temps, sur ces entrefaites, marchait rapidement. Vers la fin de 1813, un triste voile était venu obscurcir tous les fronts : les barbistes paraissaient préoccupés de choses graves ; il s'agissait des intérêts de la France, la patrie était en danger.

La plus grande partie des élèves comptait dans les rangs de la grande armée, qui combattait en Russie, sous les ordres du premier capitaine du monde, un père, un frère, un oncle, un cousin ou un protecteur...., tous des amis ou des parents.

Déjà le bruit de l'incendie de Moscou, la vieille cité russe, évacuée par nos soldats à la clarté funèbre des flammes qui dévoraient ses édifices, la nouvelle du

Ce fut d'abord le son d'une grosse cloche qui appela les élèves au travail !

Grand fut leur étonnement, lorsque pour la première fois leurs oreilles furent frappées du bruit de ce timbre monacal remplaçant tout à coup les appels du tambour des batailles !

Au dehors éclataient à la fois les réactions religieuse et monarchique : réactions odieuses, implacables, contre tous ceux qui ne partageaient pas les opinions des défenseurs du droit divin et de l'omnipotence suprême du prêtre et de l'autel !

Cette double réaction, qui fut si fatale à la France, commença son œuvre de destruction par l'institution de ces horribles cours prévôtales, dont les arrêts sans appel étaient mis sur-le-champ à exécution.

Déjà la tête du père d'un de nos élèves, Didier (de Grenoble) était tombée sous le couteau sanglant de ce tribunal sanguinaire : il avait ainsi payé de son sang généreux son attachement à la personne de l'Empereur !

Mais laissons ces funestes souvenirs !...

Sa Majesté Très-Chrétienne Louis XVIII, ce roi sceptique et épicurien, comme nul ne l'ignore, afin de prouver toute sa reconnaissance aux magnanimes alliés qui l'avaient replacé sur le trône de Henri IV, dont il se souciait fort peu, car pour son noble cœur, c'était le *roi de la canaille*, accorda à ses très-vaillants défenseurs venus de tous pays, le milliard que vous savez......

Et afin de récompenser la fidélité de sa noblesse qui, au moment du péril, avait bravement émigré, ce bon monarque, à qui les cadeaux d'argent ne coûtaient guère, octroya un autre tout petit milliard à ces illustres soutiens du trône et de l'autel !

La nation eût à payer ces deux milliards de *joyeux avénement!*

passage, plus désastreux encore, de la Bérésina par nos troupes cédant moins à la valeur des hordes sauvages qu'à l'inclémence d'un rigoureux hiver, celle de la perte de la bataille de Leipsig, l'invasion imminente de nos frontières, et la marche très-probable des armées alliées sur Paris, avaient franchi les murs paisibles du collége, et jeté sur tous les fronts ce sombre voile dont j'ai parlé.

Ces tristes préoccupations, funestes aux études, durèrent plus de six mois, et l'horizon politique se rembrunissait de plus en plus.

Au commencement de 1814, les grands élèves devinrent plus soucieux encore : divisés en petits groupes, abandonnant leurs jeux favoris, on les voyait se promener dans la principale cour, causant des récentes nouvelles; et à leurs gestes animés, il était aisé de deviner les appréhensions de ces jeunes cœurs.

Malgré les héroïques efforts de nos intrépides soldats, la capitulation de Paris fut signée le 30 mars 1814..... et les bandes sauvages de la Sainte-Alliance prirent possession de la capitale du monde civilisé.

Comme on le pense, la désolation et la stupeur régnèrent à Sainte-Barbe! Les huit dixièmes des élèves avaient été rappelés par leurs familles qui ne sentaient que trop qu'elles avaient tout à craindre d'un ennemi victorieux grossi encore par la défection de nos alliés......

Cependant pas un seul soldat étranger ne mit le pied dans le collége.

Grâce à la considération dont jouissait le directeur, M. de Lanneau, le sanctuaire des études libérales fut respecté.

Une huitaine après, les classes avaient repris leurs cours, les élèves fugitifs étaient rentrés au bercail.

Mais que de changements déjà!

Grands et petits alors de fouiller dans leur escarcelle.

Nous autres, pauvres diables, professeurs et employés, nous dûmes aussi contribuer à ce *don royal*, en subissant pendant deux années une retenue d'*un quart* sur nos modestes honoraires.

Aussi ne nous abordions-nous plus que par cet atroce jeu de mots : « Comment se porte M. le marquis de *Carabas ? (quart à bas)*. »

Les Français, grands et petits, ont eu constamment besoin de rire de tout !!!

## VI

ORIGINE DES DEUX SAINTE-BARBE : L'UNE RUE DE REIMS, L'AUTRE RUE DES POSTES.

D'avril 1814 à mars 1815, le cours des études reprit sa marche régulière.

M. *Victor de Lanneau* qui ne s'était appelé jusque-là que *Lanneau* ou *Delanneau*, d'un seul trait, avait, lui aussi, repris, comme tant d'autres, la particule nobiliaire. Certes, cet homme si distingué n'avait pas besoin de ce DE aristocratique placé devant son nom, pour le rendre illustre; son nom plébéien, cher et respecté de ses élèves, n'était-il pas sa véritable noblesse ?

M. Victor Marey de Lanneau était né au château de Bard, entre Montbard et Semur, dans la basse Bourgogne. Sa famille, de petite noblesse, avait été dispersée par la tempête révolutionnaire de 1793; l'antique manoir et ses dépendances avaient été vendus au profit de l'État.

En 1810, il racheta le vieux château de ses ancêtres, et,

chaque année, aux vacances, il venait, avec sa femme et ses enfants, MM. Adolphe, Achille, Eugène, Ferdinand et deux filles, y passer six semaines de repos.

Dans sa jeunesse, M. de Lanneau avait fait de solides et brillantes études, exemple que ses fils auraient peut-être dû suivre un peu mieux.

Il avait reçu d'abord les ordres sacrés, et s'était élevé par son seul mérite à la dignité de vicaire-général du célèbre évêque d'Autun, Talleyrand de Périgord.

Les ordres religieux ayant été supprimés, le vicaire-général d'Autun prêta le serment exigé des prêtres à la nouvelle constitution républicaine.

Après la promulgation du concordat, en société avec un de ses amis, M. Miel ou Miet, je ne sais pas trop, il loua le petit collége de Reims et quelques vieilles maisons attenantes, ayant jadis appartenu aux révérends Pères jésuites, qui bien longtemps avant la Révolution, y avaient fondé sous le vocable de *Sainte-Barbe* un collége qui était devenu célèbre.

Un succès inespéré, dû à une habile direction et à de solides études, vint couronner l'œuvre de M. de Lanneau.

De tous les coins de la France, les élèves affluèrent si bien, qu'au bout de cinq ans, il fallut compléter, par la location de nouveaux immeubles appartenant à un nommé Fessard, à raison de six mille francs par an, la presque totalité des bâtiments qui avaient formé jadis l'emplacement occupé par l'ancien collége.

Mais l'intérêt désunit les deux associés.

M. Miet se retira ; il lui fut accordé un droit fixe annuel sur chaque élève. Pendant huit ans, j'ai pu le voir à la caisse de l'institution, emportant soigneusement à chaque trimestre d'assez jolies sommes rondelettes.

Resté seul, M. de Lanneau, marié et père de six enfants

(le plus jeune de ses fils, Ferdinand, mourut en 1813), réussit, par son habile et infatigable direction, à faire de son collége un centre d'études fortes et brillantes.

Aussi, dès la rentrée des Bourbons, en 1814, les membres du haut clergé, dominant dans le conseil supérieur de l'Université, qu'ils voulaient détruire à leur profit, s'acharnèrent-ils à susciter au respectable M. de Lanneau mille tracasseries occultes, tendant à discréditer dans l'opinion publique l'établissement de Sainte-Barbe, attendu que le directeur était un prêtre assermenté, et pire encore à leurs yeux, un prêtre marié !

Cette institution est une maison libre, un souvenir de l'ancien collége de Sainte-Barbe, fondé par les RR. PP. Jésuites, dont elle occupe tous les bâtiments, ce qui l'a fait gratifier mal à propos du titre de *collége*. Ce qu'il y a de positif, c'est qu'elle portait ombrage aux défenseurs *quand même* de l'autel et du trône.

Quelques vieux débris des descendants de Loyola, *anciens* professeurs de l'ancienne Sainte-Barbe, comptant sur l'assistance du pouvoir, ne tardèrent pas à élever autel contre autel; ils érigèrent rue des Postes un nouvel établissement d'éducation sous le vocable de *collége de Sainte-Barbe*, espérant amener, par cette similitude de nom, une confusion qui deviendrait nuisible aux intérêts de M. de Lanneau et amènerait infailliblement sa ruine.

C'est ainsi qu'on vit à la fois, au sein de Paris, deux Sainte-Barbe : l'une, celle de M. de Lanneau, installée depuis longues années dans les murs mêmes de l'ancien collége des Jésuites; l'autre, récemment fondée rue des Postes, par M. l'abbé Nicolle.

Mais les parents des élèves ne s'y trompèrent pas; ils continuèrent de confier l'éducation de leurs enfants au vénérable père de famille, M. de Lanneau.

Trompés dans leur attente, les saints personnages changèrent de tactique.

Ce fut contre M. de Lanneau en personne qu'ils dirigèrent leurs coups : ordre lui fut donné d'avoir à se démettre de ses fonctions de directeur, et il dut céder à cette brutale injonction; mais, en homme prudent et habile, il ne recula que pas à pas, espérant gagner du temps et lasser la patience de ses ennemis. Combien il se trompait!

Peut-on jamais se flatter de triompher de la haine des prêtres!

M. Adam devint d'abord, aux yeux de l'Université, le directeur ostensible de Sainte-Barbe.

Savant professeur de quatrième au Lycée Impérial, homme d'une bonté trop grande, il ne put longtemps résister à la double pression exercée sur lui par M. de Lanneau père et par son fils aîné, M. Adolphe, récemment arrivé de Leipzig, où il remplissait dans l'armée française les fonctions de commissaire des guerres adjoint.

L'excellent, le respectable M. Adam fut remplacé par M. Mouzard, jeune professeur également de quatrième au Lycée Impérial et qui avait épousé depuis peu la seconde fille de M. de Lanneau.

Pétillant d'esprit, doué d'un caractère aimable et de manières parfaites, il mourait en moins de deux ans d'une phthisie pulmonaire.

C'est alors que M. Adolphe de Lanneau succéda à son père, lequel se retira pour toujours de la direction d'un établissement qui n'avait point de rival en France.

Victor de Lanneau père, officier d'académie, mourut en 1829, à Sainte-Barbe, au milieu de sa famille et de ses élèves, qui en faisaient partie, respecté, aimé et regretté de tous ceux qui l'entouraient.

Pendant que ces révolutions domestiques, suscitées

par des rancunes politiques et religieuses, se succédaient silencieusement, les études n'en continuaient pas moins leur marche brillante ; et chaque année, au concours général comme au concours du *collège Louis-le-Grand* ( il avait perdu le titre de *Lycée Impérial*), les barbistes remportaient tous les prix d'honneur, rehaussant ainsi la célébrité de l'institution à laquelle ils se faisaient gloire d'appartenir.

Ce fut à l'apogée de cette illustration si vaillamment conquise, que les rênes du célèbre établissement tombèrent entre les mains moins fortes de M. Adolphe de Lanneau.

Peu d'années suffirent pour voir décroître la fortune de Sainte-Barbe. Heureusement que le souvenir de feu Victor de Lanneau vivait dans le cœur de ses anciens élèves ; ils formèrent entre eux une Société... et l'institution fut sauvée d'une ruine imminente. M. Labrouste aîné, qui vient de mourir, fut par cette nouvelle Société nommé directeur de Sainte-Barbe.

## VII

VIVE L'EMPEREUR ! VIVE LE ROI ! — EH BIEN, MESSIEURS !

Mais il me faut ici revenir un instant sur mes pas.

Au commencement de 1815, tout allait pour le mieux à Sainte-Barbe, lorsqu'un événement aussi inattendu qu'extraordinaire vint, une fois encore, interrompre tout à coup le cours des études, et réveiller dans les cœurs les passions politiques à peine assoupies.

Je veux parler du débarquement de l'empereur

Napoléon à Cannes, le 1er mars 1815. Il avait quitté l'île d'Elbe, et accourait comme l'éclair.

Déjà la nouvelle de la marche triomphale du grand capitaine de Cannes à Grenoble, de Grenoble à Lyon, et celle de son arrivée infaillible à Paris, avait franchi les portes de la maison : tous les esprits s'occupaient de ces graves événements, et, comme on le pense bien, les têtes bouillantes de la première division y prenaient part.

Cette fois, ce n'était plus comme en mars 1814, où une seule idée fermentait dans ces jeunes cervelles, qui ne se doutaient même pas alors qu'il existât encore des Bourbons, et dont toutes les craintes et toutes les espérances se reportaient sur un seul point, l'honneur de la patrie, représenté par l'empereur Napoléon Ier.

Maintenant les idées monarchiques et les idées impérialistes divisaient les élèves en deux camps hostiles ; les uns n'avaient de sympathies que pour le roi Très-Chrétien Louis XVIII ; les autres tournaient leurs pensées vers le grand Empereur.

Comme en mars 1814, les élèves les plus grands quittaient leurs jeux pour se promener par goupes et discourir sur les nouvelles du jour ; on n'entendait plus que rarement ce cri poussé par les plus jeunes, qui seuls continuaient leurs parties : *Eh! voyou, à toi la balle!* et le *voyou* de répondre : *quatre sous!* et la balle, lancée par dessus le mur du côté de Montaigu, de revenir à son propriétaire, sans les quatre sous qui en avaient été le point de mire !

A travers les préoccupations générales, on était arrivé aux premiers jours de mars, et l'Empereur avançait toujours en triomphateur !

On annonçait même déjà qu'il n'était pas impossible que Napoléon reprît possession des Tuileries le 20 ou le 21, car, dans les cours des Tuileries, on remarquait les préparatifs d'un départ nocturne précipité.

Les élèves rappelés, encore une fois, par leurs parents, commençaient à déserter le collége.

Le 19 mars, à six heures du soir, j'étais occupé à faire mes comptes dans mon cabinet, assis devant un petit bureau faisant face à la fenêtre et ayant vue sur la grande cour, du côté d'un hangar qui, en temps de pluie, servait de promenoir couvert aux élèves.

De cet endroit je n'avais qu'à lever les yeux pour voir tout ce qui se passait dans cette partie du collége.

Or, ce soir-là, eut lieu un fait extraordinaire dont je me souviendrai toute ma vie.

A six heures, le son de la cloche donne le signal de la rentrée dans les diverses salles d'études, ce qui s'exécute, comme d'habitude, avec un calme parfait, sous la surveillance de M. Fayard, inspecteur de la première division.

J'avais déjà remarqué M. de Lanneau sortant, après avoir fait sa ronde habituelle, par la grande porte cochère, située en face du bâtiment de l'horloge, pour aller dîner chez lui, au petit Reims, avec sa famille. Il avait dû céder l'appartement qu'il occupait dans le corps de logis de la première division, à son successeur, le digne et respectable M. Adam.

L'horloge sonne le quart.

Toutes les lampes s'éteignent comme par enchantement.

Je vis alors des élèves s'élancer, sans proférer un seul cri, de leurs salles d'études, comme des essaims d'abeilles abandonnant leurs ruches, et courir se ranger en deux bandes à peu près égales; la première, à l'ouest, devant la galerie, près des cuisines; la seconde, sous mes fenêtres, à l'est.

A un coup de sifflet parti de l'une des bandes, un autre

répond du côté opposé ; les deux troupes s'ébranlent : elles s'attaquent avec fureur, aux cris mille fois répétés de : *vive l'Empereur !* d'un côté, et de : *vive le Roi !* de l'autre.

Vers le milieu de la cour, où les deux camps ennemis se sont rencontrés, les horions pleuvent sur les têtes, sur les figures, sur les nez, sur les poitrines, sur les épaules ; la mêlée devient générale. Le sang coule...

L'horloge sonne la demie.

Un petit homme, en culottes courtes noires et en bas de soie de même couleur, en souliers cirés à boucles d'argent, en habit bleu à boutons dorés, apparaît tout à coup sous le porche de la grande porte, qui fait face à la rue Charretière.

Cet homme, je le vois encore !!!

Il est nu-tête ; ses longs cheveux blancs flottent au gré du vent, autour de sa tête vénérable ; sa figure, noble, grave, sévère, imposante, ne reflète aucune émotion ; son œil noir, que couronne un épais sourcil, couleur d'ébène, darde des éclairs ; sa main gauche est passée, suivant son habitude, dans son habit à demi-fermé, et de la main droite il fait un signe impérieux de commandement, suivi de ces seuls mots magiques : *Eh bien ! Messieurs !...*

Ces simples syllabes, prononcées d'une voix mâle, sonore, ont suffi pour faire rentrer dans le devoir les jeunes frères ennemis ; tous se hâtent de regagner leurs salles d'études respectives.

Puis M. de Lanneau remonte dans sa demeure.

C'était lui qu'on s'était empressé d'aller prévenir. Il exerçait un immense empire sur ses élèves qui le craignaient, l'aimaient et le respectaient tout à la fois, comme un père bon, clément et juste, mais également sévère quand il le fallait.

Pas n'est besoin de vous nommer le chef de la bande napoléonienne! C'était Godefroy Cavaignac!

Le lendemain matin, à la visite quotidienne, le bon docteur Baffos eut fort à faire...

Que de nez et d'yeux au beurre noir!...

La bonne sœur Thérèse pleurait en voyant toutes ces contusions! Les gaillards n'y avaient pas été de main-morte, je vous en réponds!

Le 21 mars, le tambour, aux sons éclatants de ses roulantes batteries, recommençait sa *diane* trop longtemps interrompue, au cri de : *vive l'Empereur!* mille fois répété par presque tous les élèves.

## VIII

LES ARTILLEURS EN HERBE. — UNE FORMIDABLE
INSURRECTION DE QUELQUES ÉLÈVES.

Quelques jours après la rentrée de Napoléon aux Tuileries, les études reprirent leur marche habituelle, la plus grande partie des jeunes fugitifs étant rentrée au collége.

M. de Lanneau, avec sa prudence habituelle, n'avait voulu rien savoir de la terrible bataille du 19 mars, entre les *bleus* et les *blancs*.

On n'ignorait pas plus à Sainte-Barbe qu'ailleurs que les souverains de la Sainte-Alliance se préparaient de nouveau à envahir nos frontières, afin de replacer, pour la deuxième fois, sur son trône, le fugitif Louis XVIII, notre *père de Gand*, comme on l'appelait alors du lieu de sa retraite.

Nous avions appris également avec quelle indomptable énergie l'Empereur s'occupait de son côté à réorganiser ses troupes ; ce n'était pas sur nos frontières qu'il voulait, l'arme au bras, attendre ses impitoyables ennemis ; il brûlait d'aller à leur rencontre et de les combattre en Belgique, avant qu'ils eussent pu masser leurs contingents.

Vers la fin d'avril 1815, mes élèves intimes revinrent, selon leur habitude, me trouver dans mon cabinet.

Un de ces jours-là, très-occupé de mon travail, je n'avais pu causer avec mes visiteurs ; mais en allant et venant dans mon laboratoire, j'en avais remarqué un qui s'était assis devant ma petite table, sur laquelle, entouré de trois camarades qui causaient à voix basse d'une façon très-animée, il écrivait rapidement, et couvrait de sa prose une grande feuille de papier ministre placée devant lui ; cette scène inattendue m'intrigua outre mesure, et je me dis, *in petto* : Que diable peuvent-ils donc faire?

Vers sept heures, je m'approchai du poêle auprès duquel avaient fini par se grouper ces jeunes gens, et je leur demandai en riant :

— A quoi travaillez-vous donc là, messieurs? D'où vient que vous êtes si animés, si préoccupés? On dirait, en vérité, que vous machinez une conjuration ?

— A peu près..., me répondit celui qui tenait la plume.

— La plaisanterie est bonne, repris-je, mais si réellement vous tramez quelque mauvais tour de votre métier, sachez bien que je m'y oppose, et, dans le cas où vous fermeriez l'oreille à mes conseils, je vous dirais sans cérémonie : Allez conspirer ailleurs !

— Allons, allons! ne vous fâchez pas, nous ne conspirons point; nous avons même en vous une si grande confiance que nous allons vous laisser lire ce que vient d'écrire notre ami.

Celui-ci ayant en effet terminé la rédaction de son œuvre,

la signa, et les trois autres y apposèrent également leur signature; cela fait, l'un d'eux me dit : « Vous pouvez en prendre connaissance maintenant. »

Je dévorai ce papier et je demeurai stupéfait!...

Ce n'était rien moins qu'une pétition chaleureuse, adressée au ministre de la guerre, le général Carnot, au nom des élèves de la première division, qui le suppliaient de les autoriser à former entre les plus grands et les plus robustes une batterie d'artillerie.

— Mais vous êtes fous, messieurs, m'écriai-je, de penser que le ministre, accueillant votre demande, vous envoie des canons; tout ce que vous pouvez attendre de Son Excellence, c'est qu'elle transmette votre pétition à M. de Lanneau, et alors gare à vous! Laissez, croyez-moi, dormir votre projet insensé, déchirez votre requête; c'est ce que vous avez de mieux à faire...

— Non pas, non pas, s'il vous plaît, répondirent mes écervelés. Dans trois heures, le ministre aura reçu notre demande.

Ils n'en démordaient pas...

Huit heures vinrent à sonner; mes intrépides artilleurs en expectative se sauvèrent pour aller chercher le croûton de pain de leur déjeuner.

Pas n'est besoin d'affirmer au lecteur que je fus discret, mais aussi, dès ce jour, je dus mettre un terme aux flâneries et aux confidences de mes intimes.

Au reste, ce que j'avais prévu arriva.

La malencontreuse pétition fut renvoyée à M. de Lanneau quelques jours après...

Six élèves signataires de la belliqueuse supplique furent remis à leurs familles.

Un an plus tard, vers le mois de mai 1816, un calme profond régnait dans le collége, lorsqu'un soir, à six heures, éclata tout à coup, parmi les rhétoriciens, une des plus formidables émeutes dont les annales universitaires aient conservé le souvenir.

La cause de cette levée de boucliers n'a jamais été bien connue; on a prétendu seulement que les rhétoriciens, mécontents de leur maître d'études, s'étaient soulevés en masse pour en obtenir le renvoi; quoi qu'il en soit de ce motif ou de tout autre plus ou moins futile, ce qu'il y a de positif, c'est que cette insurrection fut des plus déplorables !

C'était, encore cette fois, Godefroy Cavaignac qui la dirigeait.

J'étais absent lorsqu'elle éclata, et je ne rentrai au collége pour aller me coucher, qu'au moment de la fermeture des portes, à neuf heures. Ce ne fut donc que le lendemain que j'appris, non pas la cause véritable de l'émeute, mais seulement comment elle avait commencé.

Voici ce qu'on me raconta à ce sujet:

La veille, à six heures un quart du soir, les rhétoriciens étaient sortis en silence de leur salle de travail, laissant à la garde de quatre d'entre eux le maître d'études, afin de l'empêcher d'aller chercher du secours.

Divisés en trois sections, ils s'étaient rapidement dirigés vers les *cuisines*, la *paneterie*, la *sommellerie*, faisant une *razzia* générale des victuailles qui leur étaient tombées sous la main, ne respectant pas même le dîner et les vins fins, enfermés dans de grandes mannes couvertes, qu'on allait transporter au petit Reims pour le repas du directeur, qui ce jour-là avait quelques convives.

Tout fut impitoyablement enlevé.

Chargés de toutes ces provisions de bouche, les révoltés, persistant dans leur silence primitif, escaladèrent leur dortoir au pas de charge, renforcés des quatre gardiens du maître d'études qui étaient venus les rejoindre, chargés des planches et des solives de la chaire, qu'ils avaient mise en pièces.

Enfin, la troupe des mutins, arrivée dans son dortoir, situé au cinquième étage du grand bâtiment qui divisait en deux grandes cours cette partie du collége, commença à se barricader d'une façon redoutable avec des traverses et des planches arrachées ou brisées de leurs bois de lits.

Instruit enfin de la gravité de ces désordres, M. de Lanneau accourut, accompagné des inspecteurs et de tous les domestiques; malheureusement il était trop tard.

Les rhétoriciens, pourvus de provisions de bouche et de munitions de guerre, bien barricadés, se préparèrent, au milieu d'un tapage infernal, à soutenir un siége en règle.

Jusqu'à neuf heures, les exhortations paternelles de M. de Lanneau furent méconnues de ces furieux; des blessures graves produites par les pièces de bois qu'ils lançaient de la porte entr'ouverte et refermée aussitôt avaient jeté la consternation dans le cœur des assiégeants. Le directeur lui-même avait été blessé à la jambe par un de ces projectiles, tandis que son frère, M. de Marey, battait en retraite avec une forte contusion à la tête.

Lorsqu'au coup de neuf heures, j'ouvris, au moyen de mon passe-partout, la porte particulière, quelle fut ma surprise de trouver au pied de l'escalier et du parloir un groupe effaré de domestiques et d'entendre distinctement les cris poussés au faîte de la maison.

L'on me mit au courant de ce qui se passait.

Je me dirigeai aussitôt vers l'escalier conduisant à ma chambre située au cinquième étage, et attenante au dortoir même des révoltés : c'était un petit réduit formé de cloisons lambrissées, dans un angle de la vaste pièce; au-dessus se trouvaient deux autres chambres mansardées servant d'atelier de reliure.

Au premier étage, je rencontrai, assis dans un fauteuil, M. de Lanneau, entouré des inspecteurs Fayard, Serres et Hébert, et ayant près de lui M. Martin, préfet des études.

— Vous ne pourrez pénétrer dans votre chambre, me dit le respectable directeur; si vous insistiez vous pourriez fort bien être traité comme nous l'avons été nous-mêmes; Voyez!... et il me montrait sa jambe....

— Permettez-moi, monsieur, lui répondis-je, d'essayer à mon tour ; je serai peut-être plus heureux que vous; qui sait? J'ai parmi les élèves révoltés un ami, qui me protégera au besoin, j'en suis certain...

— Ah! c'est vrai, reprit avec bonté M. de Lanneau, vous avez M. Cavaignac; essayez donc! mais soyez prudent!

Je monte aux 2e, 3e et 4e étages ; je trouve à la porte de chaque dortoir un piquet de domestiques placé sous le commandement d'un maître d'études dans la crainte que les élèves des autres divisions ne se joignent aux rhétoriciens.

J'arrive enfin à la redoutable porte barricadée... à laquelle je frappe avec circonspection....

— Qui va là? crie une voix.

— Moi ! Werdet.

— Que voulez-vous ?

— Entrer dans ma chambre, donc, et me coucher.

— Êtes-vous seul ?

— Oui.

— Et la même voix d'ajouter :

— Attendez!...

Et j'entends un élève dire aux autres : — Je réponds de lui!!..

Quelques minutes s'écoulent; le bruit d'une vive

discussion vient à mes oreilles; les *oui* et les *non* se croisent en tous sens.

Enfin, une voix parvient à dominer ce tumulte confus, le guichet de la porte s'entr'ouvre, et Godefroy m'interpelle ainsi :

— Est-ce bien vous, Monsieur Werdet?
— Certainement!..
— Êtes-vous seul?
— Oui.
— Vous engagez-vous à être muet?
— Je vous le promets.

La porte m'est ouverte aussitôt : j'entre dans ma chambre (il était dix heures), et je m'endors malgré le bruit de l'orgie qui continue...

Le lendemain matin, à cinq heures, on me donne la clef des champs ; je sens, dans l'obscurité, une main presser la mienne et y glisser un papier...

C'était une lettre adressée à M. de Lanneau.

Je m'empresse de la lui faire remettre.

Dans cette épître que Cavaignac avait écrite pendant que ses camarades dormaient, il assumait généreusement sur sa tête toute la sévérité du directeur, le suppliant d'être indulgent pour ses camarades qu'il déclarait avoir seul poussés à la révolte ; et se soumettant d'avance à toutes les rigueurs de la discipline.

Ce billet, tracé d'une main fougueuse, tout d'un trait, sous l'inspiration soudaine de la pensée, sans ratures ni renvois, respirait les plus nobles sentiments.

A six heures, les révoltés ouvraient eux-mêmes leur porte, et, conduits par Godefroy, se rendaient à leur salle d'étude...

Ainsi se termina cette émeute qui avait pris des proportions effrayantes !

La lettre de Cavaignac fut, par ordre de M. de Lanneau,

déposée dans les archives de la maison où très-certainement on la retrouverait si l'on voulait se donner la peine de la chercher.

Dès 1810, notre excellent directeur avait fondé, à ses frais, dans une rue qui longeait les murs de la prison de Montaigu, une école gratuite pour des enfants de 8 à 12 ans.

L'élève qui, chaque année, y montrait la plus grande aptitude au travail, entrait de droit, comme pensionnaire gratuit, au collége, dont il partageait l'enseignement jusqu'à la fin de ses études.....

De ce modeste asile sont sortis, à ma connaissance, MM....; mais ici ma plume s'arrête.....; qui peut savoir si ces hommes, qui ont fait leur chemin, ne rougiraient pas de voir leurs noms cités dans ces lignes ?

Dès 1815, M. de Lanneau avait établi la bifurcation des classes à partir de la troisième année ; il avait, en outre, créé une division, vulgairement dite des *Palatins*, à l'usage des jeunes gens qui se destinaient au commerce ou aux arts libéraux.

## IX

GODEFROY CAVAIGNAC LITTÉRATEUR. — SOUVENIR PRÉCIEUX QU'IL ME DONNA.

Pendant huit ans j'avais été en rapport, pour la librairie de Sainte-Barbe, avec de très-respectables maisons, telles que les Delalain, les Théophile Barrois, les Kœnig, etc., etc.

Et j'avais conçu le désir d'entrer dans cette branche de commerce qui me souriait.

Aussi, en février 1820, l'occasion m'étant offerte d'être accueilli, aux modiques appointements de 50 francs par mois, chez M. J.-J. Lefèvre, n'hésitai-je pas un instant à sacrifier les avantages pécuniaires que me valait ma position à Sainte-Barbe, laquelle, avec mes leçons particulières, me rapportait plus de 2,000 francs par an, et cela, vous le voyez, pour accepter une humble place de commis libraire à 600 francs.

Mais j'étais entraîné vers le commerce de la librairie par une vocation irrésistible.

Je quittai donc le collége de M. de Lanneau où j'avais passé les huit plus belles années de ma jeunesse.

J'en passai huit autres chez mon nouveau patron qui devint plus tard le trop modeste, mais très-savant éditeur à qui l'on doit les belles éditions *princeps*, avec commentaires, restées sans rivales, des classiques *français, latins, anglais, grecs, italiens*, etc.

En homme expérimenté, il avait su comprendre mon caractère et mes dispositions commerciales.

À la fin de mon premier mois, au lieu de me remettre, d'après nos conventions, 50 francs pour mes honoraires, il me donna 100 francs en me disant : Continuez !...

En juin suivant, c'est-à-dire quatre mois après, il porta mes appointements à quinze cents francs, et me fit débuter, comme voyageur, en Angleterre, où aucun autre agent de la librairie française n'avait mis les pieds avant moi.

Contre toutes les prévisions, je fus très-heureux dans ce premier essai. Quoique je n'eusse retenu dans les replis de ma mémoire que fort peu de mots anglais, dus, à Sainte-Barbe, aux leçons de M. Roberts dont j'avais suivi les cours, je réussis si bien au gré de mon patron, qu'à la fin de l'année il porta mes honoraires à deux mille francs. J'allais vite, on le voit...

Pendant près de huit ans je voyageai constamment pour

M. Lefèvre. —Ah! que n'ai-je continué pour mes propres intérêts et pour ceux même du vénérable éditeur !

*Tel brille au second rang qui s'éclipse au premier.*

En quittant Sainte-Barbe et son respectable fondateur, M. Victor de Lanneau, j'avais laissé les frères Cavaignac y continuer leurs études : mes rapports avec Godefroy furent donc forcément interrompus.

Mais, dans ma vie agitée par de fréquents et longs voyages, en France, en Angleterre, en Hollande, en Belgique, dans l'Italie entière, partout enfin où le goût des anciens auteurs était alors répandu, je n'en suivais pas moins avec un vif intérêt la carrière plus politique que littéraire de mon élève de prédilection, le fils aîné du conventionnel.

C'est ainsi que j'appris successivement qu'Eléonore-Louis-Godefroy Cavaignac, après avoir achevé ses études, était allé s'asseoir sur les bancs de l'École de droit, ambitionnant l'honneur de devenir un des aigles du barreau français; mais que, bientôt fatigué, dégoûté même de ces arides études, si peu en harmonie avec son caractère bouillant, impétueux, enthousiaste, il avait déserté le temple des adeptes de Cujas pour se jeter dans les luttes d'une politique d'opposition qui lui convenaient infiniment mieux.

Je sus que, peu de temps après, il avait été nommé *président de la Société des Droits de l'homme*, et s'était affilié ensuite à la *Société des amis du peuple*, d'où résulte naturellement la part active qu'il prit à la guerre aussi persévérante qu'acharnée du parti libéral contre le gouvernement du roi Charles X.

On n'a pas oublié qu'il fut un des plus intrépides combattants de juillet 1830; mais, qu'aussitôt que l'ordre eût été rétabli par l'élévation du duc d'Orléans au trône, cet esprit remuant fut un des premiers à se déclarer contre le nouvel ordre de choses.

Alors il se livra avec un redoublement d'ardeur à la polémique dans toutes les feuilles radicales, telles que le *National*, la *Tribune*, le *Bon Sens*, etc.

Je n'ai point à le suivre pas à pas dans cette carrière ; qu'il me suffise de dire que ce fut en 1831 que se renouèrent nos vieilles sympathies de collége.

A cette époque j'étais éditeur ; je m'attachais surtout à ne publier que de bons ouvrages. Par mes rapports avec les gens de lettres, j'appris que Godefroy Cavaignac avait en portefeuille un manuscrit tout prêt.

Me voilà aussitôt en route pour Saint-Maur, où demeurait, dans une élégante maison de campagne, la veuve du conventionnel. Là, je rencontrai son fils aîné, qui habitait avec sa respectable mère.

Enchanté de me revoir, il me contraignit à accepter, comme ami, un manuscrit double qui avait pour titre :

*Une tuerie de Cosaques, scènes d'invasion*, par Godefroy Cavaignac.

Et : *Le cardinal Dubois, ou tout chemin mène à Rome*, par Eugène Cavaignac.

Celui-ci était alors à l'école d'application d'artillerie de Metz.

Je publiai ces deux nouvelles en un seul volume in-8º, qui n'obtint qu'un médiocre succès de vente, basé plutôt sur des sympathies que sur un mérite réel.

Ces deux bleuettes historiques appartenaient à ce genre éminemment faux et bâtard, que le succès étourdissant et si peu mérité des *Barricades* de M. Vitet avait mis un instant à la mode.

En 1832, je me liai par un traité avec Godefroy pour la publication d'un roman qui devait porter son nom ; le prix était de deux mille francs, dont cinq cents payables à la signature de l'acte.

Il en fut de même de ce roman que de celui du prince des critiques, Gustave Planche, le *Polycrasse* de Jules Janin, et de celui des *Parisiens aux bains de mer*, d'Auguste Luchet...

Jamais, malgré mes fréquents voyages à Saint-Maur, je ne pus obtenir de l'ardent publiciste que de vagues promesses sans cesse renouvelées.

Au bout d'environ deux ans, le désespoir me gagnant de plus en plus, étant allé, selon mon habitude, à Saint-Maur, relancer encore une fois mon retardataire, Godefroy me dit :

— Très-décidément, je le vois bien, je ne pourrai jamais me décider à écrire un roman de mœurs; ma position et mon caractère s'y opposent.

Je devine ce que vous allez m'objecter : Flocon écrit des romans; c'est vrai, et ce n'est pas ce qu'il fait de mieux; mais Flocon a besoin de son travail pour vivre; moi, c'est différent!

Quoique vos visites me soient toujours fort agréables, il n'en est pas moins vrai qu'elles m'affligent. Je suis, à votre égard, dans une fausse position.

Donc, j'offre de vous rendre vos cinq cents francs avec les intérêts, plus une indemnité que vous fixerez vous-même, et nous romprons notre traité.

A une déclaration aussi franche, aussi loyale, il n'y avait rien à objecter.

J'acceptai la restitution de mes cinq cents francs, mais sans vouloir entendre parler d'intérêts, encore moins d'indemnité, et notre traité fut déchiré.

Quelle noblesse de sentiments dans cette façon d'agir de Godefroy avec son éditeur!

Ainsi se terminèrent mes courses infructueuses à Saint-

Maur, et je fus assez longtemps sans rencontrer Cavaignac dans le monde ; nous ne fréquentions par les mêmes cercles.

Un matin, vers les dix heures, au mois de mars ou d'avril, je marchais rapidement dans la rue de Bucy, sur le trottoir de droite, dirigeant mes pas vers la rue de l'Abbaye, où j'avais à faire.

Tout à coup j'entends une voix mâle qui prononce mon nom.

Je me retourne, et j'aperçois arrêté un magnifique cheval blanc, monté par un cavalier au port martial, de haute taille, portant boutonnée jusqu'au menton une longue redingote gros bleu à la propriétaire.

C'était mon ami de Sainte-Barbe qui m'appelait.

Il y avait près de deux ans que nous ne nous étions vus.

Chaudes et sympathiques furent nos poignées de main cordialement échangées !...

Le beau cheval continua à marcher au petit pas vers la prison de l'Abbaye; moi, l'accompagnant, une main appuyée sur le pommeau de la selle, tandis que le cavalier, penché sur le col de sa monture, causait à voix basse avec moi.

— Je suis d'autant plus heureux de vous rencontrer, me dit-il, que c'est peut-être la dernière fois que nous nous revoyons ; je quitte Paris.....

— Quoi, sérieusement vous nous abandonnez ? lui demandai-je. Est-ce que, par hasard, la police vous tourmenterait encore ?

— Chut ! plus bas.

Et, se penchant tout près de mon oreille, il ajouta :

— Non, que je sache ! je ne suis pas encore tout à fait traqué..... Seulement, je vais rejoindre le général Berton, qui a levé l'étendard de l'indépendance.... *Motus!*

Et, sans me donner le temps de répondre, il fouilla vivement dans un des arçons de la selle, et en retira une lunette d'approche en ivoire, garnie en argent, qu'il pressa convulsivement.

— Elle a appartenu au brave des braves, me dit-il; il m'en a fait cadeau..... Acceptez-la comme un souvenir d'amitié!

Et le cheval, sentant qu'on lui lâchait la bride, partit comme un trait.

Jamais, depuis lors, je n'ai revu Godefroy.....

Je possède toujours cette lorgnette; ma vive affection pour le noble cœur de Godefroy a survécu à sa mort. Je ne l'oublierai de ma vie.

# JULES SANDEAU

## 1832 A 1859

# TABLE DES CHAPITRES

I. — Portrait d'après nature.
II. — Ses premiers amis.
III. — Une amitié sans nuages.
IV. — L'homme propose, Dieu seul dispose.
V. — Soins et tendresses filiales de Jules Sandeau pour son libraire.
VI. — A propos de Balzac.
VII. — Souvenirs de Clisson.
VIII. — Le retour à Paris. — Marianne et M Jules Janin.
IX. — Péché avoué, péché pardonné. — Un emprunt littéraire.

# JULES SANDEAU

## 1832 A 1859

« Chacun se dit ami ; mais fou qui s'y repose.
« Rien n'est plus commun que le nom,
« Rien n'est plus rare que la chose.
              LA FONTAINE.)

---

PORTRAIT D'APRÈS NATURE.

Parmi les portraits que le cours vagabond de mes rêveries me fera retracer, aucun peut-être ne m'offrira plus de facilité et de plaisir que celui du jeune écrivain devenu si célèbre, auquel je vais consacrer ces quelques pages.

Autant de Balzac réveillera en moi de douloureuses et amères réflexions, autant Jules Sandeau fera vibrer dans mon cœur de douces et affectueuses émotions.

De tous les hommes de lettres que j'ai fréquentés, il n'en est aucun dont le souvenir me revienne plus volontiers, et que j'aime à peindre sous de plus riantes couleurs, afin de faire ressortir les qualités aimables qui sont l'apanage de cet auteur si remarquable.

J'ai connu Jules Sandeau à cette phase de la vie (il avait alors à peine vingt-cinq ans), où fermente la séve du talent et de la jeunesse, où les passions généreuses débordent sur toutes les autres, où l'amitié, cette avant-garde de l'amour, éclate, pleine de dévouement et d'abnégation.

J'ai assisté à tous ces instants de douloureuses angoisses, où les entrailles du poëte se déchirent pour livrer passage aux premiers fruits qu'enfante le génie.

J'ai été le témoin, le confident des plaintes qui s'exhalaient d'un cœur blessé dans ses plus tendres, dans ses plus chères affections, les premières qui s'en échappent, et dont l'amertume n'est pas exempte d'un certain charme.

C'est dans mon sein qu'ont retenti les cris étouffés de ses premiers enfantements. Eh bien! j'en ai conçu pour cet écrivain une estime si profonde, une amitié si sincère, que les souvenirs qui m'en sont restés font encore le bonheur de ma vieillesse, quand je pense à l'amitié intime qui m'a uni à un homme si supérieur.

Chaque fois que je me reporte à cette époque de ma carrière d'éditeur, mon sang réchauffé coule dans mes veines avec plus de liberté et d'abondance; au souvenir de cette intimité, il me semble que je n'ai pas vieilli.

Je suis comme ces voyageurs qui, se trouvant tout à coup assis au foyer d'une hospitalité généreuse, après avoir franchi les fondrières de la route, se disent, en se frottant les mains avec bonheur : — Décidément il fait bon ici.

En est-il aujourd'hui de l'écrivain de même que du vieil éditeur?

En douter un instant serait un crime.

Les succès si grands, si mérités de *Mademoiselle de la Seiglière*, du *Neveu de M. Poirson*, de tant d'œuvres délicates et artistement ciselées, ont-ils fait oublier au poëte son ancien éditeur de *Marianne*, de *M^me de Sommerville*, du *Docteur Aristide Herbeau*?

Et les amitiés équivoques qu'attire le succès ont-elles effacé la cordiale affection qui s'épanouissait au feu de la lutte et bravait le destin ?

Non, non, c'est impossible.

Je repousse une pareille idée, parce qu'elle m'est douloureuse, je la repousse plus encore parce qu'elle serait injurieuse à l'homme que j'ai pris l'habitude d'aimer depuis longtemps.

La gloire, surtout lorsqu'elle est légitimement acquise, ne saurait transformer à ce point un noble cœur ; et eût-elle cette influence délétère sur tous les autres, il me semble qu'une exception devrait être invoquée en faveur de Jules Sandeau.

Quoi qu'il en soit, je tiens, et même beaucoup, à ce que le lecteur connaisse à fond l'écrivain au talent duquel il doit tant d'œuvres charmantes, et auquel je dois, à mon tour, tant d'affectueux souvenirs.

II

SES PREMIERS AMIS.

Un jour, c'était en 1832, l'auteur de *Marianne*, le cœur brisé, l'âme en proie aux plus énervantes désillusions, trouva sur sa route trois amis.

Il m'en coûte de le dire, tant j'aime les hommes de lettres, mais la vérité avant tout !

Ce n'étaient pas trois écrivains, mais trois simples

commerçants : un imprimeur et deux libraires, hommes de cœur et d'esprit, que je suis fier de pouvoir nommer :

L'un des trois se nommait *Allardin*, éditeur ; il a payé de sa fortune et de sa vie son dévouement aux lettres et à ceux qui les cultivent.

Les deux autres étaient les frères *Dupuis*, l'un imprimeur, l'autre libraire.

C'est à ces trois hommes de cœur que la poésie et l'art doivent peut-être la conservation des jours de l'auteur de tant de livres qui charment nos veillées solitaires, et de tant d'œuvres dramatiques dont les succès mérités ont eu d'autres sources que l'engouement, le caprice ou la mode.

De leurs mains, Jules Sandeau reçut le prix de son premier ouvrage, *Madame de Sommerville* : il quitta alors Paris ; il alla visiter l'Italie.

A la manière des artistes, le sac sur le dos, un bâton à la main, il partit à pied.

Ce voyage, pendant lequel ses trois amis publièrent *Madame de Sommerville*, qui obtint un immense succès, dura près de deux ans ; ils veillèrent encore pendant sa longue absence sur ce poëte, sur ce rêveur, avec une sollicitude toute paternelle.

Puis Jules revint à Paris.

Il alla demeurer à Chaillot.

J'abandonne ici tous les chemins de traverse pour arriver en droite ligne, par la grande route, à la manière dont je fis sa connaissance vers le mois de juin 1834.

J'étais déjà l'éditeur de Balzac, d'Henri Berthoud, de Félix Davin, de Norvins, d'autres auteurs d'un vrai mérite pour l'époque : j'étais à l'affût de tous les nouveaux astres qui s'élevaient à l'horizon littéraire ; je feuilletais leurs productions avec amour ; et parmi tous ces ouvrages, j'avais lu surtout avec un véritable enthousiasme un volume que venait de publier Allardin ; c'était ce délicieux roman de Jules Sandeau, *Madame de Sommerville*, son début littéraire, il est vrai, mais un chef-d'œuvre de grâce, de fraîcheur, d'imagination et de style.

La lecture de ce volume m'avait frappé ; je me promis dès lors de faire la conquête d'un jeune auteur aussi distingué.

J'en parlai avec feu à Balzac ; il me répondit : « Jules Sandeau est un de mes amis ; il voyage en ce moment en Italie ; lorsqu'il sera de retour, il ne manquera pas de venir me rendre visite, je vous en préviendrai, je vous présenterai à lui, vous ferez le reste ; vous avez mille fois raison de vouloir tenter la conquête de ce jeune homme, car je puis vous assurer qu'il ira loin. »

Ce jugement prophétique de Balzac me parut d'autant plus remarquable, qu'en général il était fort sobre d'éloges envers tout astre nouveau qui brillait à l'horizon, tant il craignait sans cesse de trouver sur sa route un rival.

Cette fois, mon attente ne fut point trompée.

Balzac me dit un jour : « Venez dîner avec moi demain ; je veux vous présenter deux de mes bons amis ; vous serez enchanté d'avoir fait leur connaissance. »

Affriolé par cette gracieuse invitation, je vous laisse à penser si je fus exact au rendez-vous !

Je trouvai de Balzac, dans son cabinet de travail, rue Cassini, en compagnie de deux jeunes gens, dont la tenue simple, mais élégante, annonçait des hommes de la meilleure société.

L'un svelte, élancé, avait l'œil vif, pétillant de finesse et d'esprit ; une chevelure noire, abondante, encadrait son visage rose d'un ovale parfait ; l'autre, d'une taille moyenne, à ce que je crus voir, car il était nonchalamment couché à demi sur un divan, dans une pose gracieuse qui laissait deviner une tournure parfaite, pleine d'élégance ; il avait les cheveux châtains, fins et soyeux, son front élevé trahissait déjà les fatigues de l'âme ; son œil, d'une douceur extrême, se dirigea sur moi ; il se leva à ma vue, et Balzac le prenant par la main me dit :

— Voici les deux amis dont je vous ai parlé ; l'un, celui que je vous présente, est l'homme de lettres dont vous m'avez si souvent entretenu avec admiration, M. Jules Sandeau.

A ce nom, à cette rencontre si désirée, mon cœur battit avec violence ; je serrai cordialement la main de Balzac, qui reprit :

— Je vous présente aussi un disciple d'Esculape, le Pylade de Sandeau, notre bon et aimable ami à tous deux.

C'était Émile Regnault, qui devint bientôt le mien, et dont j'aurai à parler dans mon article sur *Gustave Planche*.

Ainsi se fit ma connaissance avec Jules Sandeau.

Le lendemain j'étais chez lui, Grande-Rue de Chaillot, et je lui achetais le manuscrit d'un roman en 2 vol. in-8°, *à livrer dans six mois* : La *Patricienne*, auquel titre l'auteur substitua plus tard celui de *Marianne*.

### III

#### UNE AMITIÉ SANS NUAGES.

Dès ce jour, l'amitié la plus sympathique m'unit à Jules Sandeau ; jamais le moindre nuage ne vint l'altérer, même pendant mes désastres commerciaux, alors que je me trouvais abandonné d'autres gens de lettres, tandis que je luttais avec l'héroïsme du désespoir contre les coups de coupé avait été retenue la veille pour moi, jusqu'à Orléans seulement, où je comptais me reposer un peu de mes fatigues.

L'homme propose, Dieu seul dispose.

On va juger de la vérité du proverbe.

J'occupais la première place du coupé ; il était près de huit heures du matin, la diligence allait partir.

Je croyais que j'allais voyager seul, j'en étais enchanté ; je fus déçu de cet espoir.

Un monsieur et une dame, l'un et l'autre d'un certain âge, mais d'une très-haute distinction, se présentèrent au moment du départ.

A l'aspect de cette respectable dame, je me levai pour lui offrir ma place.

— Non, non, me répondit le mari, ne vous déplacez pas, monsieur; vous paraissez bien faible et bien souffrant. Quelle maladie vous a donc mis dans cette piteuse position, car vous êtes jeune encore ?

— Lorsque la voiture aura atteint la grande route, je répondrai, monsieur, à vos bienveillantes paroles ; — dans Paris, le bruit me force à élever la voix, — ce qui me fatigue beaucoup, je vous assure.

— Vous avez raison, monsieur, ne parlez plus.

Nous avions à peine dépassé le grand Montrouge, que mes obligeants voisins m'avaient pris en grande affection.

— Voulez-vous, monsieur, me dit la dame, que je sois votre mère, — que je vous soigne comme un fils pendant tout le temps que nous passerons ensemble ?

— Soyez, madame, répondis-je avec feu, — soyez mon bon ange gardien, — soyez ma mère, — votre fils vous obéira avec reconnaissance.

A Étampes, la diligence s'arrêta pour donner le temps aux voyageurs de déjeuner.

Sur l'ordre de ma protectrice, deux côtelettes de mouton

rôties sur le gril, avec du vin de Bordeaux, me furent servies.

— Vous ne mangerez, monsieur, que les coquilles seulement de ces côtelettes ; — vous ne boirez que deux petits verres de ce vin de Médoc, me dit cette obligeante dame. Vous avez l'estomac très-affaibli par le régime débilitant que vous a fait suivre votre Esculape ; — il a besoin d'être affermi. Voici celui qu'à mon tour je vous prescris : — des viandes rôties sur le gril, mouton ou bœuf, accompagnées de quelques petits verres de vin vieux de Bourgogne ou de Médoc ; — manger peu à la fois, mais souvent ; — si vous suivez à la lettre mon ordonnance, je vous prédis qu'en très-peu de temps vous retrouverez vos forces épuisées avec votre santé.

A six heures nous étions arrivés à Orléans.

— Conducteur, m'écriai-je en descendant de voiture, je continue jusqu'à Tours.

— Suffit, Monsieur.

J'avais passé une journée si heureuse !

A cinq heures du matin, la diligence s'arrêta à l'hôtel de la Boule-d'Or, à Tours. Je continuai ainsi mon voyage jusqu'à Angers, où nous arrivâmes le soir.

Là, nous dûmes passer la nuit pour nous embarquer le lendemain matin à six heures sur un bateau à vapeur qui, de la Maine à la Loire, devait nous déposer à Nantes.

Mêmes soins délicats, même empressement pendant notre dîner de la part de mes aimables inconnus que je brûlais du désir de connaître, puisque je devais le lendemain me séparer d'eux.

L'heure d'aller nous coucher arriva.

— Mon enfant, dis-je à la soubrette qui vint m'indiquer ma chambre, quelles sont les personnes avec lesquelles j'ai eu l'honneur de dîner et de passer une si agréable soirée ?

redoublés de la fortune qui semblait de plus en plus s'éloigner de moi ; car c'est surtout dans ces délicates et douloureuses circonstances qu'on reconnaît ses vrais amis.

Quant à Jules Sandeau, plus il me sentait malheureux, plus sa tendresse pour moi devenait ardente, expansive et généreuse, à tel point qu'étant alors bien loin, certes, d'être riche, il ne balança pas à s'exiler volontairement de Paris, à courir pour moi à Pornic, sur les grèves de l'Océan, à écrire en ma faveur à ses meilleurs amis, à me faire même *cadeau*, oui, *cadeau*, du manuscrit d'un roman intitulé *le Docteur Aristide Herbeau*.

Voilà ce que fit ce jeune écrivain, qui devait être un jour célèbre, pour son ami, pour son éditeur malheureux, ruiné, spolié par le machiavélisme et l'égoïsme d'un autre homme de lettres qui avait une pièce d'or à la place du cœur...

J'ai déjà dit autre part, qu'à la suite de mon *Waterloo*, signifié si froidement et préparé avec tant de perfidie par de Balzac, ma santé jadis si robuste avait été compromise à un tel point par une gastrite aiguë, que je fus contraint de m'aliter et d'arrêter mes travaux.

Je résolus de faire une assez longue absence, dans l'espoir qu'arraché à mes déplorables affaires, les distractions que procurent toujours les voyages, le changement d'air et de climat, pourraient peut-être me mettre à même de rétablir ma santé.

Le jour de ma chute, fou de douleur et du désespoir d'abandonner à la rapacité des huissiers ma boutique de libraire, jusqu'alors si paisible, je fis placer dans une voiture mes livres de commerce, pour aller chez Jules Sandeau, lui demander un asile, afin de pouvoir faire un inventaire très-exact de ma situation.

Ce fut à cet ami si dévoué, que je résolus d'aller demander les secours de ses consolations, de toute son amitié, et le repos qui m'étaient si nécessaires.

Jules Sandeau n'habitait plus Paris : il avait dû abandonner son joli appartement de la rue Cassini, pour soustraire sa jeune et fraîche imagination si féconde, aux obsessions égoïstes de ce colosse nommé de Balzac, qui, de même qu'une pompe aspirante, absorbait à son profit toutes les facultés créatrices de ce jeune écrivain, comme il avait déjà fait de celles de *Maurice Alhoy*, *Émile Regnault*, *Lassailly*, *Chaudesaigues*, et plus tard *Dutacq* ; tous seraient devenus fous, sous cet exploiteur qui enfantait chaque jour projets sur projets, *drames*, *contes*, *nouvelles*, *romans*, etc.

Mais je savais où je pourrais rejoindre au besoin Sandeau, car nous étions en correspondance réglée.

## IV

L'HOMME PROPOSE, DIEU SEUL DISPOSE.

Presque mourant, je voulus essayer de vivre.

Je mis en ordre mes affaires ; dans mon secrétaire, bien en vue, je plaçai un volumineux paquet avec lettre sous enveloppe sur laquelle j'avais écrit ces mots : « *A n'ouvrir qu'après ma mort. Ceci est mon testament.* Paris, le 25 juillet 1836.

« Ed. Werdet. »

Ces sages et prudentes précautions prises, j'allai rejoindre Jules. Donc le 27 juillet 1836, je me fis transporter au bureau de la diligence Lafitte et Caillard ; une place

— Quoi ! vous ne les connaissez pas, Monsieur ?

— Non, en vérité.

— Mais ils ont eu pour vous tant d'attention et tant de prévenance, que...

A cette réticence à laquelle je m'attendais, je lui glissai dans la main un argument irrésistible, — une pièce d'argent....

— Ce sont M. le baron et M<sup>me</sup> la baronne de V..., son épouse. M. le baron est président de chambre à la Cour royale de Paris ; il va passer ses vacances à son château de Pornic. Lorsqu'il s'arrête dans cet hôtel, c'est jour de fête pour nous tous ; Monsieur et Madame sont si généreux ; pas fiers du tout ! Ils sont la Providence de tous les malheureux de leur commune où il n'y a pas de pauvres, grâce à eux.

Quelle bonne fortune j'avais eu l'heureuse chance de rencontrer...

A six heures du matin le lendemain, nous étions embarqués sur le bateau à vapeur.

Le temps était admirable.

Vers les onze heures, sur l'ordre de M. le baron de V..., une table à trois couverts fut dressée sous la tendille où notre déjeuner fut servi.

Plus le moment de la séparation approchait, plus les paroles devenaient affectueuses, à ce point que M. le baron me demanda mon calepin. — « J'ai, me dit-il, à vous donner par écrit notre adresse à Pornic, où vous viendrez, je l'espère, nous rendre visite ; — je prends cette précaution dans la crainte que vous ne l'oubliez. — Oui, cher monsieur, venez passer quelques jours à notre château, ajouta gracieusement son excellente femme,—nous vivons là très-retirés, — le grand air de la mer vous fera du bien ; — il fortifiera votre santé, soyez-en bien persuadé. —Nous ferons en sorte que vous ne puissiez vous ennuyer près de deux vieilles gens comme nous.—Vous nous promettez ce plaisir, n'est-ce pas ? » ajouta avec une courtoisie pleine de charme M. le baron.

J'acceptai cette offre gracieuse.

Pouvais-je faire différemment, à moins de paraître un goujat.

La séparation eut donc lieu à Nantes.

Une place sur la banquette était heureusement disponible dans la petite diligence de Clisson, je la pris.

Deux heures après, je tombais dans les bras de mon ami Jules comme un aréolite, juste au moment où il allait se mettre à table pour dîner seul, à l'hôtel du *Grand Clisson*.

Je renonce à vous reprimer la joie de Jules Sandeau, que je n'avais pas prévenu de ma visite, lorsqu'il me serra dans ses bras.

En quittant Pornic, mon ami était venu planter sa tente de nomade à Clisson.

V

SOINS ET TENDRESSES FILIALES DE JULES SANDEAU POUR SON LIBRAIRE.

Un second couvert fut placé en face de celui de mon jeune ami.

S'il prenait seul ses repas, c'est qu'il était le seul habitant de l'hôtel du Grand-Clisson ; j'allais faire le second.

J'avais un appétit formidable.

Je fus sobre néanmoins.

Mais si, par prudence, je me condamnai volontairement à l'abstinence, ma langue, en revanche, s'en donna à cœur-joie.

A onze heures nous étions encore à table.

Nous regagnâmes enfin nos chambres respectives pour nous livrer aux douceurs du repos; nous demeurions porte à porte.

Jules m'accompagna, il ne voulut quitter ma chambre qu'après s'être assuré, avec toute la sollicitude d'un fils pour son père, qu'il ne me manquait rien.

Ce minutieux examen terminé, il se retira en me disant:

— Dormez, ami, je veille sur vous, — vous ne vous lèverez que lorsque j'irai vous réveiller, car vous devez être accablé de fatigue et de sommeil.

Vers les onze heures le lendemain, Jules entrait chez moi.

— Levez-vous, très-cher, votre café est prêt, — allons déjeuner.

J'avais passé une très-bonne nuit. Je sentais mes forces revenir; j'étais si heureux !

— Vous m'avez dit hier au soir, mon vieux podagre, que depuis votre départ de Paris, vous aviez eu l'heureuse chance de tomber, non entre les mains des infidèles, mais bien entre celles de personnes très-honorables, M. et M$^{me}$ de V..... — Vous étiez sous la tutelle d'une sainte et bienfaisante femme.

Lorsque j'habitais Pornic, j'ai très-souvent entendu faire les plus grands éloges de M. le baron et de M$^{me}$ la baronne de V.....—En trois jours de soins qui vous ont été prodigués par cette image moderne de Philémon et de Baucis, votre bon ange gardien, comme vous la nommez, vous a fait franchir les premières marches qui conduisent au temple de la santé. — A mon tour, je veux continuer à vous faire suivre le même régime que vous a prescrit M$^{me}$ la Raison. Je ne veux pas que vous me quittiez sans que votre santé ne soit parfaitement rétablie. Si un excellent régime, — si des soins tendres et affectueux, — si de bonnes causeries, — si les distractions de la promenade, des courses en bateau, sur la Seigre, notre petite rivière torrentueuse, — suffisent, — rien de tout cela ne vous manquera à Clisson, dont le séjour est délicieux. — Me permettez-vous de remplacer votre bon ange gardien, cette adorable et pieuse dame ?

M'obéirez-vous comme à votre père ? Je vous promets, au surplus, de ne point vous tyranniser par mes exigences toutes filiales ; — elles n'auront qu'un seul but — le rétablissement de votre débile santé.

— Trop heureux de vous obéir, mon bon jeune petit père, lui dis-je à ces paroles si pleines de tendresse. Maintenant que j'ai savouré avec un plaisir extrême ces bonnes tartines beurrées, préparées par vous-même, maintenant que j'ai pris ce parfumé moka à la crème, que faut-il que je fasse, père, pour vous plaire et vous obéir ?

— Parfait, cher ! je suis content de votre soumission. A tout seigneur, tout honneur ! Prenez votre chapeau et votre canne : — allons rendre visite à l'antique château et à la tour de Clisson ; — je ne les connais pas encore ; — depuis que je suis arrivé dans ce village aux souvenirs historiques, je ne suis pas sorti de ma chambre ; — j'ai constamment travaillé ; — hier même, j'ai expédié par la poste, à Buloz, pour la *Revue de Paris*, un long article, dont il sera content, je l'espère. — J'ai même travaillé pour vous, — je vous le dirai plus tard ; — pour le moment, il ne doit s'agir que d'aller faire une promenade vers le château.

Ce soir nous en ferons une seconde, à la tombée de la nuit, à la *Garenne*, rendez-vous ordinaire des promeneurs.

Nous nous dirigeâmes vers les ruines de ce qui reste de l'antique château féodal de Clisson et de sa formidable tour assez bien conservée, presque entièrement entourée par la Seigre, qui, à 30 kilomètres environ, va se jeter dans la Loire presque en face de Nantes.

A notre vue se présente un vieillard qui, son bonnet à la main, vient nous demander si notre intention ne serait pas de visiter la tour.

Sur notre réponse affirmative il rentre chez lui, puis il en sort armé d'un trousseau de formidables clefs, toutes rouillées, qui, agitées, font entendre un *trim trim* sinistre; il nous invite à l'accompagner.

Une solide porte est ouverte, puis une seconde : toutes les deux sont recouvertes d'épaisses plaques de fer. Dans la tour un escalier de pierre en forme de colimaçon se présente; notre guide nous précède; à chaque étage (il y en a trois) il ouvre une nouvelle porte.

J'ai de la peine à gravir cet escalier dont les marches sont dégradées par le temps.

Enfin nous voici arrivés sur la plate-forme de ce vaste donjon, formant un cercle parfait.

Là se présente un panorama admirable.

A cette hauteur de plus de trente-cinq mètres au-dessus de la Seigre, l'œil domine sur tous les lieux environnants, mais principalement sur une vaste forêt de chênes.

Le long des murailles, où jadis devaient exister des créneaux, je remarque, placées debout, d'énormes dalles en pierre. Au centre de cette plate-forme se trouve encore un chêne colossal, dont le diamètre peut avoir 60 centimètres.

Tout ce sol est recouvert de chardons, de ronces, de mauves sauvages et d'autres herbes parasites.

— Dites-nous donc, brave père, est-ce que par hasard ce chêne magnifique, au feuillage épais, que le soleil ne peut traverser, serait poussé là, au beau milieu de cette vaste plate-forme, tout seul, comme un champignon ?

— Votre observation, monsieur, me dit notre guide, est

juste ; peu de nos rares visiteurs étrangers ne la font : non, non, cet arbre n'a pas poussé là comme un champignon ainsi que vous venez de le dire. C'est moi-même, Jacques Yvon, qui l'ai planté, par ordre de nos autorités, en 1793 ; je l'ai entouré d'une rustique balustrade, afin de le mettre à l'abri de toutes les mains sacriléges ou profanes qui chercheraient à le détruire.

Ce chêne est sacré pour nous tous Clissonnais.

— Mais à quelle occasion l'avez-vous planté ?

— C'était pour éterniser à jamais le souvenir glorieux d'un combat acharné, que nous, les *blancs*, avions livré, le 13 août 1793, aux *bleus*, ces ennemis de notre ancien roi et de notre divine religion ; ici, à Clisson même, dont ils s'étaient rendus maîtres par surprise, nous leur avions mis hors de combat une centaine de soldats.

Comme notre cimetière était trop petit pour ensevelir tous ces pauvres malheureux, il fut décidé que cette tour leur servirait de tombeau.

A cet effet, on enleva toutes ces dalles que vous voyez le long de ces créneaux ; l'on creusa le sol jusqu'au troisième étage, puis l'on y plaça tous ces cadavres, sur lesquels on jeta de nombreuses couches de chaux vive, qui elles-mêmes furent recouvertes de nouvelles couches de terre.

Comme les Yvon sont depuis près de deux siècles, de père en fils, les concierges de ces ruines, moi, Jacques, le plus jeune de tous, je fus désigné par les autorités pour aller choisir le plus beau chêne, le plus jeune et le plus vigoureux, dans cette forêt que vous voyez, comme si elle était à vos pieds ; mon choix fait, je plantai donc mon jeune chêne au beau milieu de cette terrasse.

Pour me récompenser de mes soins, le conseil municipal m'accorde chaque année une petite somme d'argent.

— Merci, père Yvon, de votre légende historique. Mais à qui appartiennent aujourd'hui les ruines de ce vieux château féodal, cette tour, cette immense forêt de chênes magnifiques ; pouvez-vous nous l'apprendre ?

— Rien de plus facile, messieurs. — Après l'abolition de tous les priviléges de nos seigneurs, le dernier rejeton de la famille de l'immortel grand Clisson émigra. Jamais, au grand jamais, l'on n'en a entendu parler.

Toutes ses propriétés, y compris les fermes, furent vendues à la criée comme biens nationaux. Les assignats étaient déjà très-dépréciés ; ils perdaient plus de la moitié de leur valeur. Un Parisien offrit de toutes ces propriétés, qui valent plus de deux millions, au prix où en sont les terres et les forêts, il offrit, dis-je, dix mille livres en beaux écus de six francs ; comme l'argent était caché, introuvable même, elles lui furent adjugées ; c'est son fils unique, son héritier, un jeune homme d'une trentaine d'années, qui en est devenu le riche propriétaire. Mon bourgeois est à Paris, où je vais le voir pour ses fermages.

Nous étions renseignés. Jacques Yvon fut libéralement récompensé.

Comme il faisait très-chaud sur cette terrasse, nous jugeâmes prudent de rentrer à l'hôtel.

## VI

### A PROPOS DE BALZAC.

Une collation préparée par ordre de Jules nous attendait dans sa chambre ; nous y fîmes honneur. Il était trois heures.

Cette dînette terminée gaiement, mon ami s'étendit sur un divan ; il se mit à savourer le parfum odorant d'un véritable cigare de la Havane.

Placé en face de ce fumeur, installé dans une large causeuse, j'aurais bien voulu essayer d'aspirer, moi aussi, un de ces produits des Antilles ; mais je n'osais en manifester l'envie, dans la crainte d'être refusé par mon nouvel ange gardien.

— Depuis notre séparation (il y a déjà quelques mois), demandais-je à mon ami, quels pays avez-vous visités ? quels sont les événements qui vous sont arrivés ? Tout ce qui vous concerne est pour moi ou un sujet de bonheur ou un sujet de chagrin.

Pour bien fixer vos souvenirs, voici à quelle occasion vous vous êtes exilé de Paris :

Le lendemain matin du jour où je rentrai chez moi, après avoir passé trois jours sous votre toit hospitalier, et après une déplorable chute, vous vîntes me prendre en cabriolet pour me conduire chez Balzac, qui vous avait chargé de m'amener près de lui, afin d'avoir, en votre présence, des explications à l'amiable sur nos intérêts.

Dans le cabriolet qui nous transportait rue des Batailles, vous étiez soucieux, vous ne me parliez même pas.

Surpris d'un tel mutisme, je vous en demandai le motif, et pourquoi cette entrevue avec l'auteur de ma ruine ?

Vous ne me répondîtes que ces mots :

— Je ne puis rien vous dire, si ce n'est d'être *ferme et prudent*.

A notre entrée dans son cabinet, de Balzac répondit par un signe de tête à votre bonjour ; il vous indiqua de la main un fauteuil placé près de lui ; alors, avec ce ton d'insultante arrogance que vous lui connaissez, sans m'inviter même à m'asseoir, il me dit de sa voix la plus brutale :

« — Je vous ai fait venir, monsieur, pour vous instruire d'une chose que vous paraissez ignorer ; c'est que *de fait et de droit* tous nos traités sont rompus ; un libraire qui ne paye pas à l'ordre d'un auteur un effet qu'il lui a souscrit est déchu de tous ses droits. »

A cette interprétation singulièrement judaïque, si étrange, le sang me monta à la tête, la colère s'empara de moi ; je remis fièrement mon chapeau sur ma tête, et je lui répondis :

« — Il est très-vrai, monsieur, que je n'ai pas payé le 15 de ce mois un effet à votre ordre, de mille francs ; mais à votre tour, vous *feignez* d'ignorer que ce billet n'est que de *complaisance* ; vous deviez m'en faire les fonds le 14, en vertu d'un *aval de garantie* déposé entre les mains de M. Buisson. Je vous ai malheureusement souscrit cet effet avec cinq autres de même somme, pour vous éviter de voir vendre à l'hôtel Bouillon tous vos meubles qui étaient saisis par vos créanciers. Je n'ai donc pas manqué à mes prétendus engagements envers vous. »

J'accablai alors cet ex-clerc d'avoué de très-sanglants et vigoureux reproches.

Suffoqué par la colère, impuissant à me répondre, il devint pourpre, puis il se leva et retomba anéanti sur son fauteuil, en portant les mains à ses tempes comme si elles allaient éclater.

« — Nous verrons, monsieur, si je suis déchu de la propriété de mes traités avec vous ; les tribunaux décideront de votre honteuse, oui, honteuse jurisprudence. »

Je me retirai furieux.

Vous savez le reste, mon ami.

— Je ne me rappelle que trop ces amères et douloureuses heures, me dit Jules ; je fus indigné de la conduite de

Balzac. Il ne m'avait pas dit le fond de sa pensée, car s'il me l'eût dévoilé, je lui aurais déclaré net que je ne voulais pas être mêlé à tous ces honteux débats. Deux jours après je quittai Paris sans aller vous faire mes adieux, je chargèai de ce soin notre ami commun, Émile Regnault. Je me rendis sans m'arrêter d'un seul trait à Nantes...

Si dame nature m'a traité en marâtre, si elle m'a refusé ce don inappréciable d'une imagination fertile et créatrice, en récompense, la chère dame m'a doué d'une excellente mémoire.

Je vais donc rapporter à peu près textuellement ce que me raconta Jules Sandeau, depuis la scène arrivée en sa présence chez Balzac.

— A Nantes je montai sur le bateau à vapeur qui me transporta à Paimbœuf.

Après déjeuner, je pris la voiture qui me conduisit à Pornic, à travers un pays dont la solitude m'enchantait de bonheur.

Les chênes, les genêts, les joncs fleuris penchaient leurs têtes sur le bord de la *saulée*.

Les petits ruisseaux, les vertes prairies, je ne sais quelle bonne senteur de bruyères, tout cela me rappelait mon cher pays natal.

A Pornic je descendis à l'auberge.

Je cherchai dans ce village un nid pour m'abriter. Après beaucoup de courses fatigantes, moi qui suis si paresseux, comme vous le savez, je finis par trouver ce qu'il me fallait.

J'habitais une petite chambre qui dominait tous les pays d'alentour.

J'avais sous mes fenêtres les toits qui fumaient, les jardins en terrasse, le port avec ses mâts, la colline que bat la vague, à ma droite l'église rustique avec son clocher élancé, à ma gauche le grand Océan, dont le bruit me plongeait dans de perpétuelles extases.

Je partageais ma vie entre la promenade, le tabac et le travail. Je n'ose vous parler de la rêverie, qui me vole constamment la meilleure partie de mon temps,

Je déjeunais de beurre, de thé et d'eau-de-vie; ces repas étaient exquis.

J'ai éprouvé que le thé, pris avec de l'eau-de-vie, rend le cœur léger et content.

Après le déjeuner, j'allumais ma pipe; j'allais flâner sur la côte; l'étendue de vue est magnifique, le rivage est bordé de rochers, sur lesquels la lame se brise.

Un jour, je poussai la plaisanterie jusqu'à me baigner dans une anse : le sable était si fin sur la plage, la mer si belle et si caressante ! j'en fus quitte pour un rhume de cerveau.

Je n'étais jamais plus heureux que lorsque la mer était en colère.

Je dînais à cinq heures, absolument comme à Paris.

La vie matérielle était là horriblement chère ; il n'y avait absolument que le bois et le charbon qui étaient à vil prix, le beurre détestable, le poisson fort rare.

La fumée de mon tabac était la compagne obligée de toutes mes actions.

Je me couchais à dix heures.

Vous le voyez, mon ami, c'étaient des mœurs toutes patriarcales.

Je ne voyais personne, je vivais en vrai loup.

Tout ce que je puis vous dire, c'est que mes hôtes étaient d'une bienveillance qui m'enchantait, et que l'aubergiste chez lequel j'étais d'abord descendu m'avait pris en si grande affection, qu'il m'envoyait chaque matin des huîtres et un petit vin du crû, que j'avais autant de peine à lui payer que j'en avais à le boire.

Le vin était moins généreux que le maître.

J'oubliais encore de vous dire qu'un dimanche j'étais allé à la messe. J'y ai vu des Pornicoises qui n'étaient pas trop mal.

Ma petite chambre était modeste et gaie; le soleil l'éclairait toute la journée; ma couche était bien un peu trop dure, mais je dormais du sommeil des justes; ma cheminée fumait bien un peu, mais je faisais des feux homériques; le carreau était bien un peu froid, mais j'avais à mes pieds de grosses pantoufles de goutteux; le tabac de caporal était bien aussi un peu âcre, mais les rêves qui sortaient de ma pipe étaient si doux!

J'ai abandonné Pornic, parce que je trouvais que le spectacle de ce beau pays me faisait trop rêver, que je ne travaillais pas assez. J'étais trop distrait.

Je suis venu planter ma tente à Clisson.

C'est donc ici, qu'au retour d'une exploration que j'ai dû faire dans les environs, j'ai reçu votre déplorable lettre; j'en ai eu le cœur gonflé de tristesse, et j'en aurais pleuré volontiers.

Hélas! je n'ai rien, rien, rien, qu'une amitié stérile à vous offrir: il me semble que je ne m'aperçois qu'à ce moment de ma pauvreté et de ma misère.

Pauvre vieux! mon enfant, qu'allez-vous faire, qu'allez-vous devenir?

Hier soir, vous m'avez demandé si je vous aimais encore?

Étiez-vous donc fou de me parler ainsi?

Vous savez bien que je vous aime, et je crois qu'à cette heure, que j'ai le bonheur de vous posséder près de moi, je vous aime plus que jamais.

Qu'est-ce que cela fait à mon affection, je vous le demande, que vous soyez ruiné, persécuté, traqué par quelques malheureux qui auraient dû vous tendre une main secourable?

En êtes-vous moins pour moi ce que vous avez toujours été, le meilleur et le plus obligeant des hommes?

Allez, ne me faites pas l'injure de penser que je règle mes sentiments pour vous sur la sotte opinion du monde. Sachez bien que plus vous serez bas à ses yeux, plus vous serez haut dans mon cœur!

Que serait-ce donc que l'amitié si elle était soumise à de si pauvres intérêts? Mais non, non!

Qu'allez-vous faire?

Je vous connais si probe, si délicat, que je suis certain que vous n'avez rien sauvé, rien mis de côté, et que vous êtes à cette heure sans moyen de vivre ; je suis donc sûr qu'il ne vous reste plus rien!

Ne pourrez-vous vendre à la *Revue de Paris* le manuscrit dont j'ai été si heureux de pouvoir vous faire cadeau, et que je vous ai adressé de Pornic afin de vous venir en aide?

Nous causerons de tout cela ; mais allons dîner, mon vieil ami.

## VII

### SOUVENIRS DE CLISSON.

C'est ainsi que les quinze jours que j'eus l'honneur de passer à Clisson dans la société de mon ami furent les plus beaux comme les plus délicieux de ma vie ; ce cœur noble et dévoué me donnait du courage, il fortifiait ma santé par de longues promenades dans la forêt et des exercices violents de canotage dans la petite rivière de *la*

*Seigre* aux capricieux méandres, dont le courant est très-rapide, encaissée qu'elle est par des rochers, quelquefois arrêtée dans son cours par des blocs de pierres à fleur d'eau contre lesquels viennent se briser avec fracas les eaux de cette pittoresque rivière.

Le soir de ce premier jour nous allâmes visiter la *Garenne*, une délicieuse promenade enclavée dans la forêt. C'est le rendez-vous ordinaire de la fashion riche et opulente des Nantais qui, dans la belle saison, viennent à Clisson passer le mois de septembre en villégiature.

Clisson est pour les Nantais ce que sont pour les Parisiens Saint-Cloud, Versailles et Trianon.

De trois à six, les gandins et les gandines, en grande toilette d'apparat (ce que c'est cependant que la simplicité des champs!) se rendent sous les arbres séculaires de Clisson, à la Garenne, pour y respirer le frais et les effluves embaumées des foins fauchés.

Le soir encore, après le dîner, cette brillante société se rend à ce *cursaal* en plein air; mais cette fois la toilette des dames est moins élégante, moins prétentieuse; l'on peut se rouler ou s'asseoir sur le gazon.

Malgré les instantes prières de mon ami, je ne voulus pas me rendre à ces réunions champêtres; je leur préférais nos salutaires promenades à travers les sentiers sinueux de la forêt.

Avec ces promenades, ces canotages, mes forces revinrent, et avec elles la santé.

J'étais heureux, sans nul souci; j'étais tout au présent, je me laissais vivre dans cet eldorado.

Il faut user de tout et n'abuser de rien.

Je dus mettre un terme à cette adorable existence.

J'annonçai donc un soir, après une longue promenade, à mon ami, que je quitterais Clisson le lendemain pour retourner à Paris, où mes affaires me rappelaient impérieusement et où j'allais reprendre mon collier de misère.

Jules en fut atterré.— Quoi ! me dit-il, la voix tremblante d'émotion à cette brusque nouvelle, vous voulez déjà me quitter ? Moi qui étais si heureux de vous posséder seul ! Encore une illusion perdue !

Je lui expliquai les motifs qui me forçaient à renoncer aux délices de cette nouvelle Capoue.

— Oui, vous avez raison ; mais que notre séparation va me paraître cruelle ! Encore une fois je vais demeurer seul avec ma constante rêverie et mon dégoût de la vie !

— Vous travaillerez, mon enfant, il n'y a rien de tel pour dompter les chagrins.

— Oui, vous avez raison, mon ami, il faut nous séparer ; — mais ayez du courage ! — Moi, de mon côté, je vais *tartiner* ferme, je vous le promets.

Le lendemain à huit heures, je partis pour Nantes.

Jugez, bienveillant lecteur, de ma surprise, lorsque je demandai le compte de ma dépense au propriétaire de l'hôtel du Grand-Clisson.

— *Tout est payé !* me répondit ce brave homme, *même les pour-boire de mes domestiques.*

Ces paroles étaient justement celles que m'avait répondues le garçon de M. Sallandrouze de Lamornais lorsque, par l'ordre de Balzac, il envoyait chez moi pour placer dans mon salon un tapis magnifique d'Aubusson.

Les expressions me manquèrent pour dire à mon bien-aimé Jules Sandeau tout ce que je pensais d'un procédé aussi généreux que noble et délicat.

Je ne pus que me jeter dans ses bras en m'écriant Merci ! cher et adoré *copin*.

Trois jours après je rentrais chez moi.

J'emportais une belle provision de santé qui me conduisit jusqu'au mois d'avril suivant, où les plus douloureuses circonstances firent revivre cette tenace affection de gastrite.

## VIII

LE RETOUR A PARIS. — MARIANNE ET M. JULES JANIN.

A son retour de Bretagne au mois de novembre suivant, Jules Sandeau accourut près de moi.

Voici les bonnes et sympathiques paroles qu'il m'adressa, paroles d'un cœur généreux et dévoué qui resteront éternellement gravées au fond de mon cœur:

— J'ai pensé sans cesse à vous, mon vieil ami, à vous que j'ai toujours trouvé si bon, si tendre, si dévoué, à vous qui m'avez tenu lieu de famille.

Je n'ai pas oublié nos soirées, nos causeries, nos cigares et nos petits verres d'alcool.

Je me suis toujours rappelé avec une joie mêlée de tristesse ces bonnes heures que nous passions ensemble à notre chère baraque qui nous était commune, à nous raconter nos misères, à nous aider à supporter nos maux.

Et vous, ami, ne m'avez-vous pas oublié dans ma longue absence ?

Le soir, au coin de votre feu, pensiez-vous un peu au voyageur absent ?

Le regrettiez-vous un peu, mon ami ?

Le redemandiez-vous ?

Allez ! je vous reviens ; et plus vous serez malheureux, plus je serai votre ami.

A l'occasion de Jules Sandeau, un mot, s'il vous plaît, d'un autre cœur trop méconnu par des Zoïles impuissants, jaloux et envieux de la gloire d'un confrère ; il s'agit d'un homme de lettres surnommé avec raison *le Roi de la Critique,* M. Jules Janin.

Ce que j'ai à en dire se rattache au sujet que je traite.

Je venais de mettre en vente, en juin 1839, *Marianne*, par Jules Sandeau.

Malgré mes annonces, mes réclames pyrotechniques dans tous les journaux, grands ou petits, cet ouvrage ne se vendait pas ; à peine cent exemplaires en avaient été vendus dans la première quinzaine.

Chaque jour mon pauvre Jules venait me voir pour connaître le résultat de la vente.

Chaque fois il se désespérait de l'absence de son succès ; chaque jour il revoyait intactes dans mon magasin les piles de cet ouvrage qui lui avait coûté trois années de veilles, de réflexions, de travaux, recommençant sans cesse, n'étant jamais satisfait de ce qu'il avait écrit.

J'avais beau lui dire de ne pas se décourager ainsi, qu'il s'opèrerait une réaction très-favorable pour son amour-propre lorsque *Marianne* serait connue et mieux appréciée ; — que moi, j'étais si plein d'espoir que, comptant sur un succès pyramidal, j'avais fait brocher l'édition tout entière !... Rien n'y faisait.

Toutefois, l'abattement de mon pauvre ami me brisait le cœur.

Pauvre Jules, comme vous souffriez !

Il me fallait donc prendre un parti quelconque.

Un samedi matin, vers les sept heures, un exemplaire de l'ouvrage de mon ami sous le bras, je me rendis, rue de Vaugirard, chez M. Jules Janin.

Bien que l'heure matinale fût insolite, je fus admis

sur-le-champ dans la chambre à coucher de ce célèbre critique.

Notre homme était encore au lit.

Assis sur son séant, les jambes relevées, formant une sorte de pupitre sur lequel était placé un miroir, il s'occupait à peigner son abondante chevelure noire.

— Ah! vous voilà déjà, me dit-il, en me saluant par un fin sourire narquois. Je parie que vous m'apportez encore quelque chef-d'œuvre inconnu de votre ami Balzac, qui finit, presque comme tous les autres, en *queue de poisson*.

— Votre *déjà* est bien dur, monsieur, lui répliquai-je, et je crois devoir me retirer; je ne suis pas habitué à me rendre indiscret.....

— Quelle tête susceptible vous avez donc! Je suis à mille lieues de vouloir vous blesser, me dit alors M. Jules Janin d'une voix bienveillante. Quel sujet vous amène ici? Voyons!

— Le voici, monsieur!

Et je lui présentai mon volume dont il s'empara vivement.

— Soyez le bienvenu, ainsi que *Marianne*, s'écria-t-il, je désirais justement connaître cet ouvrage. Depuis hier j'en raffole. Hier soir, je me suis trouvé dans une maison, chez un ami, où l'on en a dit beaucoup de bien, tandis qu'une personne en a dit pis que pendre. J'ai fait chorus.

— Comment, vous avez dit beaucoup de mal d'un livre que vous n'avez pas lu! Permettez-moi de vous dire très-franchement que c'est très-mal à vous.

— J'en conviens; mais que voulez-vous? c'est par pure galanterie que je l'ai fait; j'ai voulu faire plaisir à une femme déjà célèbre. Je vais donc lire aujourd'hui même votre livre, et s'il est réellement, comme vous le dites, très-remarquable, je vous promets un article dans les *Débats*.

— Puisque vous êtes en aussi bonne disposition, monsieur, veuillez, afin de m'épargner un autre *déjà*, avoir la bonté de m'indiquer le jour et l'heure où je pourrai revenir connaître votre opinion.

— Mauvaise tête ! Encore ?.... Alors, tenace que vous êtes, revenez demain à pareille heure, et vous verrez.

Tout joyeux, j'allai, 98, rue du Bac, où demeurait Jules, lui annoncer cette bonne nouvelle, dont il fut enchanté.

Le lendemain, dimanche, à sept heures, j'étais au rendez-vous, et je fus de nouveau introduit dans la chambre à coucher de M. Jules Janin que je trouvai encore au lit, corrigeant des épreuves.

— Eh bien, monsieur, lui dis-je, êtes-vous satisfait du chef-d'œuvre de Jules Sandeau ?

— Oui, certes, et en voici la meilleure preuve ! J'ai passé la nuit à rédiger un bon article ; en voici les épreuves que je corrige.

Mais pourquoi donc M. Jules Sandeau n'est-il pas venu me voir ? Il est très-fier, m'a-t-on assuré ; j'aime ces âmes fières, c'est ainsi que j'aime les hommes de cœur. Je désire faire sa connaissance. Allez donc lui dire de ma part que mon article sur son beau livre paraîtra demain dans les *Débats*, et qu'aujourd'hui à midi je l'attends, sans façon, en bon confrère, à déjeuner.

Je retournai chez Jules Sandeau qui, heureux du bon résultat de ma démarche, se rendit à la cordiale invitation du célèbre critique.

Les deux Jules déjeunèrent ensemble.

Et comme l'a dit cet inimitable fabuliste, Jean de La

Fontaine, dans sa fable *le Rat de ville et le Rat des champs* :

> *Sur un tapis de Turquie,*
> *Le couvert se trouva mis ;*
> *Je laisse à penser la vie*
> *Que firent nos deux amis :*
> *Personne ne troubla la fête*
> *Pendant qu'ils étaient en train....*

Et cela par une excellente raison, c'est que, par une attention délicate du spirituel amphitryon, toutes les portes avaient été closes.

Le lendemain l'article parut.

A la fin de la semaine il ne me restait plus un seul exemplaire de *Marianne*.

Tant était puissante alors, comme elle l'est encore aujourd'hui, l'influence que produit un jugement de M. Jules Janin publié dans le *Journal des Débats !*

Et voilà encore un de ces hommes de lettres au cœur d'or, comme il l'a prouvé souvent, notamment à l'époque de la mort de cet infortuné poëte et critique, Jacques de Chaudesaigues (1), que les impuissants attaquent vainement ; mais M. Jules Janin est comme le soleil ; selon le pindarique J.-B. Rousseau dans l'une de ses odes :

> *Il répand des flots de lumière*
> *Sur ses obscurs blasphémateurs.*

C'est la seule vengeance que cet écrivain célèbre trouve digne de sa belle âme.

Permettez-moi encore, mon patient lecteur, de vous rapporter un autre fait de M. Jules Janin, qui prouvera

---

(1) Voir ma préface.

une fois de plus la prodigieuse influence de ce roi de la critique.

M. Charles de Bernard, enlevé trop tôt à ses amis, au public, et qui, par de véritables succès, devait conquérir une place des plus brillantes et des plus méritées entre nos écrivains en renom, vint un jour m'offrir de traiter avec lui d'un roman (son début littéraire), intitulé *Gerfaut*. Il me déposa son manuscrit afin de me donner le loisir de le lire et de le juger ; ce que je lui promis en l'engageant à revenir me voir dans une quinzaine, si même il ne préférait pas que j'allasse moi-même chez lui.

— Je reviendrai, me dit-il, dans quinze jours.

Je lus très-consciencieusement ce manuscrit ; mais je le jugeai trop faible dans quelques passages, trop décousu dans beaucoup d'autres ; c'était l'ébauche d'un apprenti littéraire qui avait la prétention de s'élancer du premier bond sur Pégase.

De Balzac m'avait très-fortement recommandé de m'attacher ce débutant qu'il m'avait adressé.

Je fis part à mon Mécène de mes impressions de lecture et de mon embarras de déclarer, sans le blesser, mon opinion à M. Charles de Bernard.

— Diable ! me répondit-il, vous pouvez bien avoir raison ; c'est fâcheux : M. de Bernard, que je connais à peine, m'a paru très-fier et très-chatouilleux sur son propre mérite. Ma foi, tirez-vous de ce mauvais pas comme vous le pourrez...

En vérité, j'étais dans une extrême perplexité envers l'auteur de *Gerfaut*, lorsque M. de Bernard se présenta chez moi, le quinzième jour, ainsi qu'il me l'avait promis.

— Eh bien, monsieur ! me demanda-t-il tout d'abord avant de s'asseoir sur le siége que je lui présentais, que pensez-vous, que dites-vous de mon roman ?

— Je dis, monsieur, que je suis prêt à traiter avec

vous, non-seulement pour *Gerfaut*, mais encore pour tous les autres romans que vous pourrez publier ; mais à une condition cependant.....

— Mais dites-moi de suite, je vous prie, quelle est cette condition ?

— Vous la connaîtriez déjà si vous ne m'eussiez interrompu. Votre manuscrit de *Gerfaut* est écrit en beau style, mais, de ci, de là, il s'y rencontre des parties qui auraient besoin d'être remaniées. Et je lui signalai avec une convenance parfaite les quelques passages que j'avais remarqués.

— Cela me suffit, monsieur. Je veux et j'exige même que mon manuscrit soit publié tel quel ; je ne veux pas me soumettre à des retouches indiquées par un libraire. Je lui suis très-supérieur et plus compétent, je le pense.

En prononçant ces dernières paroles, il reprit son manuscrit, le roula silencieusement, le mit dans sa poche et se retira fièrement sans daigner même me saluer.

Quel original que ce jeune homme ! me dis-je, après l'impolie retraite de M. Charles de Bernard, quelle fierté ! quel orgueil !

C'est toujours une chose très-délicate pour un éditeur que de dire à un auteur franchement son opinion sur un ouvrage qu'il lui a soumis : il est cruel de lui répondre ensuite : Votre travail ne me convient pas !

C'est un ennemi que le libraire-éditeur s'est fait.

La position d'un éditeur est parfois des plus épineuses et des plus graves pour ses intérêts, surtout lorsqu'il lui arrive d'acheter à un auteur *chat en poche*, c'est-à-dire un manuscrit qu'il n'a pas lu, ou du moins qu'il n'a pas eu la prudence de faire lire par un juge capable.

Il est souvent arrivé à de pauvres éditeurs, il m'est souvent arrivé à moi-même de faire *corriger ce que nous appelions d'énormes fautes de français*, échappées à des écrivains dans la chaleur sans doute de la composition, de *terminer, ou de faire même quelquefois terminer* un livre laissé incomplet, inachevé par l'auteur, *à bout d'imagination.*

Ces remaniements ne profitaient, en réalité, qu'aux seuls auteurs.

Ainsi, j'ai dû faire *corriger, et reconstruire de fond en comble,* par M. Malepeyre aîné, le *Précis de la Révolution française* de M. de Norvins.

*Les Soirées de Louis XVIII,* du baron de Lamothe-Langon, par Félix Davin, de si regrettable mémoire.

*Sous le Froc,* de Maurice Alhoy, par Chaudesaigues.

*L'Enfant de Dieu,* d'Antony Thouret, par Charles Lemesle, et bien d'autres écrivains par bien d'autres *teinturiers* que je passe volontiers sous silence.

Mais de tous ces collaborateurs anonymes, le plus expert, le plus infatigable était mon excellent ami Eugène de Monglave. Celui-là avait tous les styles imaginables à sa disposition ; les reprises qu'il faisait à la trame se confondaient tellement avec elle, que les auteurs eux-mêmes renonçaient à distinguer ce qui était à *eux* de ce qui était à *lui.*

Monglave a peut-être blanchi et badigeonné de la sorte dix mille volumes : *histoires, romans, œuvres poétiques, littéraires* ou *politiques, récits de voyages* et même de guerre.

Ce travail de ciselure mécanique souriait à son infatigable obligeance.

C'est ainsi qu'il a créé et mis au monde plusieurs célébrités littéraires, mâles et femelles, dont les titulaires seraient fort embarrassés peut-être d'écrire leurs notes de blanchisseuse.

Quand Eugène de Monglave rendra le dernier soupir,.

plus d'un auteur sera bien en peine pour savoir comment poursuivre sa carrière.

On n'aime pas confier de pareils secrets à tout le monde.

En somme, de Monglave a fait bien des réputations et ne s'est jamais préoccupé de s'en faire une.

Il aime plus à rendre service qu'à s'enrichir.

Un an après ce que je viens de rapporter de M. Charles de Bernard, un typographe alors en vogue, M. Maximilien Bethune vint me prier de lancer pour lui, s'en jugeant incapable, deux volumes in-8°, qu'il venait d'imprimer, sous le titre de : le *Nœud gordien*, par M. Charles de Bernard.

Comme j'avais déjà lu, dans la *Chronique de Paris*, plusieurs articles fort remarquables de cet écrivain, entre autres la *Femme de quarante ans*, je trouvai piquant de prouver à l'orgueilleux M. Charles de Bernard l'estime que je professais pour son talent. Je me chargeai avec plaisir de lui servir d'*introducteur* dans le monde littéraire, mais à la condition que, pour y parvenir, j'aurais carte blanche en ce qui concernait les annonces et les réclames; ce à quoi M. Bethune consentit.

Je fis en conséquence des annonces en masse dans tous les journaux; dans mes réclames j'annonçais que ce jeune débutant s'offrait déjà comme l'heureux rival de Balzac, que son style surpassait celui de George Sand et de Théophile Gautier, etc., etc.

Et pourtant, malgré des efforts inouïs, je n'étais parvenu à vendre encore que cent cinquante exemplaires environ du *Nœud gordien*.

J'avais fait pour quinze cents francs de frais d'annonces!

Mes confrères les commissionnaires en librairie, ceux qui exploitent pour le commerce des nouveautés, les cabinets de lecture de Paris et des départements, s'étaient comme ligués pour refuser exclusivement d'acheter les deux volumes que j'avais mis en vente, sous le prétexte, disaient-ils, que l'auteur *n'avait pas de nom!* Quelle stupidité!

Ce non-succès désolait Charles de Bernard et encore plus son éditeur M. Bethune.

Je conseillai à ce dernier d'aller voir M. Jules Janin, de lui raconter sa piteuse odyssée comme négociant. Il suivit mon conseil.

Tout à coup apparaît, dans le *Journal des Débats*, un article à la louange du débutant, signé Jules Janin.

Au bout de quelques jours, l'édition entière du *Nœud gordien* était enlevée.

L'année suivante le roman de *Gerfaut* fut publié.

L'orgueilleux et fier auteur avait profité de mes conseils : il l'avait remanié de fond en comble.

## IX

PÉCHÉ AVOUÉ, PÉCHÉ PARDONNÉ. — UN EMPRUNT LITTÉRAIRE.

Je ne puis mieux terminer cette esquisse sur mon vieil ami Jules Sandeau, qu'en rapportant *in extenso* un article très-remarquable que j'ai trouvé je ne sais où, et dont je regrette de ne pouvoir citer le nom d'auteur.

Dans tous les cas, je n'ai jamais eu pour habitude d'imiter le geai de la fable et de me parer effrontément, comme tant d'autres le font, de ce qui n'est pas à moi.

Voici cet article :

« M. Jules Sandeau, l'un de nos auteurs contemporains les plus aimés de la société d'élite, est né en 1811, à Aubusson (Creuse); — il fut élevé au collége de Bourges.

« Destiné à la carrière du barreau, il vint, à l'âge de vingt ans, faire son droit à Paris; mais il planta bientôt là les *Institutes* et les *Codes*, pour faire du journalisme, — et, dès la fin de 1831, il était devenu l'un des rédacteurs habituels du *Figaro*, à ce moment dirigé par de Latouche.

« Plus tard, il fut chargé de la critique théâtrale dans l'ancienne *Revue de Paris*, et il s'acquitta pendant plus de dix ans de cette tâche ingrate et difficile; — ce qui ne l'empêcha point de prendre, en même temps, une part active à la rédaction de l'ancienne *Chronique de Paris* (morte entre les mains d'Honoré du Balzac, chargé de la partie *étrange* — non, étrangère), à celle du *Dictionnaire de la Conversation et de la Lecture* (sous la direction de mes vieux amis, William Duckett père, et Eugène de Monglave), non plus que de publier, en 1832, *Madame de Sommerville*; en 1836, *Marianne*; en 1840, *le Docteur Herbeau*; en 1842, *Richard*; en 1843, *Vaillance Fernand*; en 1845, *Catherine*; en 1846, *Madeleine*; en 1847, *Valcreuse*, et *un Héritage*; en 1848, *la Chasse aux Romans*.

« Tous les romans que je viens de citer eurent un grand retentissement et ont depuis longtemps classé cet écrivain parmi les plus brillants stylistes de notre époque.

« La pensée-mère est toujours pure et chaste.— Jamais M. Jules Sandeau, pour accroître la curiosité de ses lecteurs, ne songea à exploiter dans ses œuvres des idées subversives de la morale, non plus qu'à faire appel aux passions de la politique.

« Au lieu de prétendre à reconstituer la société sur des bases nouvelles, il se borne à en peindre les travers avec une grande finesse d'observation, mais sans misanthropie.

« Ajoutons qu'il manie la langue avec une remarquable habileté, et que ses œuvres conserveront toujours par là cette valeur littéraire qui manque à tant de productions dont le succès a peut-être été plus bruyant.

« En 1851, Jules Sandeau a fait représenter au Théâtre-Français *Mademoiselle de la Seiglière*, comédie dont la vogue est loin d'être épuisée, et qui, traduite en plusieurs langues, se joue sur toutes les scènes de l'Europe. Plus tard, il a donné au même théâtre *la Pierre de touche*, comédie en cinq actes, et au Gymnase *le Gendre de Monsieur Poirier*, en quatre actes.

« Ces deux dernières pièces ont été écrites en collaboration de M. Augier et de M. Goubeaux (je crois).

« Mentionnons enfin parmi les productions dont nous sommes redevables à cet infatigable écrivain : *Rose et Blanche*, en collaboration avec George Sand; *la Croix de Berny*, ouvrage composé avec M$^{me}$ de Girardin, Méry, Théophile Gautier, et deux volumes avec Arsène Houssaye. »

Voilà cependant l'homme de lettres dont un illustre bas-bleu (*blue shocking*) a osé dire dans l'un de ses romans :

« En grattant sous l'épiderme d'Horace, *on mettrait à nu* le tuf de son cœur ; il n'est qu'un paresseux, un rêveur, incapable de produire jamais rien de remarquable. »

Depuis 1834, comme *Horace* s'est triomphalement vengé de cet écrivain, *Roi parmi les femmes, Reine parmi les hommes*, dont Balzac a dit : C'est un *littérateur du genre neutre ;* la nature s'est trompée à son égard, car elle lui a prodigué *trop de style, et pas assez de culotte...*

« La colère et le dépit sont de mauvais conseillers, »

a dit Jacques Amyot. Ce grand philosophe a eu raison. Qui veut trop prouver ne prouve rien!

Pour juger de la noblesse de cœur de Jules Sandeau, il suffira de lire cette esquisse.

Lui! un paresseux! Encore une ridicule exagération!

Jules Sandeau a victorieusement répondu aux prophéties de cet écrivain rancunier par tous les chefs-d'œuvre que sa plume a produits.

Jules Sandeau depuis 1859 est membre de l'Académie française ; il est de plus l'un des conservateurs adjoints à la Bibliothèque Mazarine ; à la boutonnière de son habit croisé est attachée la rosette d'officier de l'ordre impérial de la Légion d'honneur.

FIN.

# TABLE DES MATIÈRES

|  | Pages |
|---|---|
| EXORDE, PROLOGUE, PRÉFACE, AVERTISSEMENT ET TOUT CE QU'ON VOUDRA. | 1 |
| I. — Mon jardinet | 3 |
| II. — | 10 |
| III. — Conter et raconter | 12 |
| IV. — Mes réserves | 15 |

### HONORÉ DE BALZAC.

Nouveaux souvenirs intimes et inédits sur son humeur, son caractère et sa reconnaissance, de 1823 à 1839.

#### LES FLÈCHES D'UN PARTHE.

| | |
|---|---|
| I. — Le marquisat de Scarron. | 19 |
| II. — Je serai roi. | 21 |
| III. — La reconnaissance des services rendus était une chimère pour Honoré de Balzac. | 25 |
| IV. — Portrait de P. L. Jacob, bibliophile, éditeur des *Deux Fous*. | 27 |
| V. — La royauté littéraire enfin conquise. | 33 |
| VI. — Les bêtes noires de M. de Balzac. | 37 |

UN CŒUR D'OR. . . . . . . . . . . . . . . . . . . . . . . . 53

#### LES AMOURS D'UN LION ET D'UN RAT.

| | |
|---|---|
| I. — Confidences du docteur | 68 |
| II. — La loge infernale, ou des lions à l'Opéra | 72 |
| III. — L'enquête. — Chapitre des informations | 78 |
| IV. — La mère et la fille | 84 |

## 314   TABLE DES MATIÈRES.

|  | Pages |
|---|---|
| V. — Où le rat apparaît et fait merveille. — Le lion s'enflamme | 83 |
| VI. — Les péripéties de l'intrigue. — Récit d'Irène | 87 |
| VII. — La rue des Batailles à Chaillot | 95 |
| VIII. — Le boudoir de la fille aux yeux d'or | 99 |
| IX. — L'enlèvement de la belle Déjanire | 104 |
| X. — Stupeur et rage du lion amoureux | 107 |
| XI. — La récompense promise est effectuée | 109 |

### LÉON GOZLAN (1829 à 1840)

| I. — Trois portraits aussi peu flatteurs que peu flattés | 113 |
|---|---|
| II. — Mon jugement personnel | 123 |
| III. — Comment je fais la connaissance de cet homme de lettres | 127 |
| IV. — La rue du Ponceau | 129 |
| V. — Le cabinet de travail | 133 |
| VI. — Coups de griffes et de bec | 137 |
| VII. — Un futur auteur dramatique | 142 |
| VIII. — Miel et vinaigre | 145 |
| IX. — Aveux et confidences intimes | 149 |
| X. — Où le libraire va être couché sur le gril de saint Laurent | 160 |
| XI. — La pierre de touche. — Une lecture. — Effets qu'elle produit | 169 |
| XII. — Le revers de la médaille. — Désastres commerciaux | 177 |
| XIII. — Respect à la mémoire des morts | 183 |
| XIV. — Suprême adieu à celui qui fut un des rayons de soleil de la poétique Provence | 185 |

### MAURICE ALHOY (1825 à 1845)

| I. — Une existence gâchée | 195 |
|---|---|
| II. — Naissance du journal reproducteur le Voleur | 198 |
| III. — Une vie très-originale | 200 |
| IV. — La Grande-Chartreuse | 203 |
| V. — Diplomatie attractive | 206 |
| VI. — Est-ce un homme ou une femme ? | 213 |
| VII. — L'Odyssée de Maurice Alhoy, racontée par lui-même | 219 |

### GODEFROY CAVAIGNAC (1812 à 1843)

| I. — Souvenirs de ma jeunesse (1810 à 1818) | 231 |
|---|---|
| II. — Comment j'entrai en l'institution Sainte-Barbe | 234 |
| III. — Un père trop exigeant | 238 |
| IV. — Ma camaraderie avec Godefroy Cavaignac | 243 |
| V. — Fierté et orgueil d'un jeune maître d'études, avocat stagiaire | 247 |

VI. — Origine des deux Sainte-Barbe : l'une, rue de Reims, l'autre rue des Postes . . . . . . . . . . . . . . . . . . . . . . 251
VII. — Vive l'empereur ! Vive le roi ! — Eh bien, Messieurs ! . . . . 255
VIII. — Les artilleurs en herbe. — Une formidable insurrection de quelques élèves. . . . . . . . . . . . . . . . . . . . . . . 259
IX. — Godefroy Cavaignac littérateur. — Souvenir précieux qu'il me donna. . . . . . . . . . . . . . . . . . . . . . . . 266

### JULES SANDEAU (1832 à 1859)

I. — Portraits d'après nature. . . . . . . . . . . . . . . . . 275
II. — Ses premiers amis. . . . . . . . . . . . . . . . . . . 277
III. — Une amitié sans nuages. . . . . . . . . . . . . . . . 280
IV. — L'homme propose, Dieu seul dispose . . . . . . . . . 282
V. — Soins et tendresses filiales de Jules Sandeau pour son libraire. 286
VI. — A propos de Balzac. . . . . . . . . . . . . . . . . . 291
VII. — Souvenirs de Clisson. . . . . . . . . . . . . . . . . 297
VIII. — Le retour à Paris. — Marianne et M. Jules Janin . . . . . 300
IX. — Péché avoué, péché pardonné. — Un emprunt littéraire. . . . 309

FIN DE LA TABLE

# A LA MÊME LIBRAIRIE

### EUG. DAURIAC
Histoire anecdotique de l'industrie française. 1 v. in-18............ 3 »

### PH. AUDEBRAND
Souvenirs de la tribune des journalistes, 1848 à 1852. 1 vol. gr. in-18 jésus........................ 3 »

### HONORÉ BONHOMME
Louis XV et sa famille d'après des lettres et des documents inédits. 1 vol. gr. in-18 jésus............ 3 50

### CHAMPFLEURY
Histoire de la caricature antique, 2e édition. 1 vol. gr. in-18 orné de 100 gravures........................ 5 »
Histoire de la caricature moderne, 2e édition. 1 vol. gr. in-18 orné de 90 gravures........................ 5 »
Histoire de la caricature au moyen âge. 1 vol. gr. in-18 orné de 90 grav. 5 »
Histoire de la caricature sous la Révolution, l'Empire et la Restauration. 1 vol. grand in-18 jésus orné de 95 gravures........................ 5 »
Histoire des faïences patriotiques sous la Révolution. 1 vol. gr. in-18, orné de grav........................ 5 »
Histoire de l'imagerie populaire. 1 v. gr. in-18 av. 50 grav........... 5 »
L'Hôtel des commissaires-priseurs. 1 v gr. in-18................... 3 »
Souvenirs et portraits de jeunesse. 1 vol....................... 3 50

### C. DESNOIRESTERRES
Les Cours galantes, histoire anecdotique de la société polie au XVIIIe siècle. 4 vol. in-18............... 12 »

### VICTOR FOURNEL
Ce qu'on voit dans les rues de Paris. 1 fort vol. gr. in-18......... 3 50
Les spectacles populaires et les artistes des rues, tableau du vieux Paris. 1 vol. gr. in-18........ 3 50

### ÉDOUARD FOURNIER
L'Esprit des autres recueilli et raconté. 4e édition. 1 vol. in-18....... 3 50
L'Esprit dans l'histoire, recherches sur les mots historiques, 3e édition. 1 vol. in-18........................ 3 50
Le Vieux-Neuf, histoire ancienne des découvertes modernes, nouvelle édition. 3 vol. gr. in-18 jésus........ 15 »
Histoire du Pont-Neuf. 2 vol. in-18, avec photographie.............. 6 »
La Comédie de J. de La Bruyère. 2 vol. in-18........................ 6 »

### AUGUSTE LEPAGE
Les Cafés politiques et littéraires. 1 v. in-16..................... 2 »

### PAUL FOUCHER
Les Coulisses du passé, histoire anecdotique du théâtre depuis Corneille. 1 fort. vol. gr. in-18......... 3 50

### CHARLES DESMAZE
La Sainte-Chapelle du Palais de Justice de Paris, monographie et recherches historiques. 1 vol. gr. in-18 avec gravures........................ 5 »

### GEORGES D'HEILLY
Dictionnaire des pseudonymes, révélations sur le monde des lettres, du théâtre et des arts. 2e édition. 1 fort vol. gr. in-18 jésus........... 6 »

### HALLAYS-DABOT
Histoire de la censure théâtrale en France. 2 vol. in-18........... 4 50

### ARSÈNE HOUSSAYE
Galerie du XVIIIe siècle. 4 vol. grand in-18 jésus................... 14 »

### ED. ET JULES DE GONCOURT
Sophie Arnould d'après sa correspondance et ses mémoires inédits. 1 vol. petit in-4° avec eaux-fortes.... 10 »
L'Amour au XVIIIe siècle. 1 vol. in-18 avec eaux-fortes............. 75 »

### JULES JANIN
La Fin d'un monde et du Neveu de Rameau, nouv. édit. revue et augm. 1 v. gr. in-18 jésus................ 3 50

### M. DE LESCURE
Les Maîtresses du Régent. 1 fort vol. in-18....................... 4 »
Les Confessions de l'abbesse de Chelles. 1 vol. in-18............. 3 »
Nouveaux mémoires du maréchal duc de Richelieu 1696-1788, rédigés sur des documents authentiques. 4 vol. gr. in-18 jésus................ 14 »

### AMÉDÉE PICHOT
Souvenirs intimes de M. de Talleyrand. 1 vol. gr. in-18............ 3 50

### CH. POISOT
Histoire de la musique en France, depuis les temps les plus reculés jusqu'à nos jours. 1 v. in-18......... 4 »

### CH. NISARD
Des Chansons populaires chez les anciens et chez les Français, essai historique suivi d'une étude sur les chansons des rues contemporaines. — 2 vol. gr. in-18 avec gravure.............. 10 »

### LOUIS XVI
Journal particulier, publié sur des documents inédits par Louis NICOLARDOT. 1 vol. in-18, p. vergé..... 5 »

### H. DE VILLEMESSANT
Mémoires d'un journaliste. 6 vol. gr. in-18 jésus................. 18 »

### ED. WERDET
Souvenirs de la vie littéraire. 1 vol. gr. in-18 jésus............... 3 50

### IMBERT DE SAINT-AMAND
Les femmes de Versailles. 4 vol. gr. in-18........................ 14 »

www.ingramcontent.com/pod-product-compliance
Lightning Source LLC
Chambersburg PA
CBHW060413170426
43199CB00013B/2127